Edition Paashaas Verlag

Autor: Brigitte Vollenberg
Neuerscheinung: Juli 2023
Covermotive: Privates Foto Brigitte Vollenberg
Covergestaltung: Nora Bojarra
Printed: BoD GmbH, Norderstedt

www.verlag–epv.de

ISBN: 978-3-96174-125-0

Die Deutsche Nationalbibliothek verzeichnet diese Publikation in der Deutschen Nationalbibliografie; detaillierte bibliografische Daten sind im Internet über
http://dnb.d–nb.de abrufbar.

Inselgeplauder Baltrum

Inhalt

Von Windkraftanlagen im Nebel, einer Regenwasserwand, Wöchnerinnen-Grogs, Rosinenbrötchen, dick mit Butter bestrichen und einem holländischen Kapitän

Der Wunsch, endlich wieder einmal am Strand zu stehen, den warmen Sand unter den Füßen zu spüren und auf die unendliche Weite der Nordsee zu blicken, wurde immer größer. Früher, ja früher war dieses Gefühl Greta mindestens einmal im Jahr vergönnt. Aber früher lebte ja Max noch. Sie liebten beide die Nordsee. Als ihre Kinder klein waren, verbrachten sie regelmäßig eine Woche im Herbst auf Ameland, eine niederländische, westfriesische Insel. Aber auch im Sommer fuhr sie mit ihrer Familie immer mal wieder in den Ferien an die Küste. Später eroberten sie auch andere Orte, die sich durch eine Gemeinsamkeit auszeichneten: die Nähe zur Nordsee. Cuxhaven, St. Peter-Ording und die Halligen zählten zu ihren bevorzugten Reisezielen, wenn sie beide den Ruf der Nordsee wahrnahmen.

„Ich fahre im Sommer nach Ameland", eröffnete Greta ihrer Tochter.
„Mama", sagte sie entrüstet, „du kannst nicht nach Ameland fahren, dort erinnert dich jedes Sandkorn an Papa. Tue dir das nicht an. Es gibt so viele Inseln in der Nordsee, auf denen du mit Papa bisher nicht gewesen bist."
Sie hatte recht, war Gretas Erkenntnisse nach einer grübelnden Nacht. Sie setzte sich an ihren Computer und rief eine geografische Karte der Nordseeküste auf. Ihre ersten Versuche, ein Einzelzimmer zu buchen, machte sie auf Texel und auf Terschelling. Aber leider hatte dort niemand zur Hauptsaison ein Einzelzimmer frei. Sie entschied, ihr Glück auf einer deutschen Insel zu probieren. Aber

auch Borkum, Juist und Norderney waren ausgebucht. Frust stellte sich ein. Das eine oder andere Ferienhaus zu einem horrenden Preis hätte sie anmieten können. Aber sie wollte kein großes Ferienhaus beziehen, in dem sie sich alleine und verloren vorkommen würde. Vor allem sollte kein klassisches Schlafzimmer auf sie warten, in dem sie an jedem Morgen als erstes ein leeres Bett neben sich erblicken würde.
Im Westen angefangen tastete sie sich weiter nach Osten vor. Insel für Insel telefonierte sie ab. Bei einem Online-Reiseanbieter sah sie, dass das "Hotel Strandburg" auf Baltrum ein Einzelzimmer anbot. Mit Freude stellte Greta fest, dass es sogar einen großen Balkon hatte. Sie buchte.
Bisher hatte sie nie etwas von Baltrum gehört. Vielleicht musste sie in der Schule einmal die Namen der Ostfriesischen Inseln auswendig lernen. Aber Baltrum war ihr nicht im Gedächtnis haften geblieben. "Das Dornröschen in der Nordsee", las sie und war gespannt auf diesen kleinen Sandhügel im Meer.

Eine Freundin hatte ein Ferienhaus in Dornumersiel in der Nähe von Neßmersiel, dem Hafen, von dem aus die Baltrum-Fähren in See stachen.
„Ich bin in den Ferien an der Küste", sagte Beate. „Komm einen Tag eher, und wir machen uns einen gemütlichen Abend. Du fährst am nächsten Morgen höchstens zehn Minuten bis zum Anleger der Fähre."
Ein Angebot, das sie nicht ausschlug.

Dornumersiel, ein hübsches kleines Städtchen, gefiel Greta, aber sie vermisste das Meer. Das Wattenmeer reizte sie nicht so. Sie sehnte sich nach dem Rauschen der Brandung und dem Anblick der Wellen, wenn sie sich brachen und auf den Strand zurollten.
Der kleine Flachdachbungalow lag versteckt hinter wild wuchernden Pflanzen und hohen Bäumen. Greta und ihre Freundin saßen

auf der mit Kieselbetonplatten gedeckten Terrasse, über ihnen eine beigebraun gestreifte Markise, die nicht nur die Sonne abhielt. Die riesigen Birken verteilten ihre Samen auf die Umgebung. Wenn eine leichte Brise herüberwehte, rieselte es Birkensamen. Während ihre Freundin einen kleinen Snack zum Abendessen zubereitete, beobachtete Greta auf Beates Hinweis die Baumkronen der Birken. Dann hätte sie jubeln können. Zum ersten Mal in ihrem Leben sah sie wilde Eulen. Gleich drei große Tiere hockten in unterschiedlicher Höhe auf Ästen, die sich seicht im Wind bewegten. Diese großen Vögel sahen unheimlich aus. Sie lugten durch die Blätter auf sie herab und schienen Greta nicht aus den Augen zu lassen. Sie machte Fotos, zoomte die Vögel mit ihrer Kamera nahe heran und konnte es nicht glauben, was sie sah.
Beate kam mit dem Geschirr auf die Terrasse. „Unsere Haustiere“, sagte sie und lachte. „Sie wohnen hier seit einige Jahren.“
Greta war fasziniert.
Der Grill war bald so weit, dass die erste Lage Fleisch aufgelegt werden konnte. Von wegen kleiner Snack. Beate hatte eingekauft, als würde sie weitere Gäste erwarten und beköstigen wollen. Würstchen, Nackensteaks und Schaschlik-Spieße. Dabei bin ich Vegetarierin, dachte Greta. Aber es gab auch leckeres Brot, selbstgemachte Brotaufstriche und Tomaten-Mozzarella mit frischen Basilikumblättern. Dazu ein gut gekühlter Weißwein. Es war angenehm, dort zu sitzen und sich zu unterhalten. In diesem Moment auf die Prinzipien zu pochen, wäre falsch gewesen. Greta machte daher eine Ausnahme, aß ein Steak und trank auch ein Glas Wein. Sie zupfte das Fleisch auseinander und Lady, die Jack Russel Hündin der Hausherrin, freute sich über eine kleine, von Frauchen genehmigte Zusatzportion am Abend.

Es hatte in der Nacht geregnet. Die großen Windkraftanlagen versteckten sich in Nebel und Dunst. Pünktlich zum Frühstück

schüttete es wie aus Eimern. Beate hatte Greta erklärt, wie der Eincheckmodus am Anleger funktionierte.
„Du kannst auf den letzten Drücker losfahren", sagte sie. „Rucki Zucki und du bist auf dem Schiff."
Aber Greta entschied sich, lieber etwas früher dort sein und sich in Ruhe auf das Neue einzulassen. Es regnete und regnete. Gut, dass sie sich Beates Tipps gemerkt hatte, so ersparte sie sich das Sammeln von Informationen. Nass wurde sie dennoch. Als sie dann an Bord war, aus dem Fenster in die Richtung schaute, in der sie Baltrum vermutete, zweifelte sie daran, die richtige Entscheidung getroffen zu haben. Wie kann ich nur bei dem Wetter auf die Insel fahren? Ich muss verrückt sein, dachte sie.
Der Himmel war extrem dunkel, so schiefergrau, als würde der Weltuntergang bevorstehen. Doch wo war Baltrum? Keine Ahnung. Nichts war zu sehen, außer dicken prasselnden Regentopfen und dunklen Wolken. Die Fähre legte ab, fuhr direkt in eine unheimliche Wasserwand hinein. Die Stimmung an Bord war gedrückt. Keine aufgeregten, von Vorfreude geprägten Gespräche, keine fröhlichen Kinder, die sich an der Scheibe die Nase plattdrückten. Greta ging aufs Unterdeck und holte sich einen Kaffee. Der Kunststoffbecher war enorm heiß. Sie hatte Schwierigkeiten, sich nicht die Finger zu verbrennen. Als sie ihren Kaffeebecher nach oben balanciert hatte, war ihr Platz besetzt. Kein Problem, die Überfahrt dauerte nur dreißig Minuten und zehn war die Fähre bereits unterwegs. Sie lehnte sich an eine Wand. Das Vibrieren der Maschinen durchflutete ihren Körper. Sie stellte den Becher auf einem Regal ab. Möge das Schiff den Wellengang ausgleichen und die leicht schaukelnden Bewegungen ihren Kaffeebecher nicht umstoßen. Plötzlich hörte sie eine aufgeregte Kinderstimme.
„Papa, Papa, da ist Baltrum!"
Auch Greta schaute, wie alle Mitreisenden, sofort aus dem vorderen Fenster. Tatsächlich, da streckte sich den neugierigen Blicken der Fahrgäste eine kleine Insel aus dem Meer entgegen. Ein heller

Streifen Sand, ein Streifen Grün und ein Klecks roter Häuser. Darüber blauer Himmel gesprenkelt mit kleinen dicken weißen Wolken.
Greta glaubte nicht, was sie sah. Das musste eine Fata Morgana sein. Sie rieb ihre Augen. Ein erneuter Blick auf die Erscheinung bewies, die Insel war noch da. Unruhe machte sich auf dem Fährschiff breit. Alle strömten auf das Außendeck, das regennass und rutschig war. Greta drehte sich um und sah zur Küste zurück. Die gigantische Regenfront, die die Fähre gerade durchdrungen hatte, lag über dem Festland. Neßmersiel und die große Anzahl an Windkraftanlagen waren verschwunden. Greta konnte sich in dem Moment nicht sattsehen an dem beeindruckenden Panorama, das die Insel bot. Welch ein krasser Gegensatz, ein echt nicht zu begreifendes Wetterphänomen.
Auf dem Schiff entnahm sie einer Stellage einen Flyer, der über die Straßenführung und die Kennzeichnung der Häuser auf der Insel informierte. Auf Baltrum hatte jedes Haus eine Hausnummer, las sie. Die Nummernvergabe richtete sich allerdings nach dem Baujahr des Hauses. Also das System: Straße gefunden und jetzt nach der Hausnummer suchen, funktionierte auf der Insel nicht. Sie sah im Register nach. Das "Hotel Strandburg" hatte die Nummer 139. Dazu gehörten die Koordinaten E 3.
Mit ihrem dreifach aufklappbaren Papiernavi machte sie sich später auf den Weg. Am Hafen hatte ein Mitarbeiter vom Hotel auf Greta gewartet, um ihr Gepäck entgegenzunehmen. Aber da sie Baltrum zum ersten Mal besuchte, wusste sie nicht, wie der Gepäcktransport funktionierte. Sie schnappte sich ihre Reisetasche, die mit Rollen ausgestattet war, und zog sie eigenhändig zum Hotel, wie die meisten der großen Gästeschar. Man erwartete sie und war erstaunt, dass sie den Gepäckservice nicht in Anspruch genommen hatte.
Sie hatte gar nicht Ausschau gehalten nach einem Koffertransport. Die kleinen Kunststoffrollen hatten den Weg gut überstanden.

Sie bekam ihr Einzelzimmer, wie gebucht, und kein Doppelzimmer zur Alleinbenutzung. Allerdings lag das Zimmerchen unter dem Dach. Da das Hotel über einen Aufzug verfügte, war Greta die Etage egal. Es war ein fantastisches Zimmer, neu, modern und dazu mit einer riesigen Dachterrasse, von der man das Watt und gleichzeitig das Meer sehen konnte. Eine gigantische Aussicht. Von dort aus konnte Greta jeden Abend den Sonnenuntergang bestaunen.
Was sie sehr freute, war ein kleiner Kühlschrank, perfekt in das Schrankgefüge eingebaut. Einen Schreibtisch in der richtigen Höhe für ihren Laptop gab es auch.
Sie war rundherum zufrieden. Sommerliche Wärme hüllte sie ein und die regnerische Anreise war schnell vergessen.
Bevor sie ihre Kleidung in den Schrank einräumte, die nassen Sachen in der Dusche zum Trocknen aufhängte, machte sie sich auf den Weg zum Strand, das Meer begrüßen. Gespannt auf neue Eindrücke, die sie auf der kleinen Insel Baltrum erwartete, lief sie los. Noch morgens am Hafen hatte sie nicht damit gerechnet, bei Sonnenschein ihre erste Runde über die Insel zu starten. Der Wind zerzauste ihre Haare, und die weiche Luft streichelte ihre Haut. Das perfekt Nordseewetter. Am liebsten hätte sie alles auf einmal erkundet.
Ihre erste Orientierungsrunde führte sie durchs Westdorf, an den Strand und auch ein Stück durch die Dünen. Die Inselrosen, die überall in gigantischer Fülle die Landschaft prägten, trugen schwer an der Last ihrer Früchte, den Hagebutten. Kitesurfer waren unterwegs. Ihre bunten Windpolster schmückten den Himmel. Vom Strand aus bog sie hinter dem "Inselcafé" rechts ab und ging auf das Schwimmbad zu. In der Höhe vom "Kinderspöölhus" hörte sie ein rhythmisch leises Plöpp. Greta näherte sich dem Tennisplatz.
Das 58. Gästeturnier fand in dieser Woche statt, las sie. Bis zum 15. August würden die Freunde des Tennissports dort den Ball schlagen und um den Sieg kämpfen. Der Platz lag geschützt in den Dünen zwischen dem Schwimmbad, dem "Kinderspöölhus" und der St.

Nikolauskirche. Wie sie auf vielen Plakaten lesen konnte, war auf Baltrum mächtig was los. Am Abend fand in der Mehrzweckhalle ein Reggae-Festival mit Live-Musik statt. Gerne wäre sie hingegangen, fühlte sich aber mit dem umfangreichen Angebot auf der Insel am ersten Tag leicht überfordert. Ihr reichte es, am ersten Urlaubstag, am Deich zu sitzen und auf das Meer zu schauen.

***

Wenn Greta ein Zimmer in einem Hotel buchte, nahm sie immer ein paar schickere Sachen zum Anziehen mit. Meistens war es nicht nötig, aber ihr machte es Spaß, manchmal Dinge zu tragen, die zuhause nur im Schrank hingen, und nicht oft zum Einsatz kamen. Zum Frühstück fühlte sie sich overdressed. Alle Gäste waren bei der ersten Nahrungsaufnahme des Tages im Strandmodus und trugen sportlich und zweckmäßige Strandbekleidung. Aber Greta hatte sich vorgenommen, nach dem Frühstück in die Kirche zu gehen. In der St. Nikolauskirche fand um zehn Uhr der Sonntagsgottesdienst statt. Außerdem wollte sie für Max eine Kerze anstecken. Die St. Nikolauskirche ist eine katholische Kirche, sie ist gemauert und mit einem Rieddach bestückt. Sie kann als Sommer- und als Winterkirche genutzt werden. Die Winterkirche umfasst einen kleinen Rundbau mit Spitzdach, die Sommerkirche ist ein Atrium. Beide Gebäudeteile können vereint werden. Das Thema an diesem Tag war: „Komm!", im Sinne von sich auf etwas zu bewegen, sich auf etwas einzulassen. Passte. Greta war nach Baltrum gekommen und bewegte sich dort auf alles Neue zu. Der Zufall hatte sie dorthin geführt – und sie war einem inneren Ruf gefolgt, der von der Nordsee ausgegangen war.
Bevor sie weiter die Insel erkundete, zog sie sich aber um. Ihr Ziel war der Hafen. Gestern war ihr da sicher vieles verborgen geblieben. Ihre Ankunft hatte ihr wenig Zeit gelassen, sich dort genauer umzuschauen. Sie setzte sich auf die Bank vor dem Hafencafé,

einem winzigen Restaurant zwischen Café, Bar und Kiosk. Über ihr hingen die Musikboxen, die den Außenbereich beschallten. Schnell stellte sie fest, dass es für sie ein perfekter Platz auf der Insel war, der ihr Urlaubsfeeling unterstützte. Die jazzlastige Musik war magisch und für sie die Verbindung zwischen der Insel und ihrer Person. Es war Glück, das Greta empfand, und es transportierte sie in eine andere Welt. Sie schloss die Augen, lehnte sich an die rote Backsteinmauer, die ihr den Rücken wärmte. Die Steine hatten jeden Sonnenstrahl aufgenommen und gaben die Wärme der Sonne bereitwillig wieder ab. Dazu Musik, die ihr mehr als gefiel.
Ihr Mittagssnack, eine seltsame Kombination aus Milchkaffee und Krabbenbrötchen, war köstlich. Der Rest der Remoulade wartete darauf, aus den Mundwinkeln gewischt zu werden, als eine Baltrum-Fähre in das Hafenbecken einbog. In wenigen Minuten würde es vorbei sein mit Ruhe und Gelassenheit. Eine große Anzahl Urlauber würde die Fähre verlassen und wie ein Schwarm Insekten über die kleine Insel herfallen. Es standen einige Gäste als Begrüßungskomitee auf der Mole und winkten mit den gelbblauen Baltrumer Fähnchen den Neuankömmlingen zu. Aber es lief alles halb so spektakulär ab, wie sie es erwartet hatte. Die ankommenden Urlauber waren in Windeseile zwischen den roten Häusern des Westdorfs verschwunden. Eine kleinere Truppe Gäste strebte, auf dem Weg entlang der Salzwiesen, dem Ostdorf zu.

Wenn Greta an einen neuen Ort kam, machte sie in den meisten Fällen eine Rundfahrt und verschaffte sich einen Überblick, um später gezielt die eine oder andere Sehenswürdigkeit zu besichtigen. Aber Baltrum war keine Stadt und Busse fuhren dort nicht. Es wurde stattdessen eine Führung angeboten. Um zehn Uhr war ein Treffen im Westdorf angekündigt. Von dort sollte eine Inselführung gestartet werden. "Bi uns to hus" war das Motto der Veranstaltung.
Da die Insel nur klein war und Greta gerne im eigenen Rhythmus auf Erkundung ging, entschied sie sich, auf eigene Faust dieses

Eiland zu erschließen. Sie hatte schnell festgestellt, dass sie sich nicht verlaufen konnte. Viele Wege würde sie ohne Zweifel in diesem Urlaub doppelt und dreifach beschreiten. Aber sie war sich sicher, trotz der überschaubaren Größe, immer wieder Neues zu entdecken.

Ein schmaler Sandweg führte sie durch die Dünen in den Osten der Insel. Die Wege waren gekennzeichnet mit einem hellblauen Schild, auf dem eine weiße Eule saß und das Betreten des Nationalparks angekündigte. Ihre Wanderung dauerte länger als geplant, denn sie war überwältigt von der Vielfalt der Pflanzen, die in den Dünen ihre Heimat hatten. Da Pflanzen und Blumen zu den Lieblingsobjekten zählten, die sie gerne fotografierte, musste sie immer wieder innehalten und auf den Auslöser drücken. Nach wenigen Metern war ihr klar geworden, warum in den kleinen Souvenirlädchen und auch in den Lebensmittelläden auf der Insel so viele Produkte aus Sanddorn angeboten wurden. Die silbrigen Sanddornbüsche, mit ihren langen spitzen Dornen, schwer beladen mit gelblich orangefarbenen Früchten, warteten darauf, abgeerntet zu werden. Als sie an einen Zaun kam, der das Naturreservat abgrenzte, weil dahinter seltene Tierarten und Seevögel ihre Ruhe haben sollten, bog sie links ab, stapfte den Dünenweg hoch und sah überwältigt von der Schönheit auf einen riesig weißen Strand und die Nordsee. Ein Postkartenausblick.
Über den teils trockenen teils feuchten Sand wanderte sie wieder zum beliebten touristischen Strandabschnitt im Westdorf zurück. Immer wieder hielt sie inne, machte Fotos, schaute entspannt auf das Meer. Ihr Blick verlor sich in der Ferne. Sie schritt über Muscheln und Strandgut, sprang über kleine Priele und umrundete Löcher, die von begeisternden Kindern ausgehoben waren, beobachtete Strandläufer, die nach Wattwürmern oder kleinem Getier pickten, und sah zu den kreischenden Möwen empor. Drei Steine verschwanden in ihren Rucksack. Mitbringsel für Max.

Eine längere Pause verbrachte sie im Strandkorb mit Lesen und durchforstete den dicken Veranstaltungskalender, der den Urlaubern in vielen Einrichtungen auf der Insel angeboten wurde.

Die restlichen Stunden des Tages konnte sie aber nicht in diesem Strandkorb verbringen. Am Nachmittag musste sie wieder laufen. Ob es ihr Bewegungsdrang war, der für eine zweite Wanderung des Tages verantwortlich war oder ihr Unvermögen, sich auf die Ruhe der Insel einzulassen? Sie wusste es nicht. Sie stopfte ihre Lektüre wieder in den Rucksack und trat durch das Deichschart in das Westdorf ein.

Im Ort fielen ihr zwei Schilder auf, deren Aussage sie nicht in Zweifel stellte.

Torte macht glücklich stand auf dem einen und *Eis macht schön* auf dem anderen Plakat.

Wenn zuhause meistens der Verzicht auf Süßes im Vordergrund stand, genehmigte sie sich auf der Insel ohne schlechtes Gewissen sowohl Eis als auch Kuchen. Sie musste nur die Portionsgrößen im Blick behalten. Den Kuchen aß sie im "Knusperhuuske". Eine Kugel Eis im Hörnchen bestellte sie sich am Eisausgabeschalter des "Inselcafé".

Vom "Knusperhuuske" war Greta sehr begeistert. Der individuelle Eindruck, den diese kleine Kate auf sie machte, gefiel ihr: ein kleines Häuschen mit einer Kuchentheke, in der Torten, Kuchen und feines Gebäck angeboten wurden. Es gab aber auch Brot. Zu den Spezialitäten zählte hier Rosinenstuten. Wenn man sichergehen wollte, einen Rosinenstuten zu bekommen, dann musste vorbestellt werden, las sie auf einer Tafel, die an der Hauswand angebracht war. Weiter gab es Schokolade mit interessanten Zutaten und dekorative Pralinen. Alles, was dort angeboten wurde, stammte aus eigener Produktion. Vieles war liebevoll verpackt, da es durchaus als Mitbringsel für die Lieben daheim eine Besonderheit sein würde. Aber auch die kunstgewerblichen Dinge, im

maritimen Design, waren nicht zu verachten. Vor dem Haus stand, in einem winzig kleinen Vorgarten, ein Tisch mit einer Bank und zwei Stühlen sowie ein kleiner Bistrotisch, an dem zwei bis drei Gäste sitzen konnten; ein Gast konnte auf einem Klappstuhl Platz nehmen, zwei weitere Gäste teilten sich einen Strandkorb. Eingebettet war dieses Kleinod in eine originell gestaltete Pflanzenwelt. Weiße Polster, weiße Kissen, ausgefallene Dekorationen gaben diesem Minicafé den Anstrich eines urgemütlichen Orts zum Wohlfühlen. Zuerst hatte sie überlegt, sich den Kuchen einpacken zu lassen und ihn ausgestreckt, auf der Sonnenliege ihrer genialen Dachterrasse, dem Himmel so nah, zu verspeisen.
Spontan entschied sie sich, zu bleiben, da gerade der kleine Tisch freigeworden war. Sie war sich sicher, der Apfelkuchen schmeckte ihr vor Ort doppelt so gut. Statt den direkten Weg zum Hotel einzuschlagen, machte Greta einen Schlenker durchs Westdorf. Wieder ging sie an den Plakaten vorbei, die sie über die körperliche Wirkung von Kuchen und Eis informierten. Später würde sie genau in ihren Spiegel schauen müssen, ob auch das Eis bereits seine Wirkung zeigte.

Für den zweiten Abend auf der Insel hatte sich Greta eine interessante Veranstaltung herausgesucht: Sterne gucken.
Der ausformulierte Ankündigungstext lautete etwas anders:

Der Heimatverein Baltrum e.V. lädt zur Museumsnacht mit einem humorvollen Vortrag, der Erklärung des August-Sternenhimmels über Baltrum und einigen Überraschungen ein.

Greta rechnete damit, dass es eine sehr späte Veranstaltung werden würde, eher eine Nachtveranstaltung. Denn die Sonne musste auf jeden Fall untergegangen sein, um auch nur einen Stern zu entdecken. Der Mond würde am Himmel stehen ähnlich einer großen Kugel Zitroneneis, an der man bereits einmal genüsslich geleckt hatte. Sie erwartete, bei nahezu Vollmond, nur wenige Sterne zu

sehen. Aber vielleicht war das Sternegucken bei dieser Veranstaltung auch gar nicht das Wichtigste? Pünktlich, wie ausgeschrieben, war Greta um acht Uhr am "Alten Zollhaus", dem Heimatmuseum. Die Veranstaltung war sehr liebevoll organisiert. Es stimmte alles – von der Begrüßung bis zur Verabschiedung. Aber der Reihe nach: Die Gäste wurden sehr herzlich empfangen und durch die Ausstellung geführt. Mit Erklärungen und Details war niemand sparsam. Das alte Baltrum kam immer näher. Stolz schwang in den Gesprächen und Erzählungen mit. Als kleiner Imbiss wurden zwischendurch Rosinenbrötchen, dick mit Butter bestrichen, gereicht. Im Anschluss hielt die interessierte Gesellschaft kleine Gläschen in der Hand, die aussahen wie Martinigläser. Der Inhalt eine braune Flüssigkeit. Greta roch vorsichtig daran. Es kribbelte heftig in ihrer Nase. Rum, aber ein hochprozentiger, dachte sie. Was schwamm da nur in der braunen Flüssigkeit herum? Oliven waren es nicht, wie man hätte vermuten können. Wo Martini drauf stand, muss nicht unbedingt auch Martini drin sein, dachte sie. Es waren Rosinen. Sie plusterten sich im Branntwein auf und sogen sich voll. Mit jeder Bewegung waberten sie hin und her. Ein Mini-Rumtopf, ging es Greta durch den Kopf. Kleine Löffel wurden dazu gereicht. Die Dame, die diese Köstlichkeit anbot, erklärte, dass es eine Spezialität auf Baltrum sei und einen geschichtlichen Ursprung habe. Früher wurde dieses Getränk immer den frisch gebackenen Müttern nach der Geburt eines Kindes gereicht.
„Am Festland heben die Väter meistens das Glas", berichtete ein Gast und schmunzelte.
Dann nahm ein älterer Insulaner Haltung an, stellte sich in erhöhter Position vor die Teilnehmer der Veranstaltung und rezitierte Gedichte. Jede Gedichtzeile war der Insel gewidmet. Eine alte Dame hatte diese Verse geschrieben, die viele Jahre auf der Insel gelebt hatte. Das Leben hatte sie in die Welt außerhalb der Insel beordert. Im Alter von 86 war sie wieder Baltrumerin geworden. Sie hatte weiter über ihre Ostfriesische Insel Baltrum und über das Meer

gedichtet. Im Alter von 88 Jahren war sie dann in ihrer alten Heimat verstorben. Die Zeilen waren meistens sehr lustig. Es war durchaus amüsant ihnen zu lauschen. Die Nähe zu Wilhelm Busch und Ringelnatz war nicht von der Hand zu weisen.
Ein Blick durch die Fensterchen der kleinen Kate zeigte, dass sich unbemerkt die Dunkelheit über die Insel gelegt hatte. Aber es war nicht dunkel genug, um Sterne am Firmament zu entdecken. Außerdem lag das silbrige Licht des Mondes auf den Deichen und ließ das Wattenmeer in der Ferne glitzern und funkeln.
Das Vorprogramm ging weiter. Acht Flötistinnen spielten mit Blockflöten und Sopranflöten auf. Mit der Unterstützung eines Schifferklaviers wurde die Gesellschaft musikalisch unterhalten. In einer weiteren Pause durften wieder alle zulangen. Neue mit Butter bestrichene Rosinenbrötchen lagen bereit. Greta wunderte sich, wie viele Wöchnerinnen in der Gruppe zu sein schienen und wie selbstverständlich auch von den Männern zum kleinen gefüllten Gläschen gegriffen wurde. Für den einen oder anderen war später der Gang die Treppe ins Dachgeschoss hinauf nur mit Hilfestellung möglich. Doch in diesem kleinen Ausstellungs- und Veranstaltungsraum im Obergeschoss wartete die Sternenkundlerin auf ihre Gäste. Ein Diavortrag stimmte auf den Sternenhimmel im August ein. Der Vortrag war gespickt mit Anekdoten, ähnlich dem Anglerlatein oder dem Seemannsgarn. Sie erzählte Sternenstaubgeschichten, führte aber immer wieder alle, selbst den Allwissendsten unter den Gästen, aufs himmlische Glatteis. Dann endlich begleitete sie die Gesellschaft auf den Deich.
Den Kopf in den Nacken gelegt bemühte sich Greta, Sternbilder zu erkennen. Aber sie würde lügen, wenn sie etwas Passables wahrgenommen hätte. Mehr als den Großen Wagen, den fast jeder kennt, entdeckte sie nicht. Zumindest vermutete sie, dass es der Große Wagen war. Ihre Konzentration war hin, das Vorprogramm hatte seine Spuren hinterlassen. Greta hatte drei dieser Schnäpse getrunken und schien ein kleines Problem mit dem Gleichgewicht zu

haben. Sie zwang sich, gerade auf dem Deich zu stehen und möglichst entspannt in eine diffuse Dunkelheit zu schauen. Der Mond stellte sein Leuchten nicht ein, nur weil die Sternengucker kleine Pünktchen am Nachthimmel betrachten wollten.

***

Wenn Greta zuhause jemand gesagt hätte, dass sie sich mit mehr als einhundert Menschen am Strand versammeln würde, um Volkslieder zu singen, hätte sie diesen für verrückt erklärt. Um Viertel vor elf stand Strandsingen auf dem Programm. Neugierig näherte sich auch Greta dem Sportpodest, auf dem sich die Musiker und Musikerinnen einstimmten. Sie beobachtete erst aus der Ferne, was sich da tat, kam immer näher und stand dann mitten dazwischen. Die meisten Lieder kannte sie und konnte problemlos mitsingen, mindestens die ersten Strophen. Sie konnte sich nicht daran erinnern, wann sie das letzte Mal so befreit gesungen hatte. Selbst in der Kirche verweigerte sie sich oft dem Gesang, obwohl sie dort die meisten Lieder auch auswendig kannte. Ihre klösterlichen Schulerfahrungen hatte Spuren hinterlassen. Auswendiggelerntes und Eingepauktes bleibt abrufbar, auch wenn es über viele Jahre in den Gehirnwindungen verschwunden war.
Diese Sängergemeinschaft nahm Greta auf. Sie hatte zu ihrer Beruhigung nicht den Status eines Seniorentreffs. Mit einer Sonnenbrille getarnt schaute sie in die Gesichter der Chorgemeinschaft. Vom Kleinkind bis zum Greis waren alle Altersgruppen vertreten. Coole junge Menschen, Eltern mit halbwüchsigen Kindern, junge Eltern mit Minis auf dem Arm oder in der Kiepe und selbstverständlich Großeltern und andere Erwachsene, zu denen sich Greta dazugehörig zählte. Aber auch Senioren, die nur mit Unterstützung durch den weichen Sand laufen konnten, und ihren Rollator oben neben den Container der Strandkorbvermietung geparkt hatten, gesellten sich

zu dem Chor und sangen mit etwas zittriger Stimme, aber aus voller Kehle mit.
Die letzten Klänge verstummten und das Rauschen der Wellen übernahm wieder die Geräuschkulisse. Greta verzog sich in ihren weißen Strandkorb Nummer 106 mit den rot-weiß gestreiften Polstern und ließ es sich ein paar Stündchen gut gehen. Singen ist anstrengend, wenn man es nicht gewohnt ist.
Greta begann diese kleine Insel zu lieben, auf eine Art und Weise, die ihr unheimlich war. Wenn Ameland früher für sie den Status Kinderinsel hatte, so wurde Baltrum jetzt ihre Single-Insel.
Greta lernte Isabella, eine Polin, kennen. Sie arbeitete als Zimmermädchen auf der Insel. Der Inselaufenthalt war für sie Job und Urlaub gleichzeitig. Sie hatte gerade ihre Bachelorarbeit abgegeben und strebte nach der Saison einen Masterstudiengang an. Eine bemerkenswerte Frau. Sie war um einige Jährchen jünger als sie, aber aus dem klassischen Studentenalter heraus. Dass Greta sich an der Uni als Gasthörerin eingeschrieben hatte und gerade ihr erstes Semester hinter ihr lag, verheimlichte sie meistens. Der Satz einer guten Freundin klang ihr in den Ohren, als sie erzählt hatte, dass sie mit kurz vor sechzig wieder Studentin sei. Erst verbesserte sie Greta, dass man heute Studierende sagen würde, von wegen der Geschlechtergleichheit. Gleichzeitig fragt sie nach, ob sie im Ernst glauben würde, dort unter den jungen Studierenden einen neuen Mann aufgabeln zu können. Greta fuhr diese Freundschaft auf eine Sparflamme zurück. Aber mit Isabella konnte sie sich unbefangen über ihre Motivation unterhalten, auch im Alter lernen zu wollen.

Den Abend verbrachte sie im hoteleigenen Restaurant. Was an Wild auf dem Speiseplan stand, hatte vorher in den Wäldern und auf den Wiesen der Inseln gelebt. Greta war klar, warum das Jagen auch auf Baltrum nötig war. Sie wusste, was sinnvolle Jagd bedeutete und verurteilte diese nicht. Aber wenn man andeutete, dass man Vegetarierin war, gestaltete sich das Gespräch über das Jagen oft anders als unter gleichgesinnten Fleischessern. Da sie keine militante Vegetarierin war, wurde sie in diesem Urlaub zum zweiten Mal ihrem Prinzip untreu. Sie bestellte sich eine Baltrumer Fasanenbrust, die vorzüglich schmeckte. Zur Nachspeise genehmigte sie sich ein vegetarisches Holunder-Parfait.

Was sie später am Abend erwarten würde, war ihr nicht klar. Die Kurverwaltung lud zu einem Kurkonzert. Bilder, die vor ihrem inneren Auge erschienen, und sich nicht eliminieren ließen, zeigten eine Blaskapelle, in einer Konzertmuschel, die zünftige Marschmusik ertönen ließ, ein klassisches Kurkonzert halt, wie sie es aus Kindertagen aus den Alpen kannte. Zu oft hatte sie mit ihren Eltern in der Publikumsschar gesessen und das Ende einer solchen Kurveranstaltung herbeigesehnt. Kurverwaltung und Konzert paarten sich in ihrem Kopf wie Urlaub auf Krankenschein mit Kurschatten. Sie informierte sich – und das Bild in ihrem Kopf von urwüchsigen Musikern veränderte sich. Vom Plakat lachten Greta vier ältere Herren in sommerlicher Inselbekleidung an. Alle trugen Strohhüte, Hawaii-Hemden und versteckten ihre sonnengebräunten Gesichter hinter dunklen Sonnenbrillen. Sogar die Marschmusik mutierte zu Insel-Rock.
Der Name der Band: "Die Eiländer", in einer Schreibweise, die an die geflügelten gackernden Zweibeiner erinnerte. Halb neun im Haus des Gastes sollte es losgehen. Greta war pünktlich zur Stelle. Die Veranstaltung schien ausverkauft. Eine riesige Menschentraube stand bereit und wartete auf Einlass. Es war sehr warm an diesem Abend und alle Konzertbesucher wollten so lange wie möglich draußen unter dem sich kontinuierlich rot färbenden Himmel stehen. Das Haus des Gastes, in dem die Bühne auf die Musiker wartete, war eine große Halle, mit Bestuhlung. Sie hatte eine Platzkarte in Reihe fünf Mitte ergattert und setzte sich. Es war ihr erstes Rock-Konzert, mit Bestuhlung. Ob das mit dem Altersdurchschnitt der Gäste zu tun hatte? Gut, in der Gruga in Essen gab es auch

Sitzplatzkarten, aber das Mittelfeld vor der Bühne war frei für die Menschen, die lieber im Stehen mitwippten oder tanzten.
Greta saß da stocksteif wie im Kino und wartet, dass der Vorhang sich heben würde.
Was dann für ein Spektakel auf der Bühne stattfand, hatte sie nicht erwartet. Die älteren Herren rockten die Bühne, rissen die Zuhörer von ihren Stühlen. Sie spielten Stücke, die Alt und Jung gleichermaßen begeisterten. Für einen Teil des Publikums geballte Erinnerung an ihre Jugendzeit und für die jungen Menschen Klassiker, die auch in ihrem musikalischen Leben von Bedeutung waren.
Viele Konzerte hatte Greta mit Max besucht, an Musikfestivals teilgenommen, Santana in der Dortmunder Westfalenhalle live erlebt, Bob Dylan, Jethro Tull Konzerten gelauscht. Alle Platten dieser Bands, und auch die von den Stones und Beatles, standen in ihrem Regal. Es war für sie ein Abend in die Vergangenheit, der gleichzeitig schmerzte, weil er geballte Erinnerungen hervorrief, aber sie auch sehr glücklich machte.
In der Pause servierte die Jugend der Insel, mit Flipflops an den Füßen, Dreadlocks und Schwimm-Shorts in wildem Blumenmuster, Eierlikör. Die Mädels trugen Blüten im Haar und lange Schlabberröcke mit orientalischen Mustern. Der Eierlikör war selbstgemacht und vegan.

***

Als Greta aufwachte, regnete es. Aber nach dem Frühstück hatte sich die Sonne wieder durch die Wolken gekämpft. Das Konzert hatte sie etwas aufgewühlt. Sie hatte am Abend nicht sofort einschlafen können. So genehmigte sie sich, morgens zu klüngeln. Im Schrank stand auf einem kleinen Tablett ein Wasserkocher mit Teebeuteln und einige Tütchen löslichem Kaffee. Frisch aufgebrühter Kaffee schmeckte zwar besser, aber ein Schnellkaffee tat es in diesem Moment auch. Im Nachthemd setzte sie sich an den Computer

und begann zu schreiben. Ihr war es egal, ob sie die Frühstückszeit verpassen würde. Erst als Kapitel zwanzig ihres Krimis fertig war, ging sie duschen. Es war noch nicht zu spät für ein Frühstück im Hotel.
Der Tisch, den der Kellner ihr als Frühstücksplatz zugewiesen hatte, befand sich auf einem Podest. Greta hätte die Möglichkeit gehabt, dem Geschehen im Frühstücksraum den Rücken zuzukehren, aber die Neugier ließ sie eine andere Position einnehmen. Sie beobachtete gerne die Menschen, die sie umgaben. Oft fiel sie in einen Recherchemodus und sammelte Eindrücke, die später in eine Geschichte oder in eine Krimiszene Einzug halten würden. Eine Großfamilie rückte in ihren Fokus. Mutter, Vater mit zwei Kindern. Der Sohn war etwa vier Jahre alt, die Tochter vielleicht eineinhalb. Die Kleine bewegte sich in der Grauzone zwischen Krabbeln und Laufen. Ob jetzt als Verstärkung, Entlastung oder Pflichtgefühl, die Motivation konnte sie nicht klar feststellen, hatten sie Eltern und Schwiegereltern mit in den Urlaub genommen. Diese Familie demonstrierte am Frühstückstisch den Mittelpunkt des Baltrumer Urlaubsuniversum, in dem keine Freundlichkeit und keine Rücksichtnahme zu existieren schienen. Es musste eine Familiendiktatur sein, denn die gestresste junge Frau, Tochter, Schwiegertochter, Mutter und Ehefrau regierte gnadenlos. Sie ermahnte ständig ihre Mutter auf den dementen Vater aufzupassen, weil er die Dinge auf dem Tisch zweckentfremdet benutzte. Dann forderte sie massiv ihren Mann auf, sich auch mal um die Kinder zu kümmern. Dieser erhob sich aber kein einziges Mal vom Stuhl. Jeder in diesem Frühstücksraum durfte teilhaben an ihrem Regierungsstil. Die freundliche Bedienung musste stets am Frühstücksbuffet patrouillieren, weil der Sohn mit seinen dreckigen Fingern jeden Teller und jede Schüssel betatschte. Unter ihrem Familientisch sah es aus wie bei Hempels unterm Sofa. Der Sohn der Familie wurde nicht angehalten, wenigstens einmal wenige Minuten sitzen zu bleiben. Er trug sein Frühstück durch den Raum von Tisch zu Tisch und

beschmierte alles mit Schokobrotaufstrich, was an seinem Weg lag. Wenn die eine oder andere Oma den Burschen freundlich und spielerisch von der nächsten Dummheit abhalten wollte, fuhr die Regentin dazwischen und Mutter sowie Schwiegermutter duckten sich und frühstückten schweigsam weiter.
Dieses kleine Krümelmonster hatte Greta entdeckt. Ihre freundlichen und wohlwollenden Blicke trafen den Jungen. Er hob zaghaft die Hand und winkte. Greta winkte zurück. Blitzschnell griff der Bursche nach seinen Malstiften und stand vor Gretas Tisch. Er griff nach ihrer Kladde.
Sie legte besitzergreifend die Hand auf ihr Geschriebenes. „Das ist meines", sagt sie und lächelte den Kleinen an. „Hol doch dein Malbuch vom Tisch", schlug sie vor. Sie konnte ihre Kladde so schnell gar nicht schließen, wie die Krokodilstränen aus den Augen des kleinen Jungen schossen. Das ohrenbetäubende Geschrei war bühnenreif. Er ließ sich vor Gretas Tisch auf den Boden fallen und gab auch bewegungstechnisch seinem Zorn Ausdruck. Geschwind steckte Greta ihre Kladde in die Handtasche und zog den Reißverschluss zu.
„Mein Gott, stellen Sie sich doch nicht so an", rief seine Mutter zu Greta herüber. „Können Sie ihm nicht ein Blatt herausreißen, das ist doch wohl nicht zu viel verlangt?"
Bevor Greta antwortete, und dieser Mutter bestätigen konnte, dass es sehr wohl eine Zumutung sei, kam die Bedienung mit einem Malblock und versuchte, dieses zornige Wesen von Gretas Tisch wegzulocken.
Aber dieser Giftzwerg hatte sich in den Kopf gesetzt, die verschwundene Kladde auszumalen, in der Greta ihre Notizen für einen neuen Krimi schrieb. Sie schenkte sich erst mal einen weiteren Kaffee ein. Als sie eine kleine Portion Obst mit Joghurt vom Buffet holen wollte, schwang sie sich zur Vorsicht ihre Handtasche, in der ihre Kladde stecke, über die Schulter und nahm diese mit. Der Mutter am Nachbartisch schenkte sie keinen Blick mehr.

Wie es schien, hatte Greta gesiegt, denn der kleine Urlauber ließ von ihr ab. Sein nächstes Opfer war ein gleichaltriges Kerlchen, das brav am Tisch saß und frühstückte. Leise erklärten diesem die Eltern, dass man die Serviette nahm und sich nicht die Finger am Tischtuch abwischte. Der Vater begleitete seinen Sohn zum Buffet und leistete Hilfestellung bei der Auswahl der Speisen, die der Kleine dann auf seinem Teller allein zum Tisch balancierte.

Der Giftzwerg kam an den Tisch, zog den Braven am Ärmel, forderte ihn auf, mit in die Spielecke zu gehen.

„Wenn Tom mit dem Frühstück fertig ist, kommt er zu dir", sagte die Mutter freundlich. „Er kommt gleich, wenn er sein Brötchen aufgegessen hat."

Tom war überfordert. Er hatte sicherlich im Kindergarten Erfahrungen mit so frechen dominanten Burschen gemacht und wollte lieber gar nicht mitgehen. Er war sehr zurückhaltend und machte keine Anstalten, aufzustehen.

Auch diese Eltern wurden quer durch den Raum gemaßregelt. „Kinder soll man zu nichts zwingen", rief die dominante Übermutter, „na, kommen Sie, lassen Sie Ihren Sohn aufstehen, meiner will doch nur mit ihm spielen."

Kommentarlos aß die Ein-Kind-Familie weiter. Der Vater der Großfamilie telefonierte während des Frühstücks hauptsächlich. Kauend nuschelte er Anweisungen. Plötzlich stieß die Herrscherin einen Freudenschrei aus. „Eva, meine kleine Eva!", erscholl der Ruf durch den Frühstücksraum. „Hab ihr das gesehen?"

Einige Gäste zuckten zusammen. Anderen fiel der Löffel aus der Hand. Eva, die Krabblerin, hatte sich in der Spielecke einen kleinen Puppenwagen organisiert, fuhr am aufgebauten Frühstücksangebot vorbei auf den Familientisch zu. Als die Schwiegermutter sich ihr zuwandte und sie aufforderte zu kommen, löste Eva die Händchen vom Wagen und lief los.

„Hab ihr das gesehen? Eva kann laufen, alleine! Eva, mein Schatz, komm zur Mama, lass dich drücken."

Das Kind steuerte aber auf die Oma zu. Mutter sprang auf. Die Fülle ihres Körpers ließ keine geschmeidigen Bewegungen zu, sie wollte ihre Tochter abfangen, bevor diese, freudig über die ersten eigenen Schritte ihres Lebens, in den ausgestreckten Armen der Großmutter landete. Diverse Teller und Besteck fielen polternd zu Boden.
Greta atmete tief durch, als die Bagage den Frühstücksraum endlich verließ. Die zurückgelassenen Gäste schienen wie in einem Vakuum zu verharren. Greta hörte, wie ein Gast fragte, ob diese Chaoten immer zur gleichen Zeit auftauchten, dann würden sie am nächsten Morgen zu den Frühaufstehern zählen. Als die Bedienung an Gretas Tisch trat, um benutztes Geschirr mitzunehmen, wartete Greta einige Sekunden lang und fragte dann die Kellnerin: „Wie lange müssen wir noch?" Mehr Worte waren nicht nötig.
Spontan antwortete die Bedienung. „Sie reisen morgen ab." Sie stöhnte auf und kniff Greta ein Auge zu.

Von wegen, Kinder soll man zu nichts zwingen. Als Greta zum Strand kam, stand die Großfamilie am Sportpodest, wo gleich das Strandsingen stattfinden sollte. Die Erwachsenen hielten die Texte in den Händen und warteten auf ihren Einsatz. Giftzwerg bleibt Giftzwerg, dachte Greta. Der Kleine versprühte weiterhin sein Gift wie zur Frühstückszeit. Er lag im Sand und tobte, schlug um sich und schrie. Er wollte nicht singen, sondern schaukeln. Schwiegermutter schlug vor, mit den Kindern zur Schaukel zu gehen.
„Nein! Misch dich nicht immer in unsere Erziehung ein", hörte Greta. „Die Kinder bleiben hier. Sie werden mit mir singen. Du kannst ja schaukeln gehen."
Greta war die Lust auf Singen vergangen. Sie hatte ja beim Frühstück schon feststellen dürfen, welche Ausdauer der Kleine hatte. So drehte sie sich um und ging zu ihrem Strandkorb.
Gretas Bruder hatte an diesem Tag Geburtstag. Er wurde sechsundfünfzig Jahre alt. Sie rief ihn an. Anschließend wählte sie die Nummer von Jens, einem Freund. Er feiert seinen Einundvierzigsten.

Chris erwischte sie zwischen zwei Behandlungsterminen. Jens war im Stress, als der Ruf zu ihm durchdrang. Theaterproben waren angesetzt. So gratulierte Greta schnell und freute sich auf das neue Stück. Sie lehnte sich gemütlich im Strandkorb zurück, denn sie hatte gerade gespürt, dass jedes Telefonat mit der Heimat Alltag und Zeitdruck spiegelte. Was hatte sie es gut, in diesem Moment auf Baltrum, am Strand, zu sein.

***

Der Regen plätscherte auf die Kunststoffliege und trommelte gegen die Scheibe. Diese leisen rhythmischen Geräusche ließen sie wieder einschlafen. Der Natur tat es gut, immer wieder berieselt zu werden. Aus der Erfahrung der letzten Tage machte sie sich keine Sorgen, dass die Sonne sich später nicht zeigen würde.
In der Aufwachphase träumte sie von einem ausgiebigen Frühstück. Der Blick auf die Uhr zeigte ihr, dass sie sich beeilen musste, wenn sie sich am Frühstück-Buffet noch bedienen wollte. Sonne und Schäfchenwolken begrüßten sie. Greta betrat den Speiseraum. Die meisten Tische waren besetzt. Leise Musik drang aus den Lautsprechern. Heute schienen die Gäste ihr Frühstück zu genießen. Auch Greta frühstückte entspannt und gemütlich. Sie blickte mehrmals zufrieden auf den großen, leeren, hübsch dekorierten Tisch, der diesmal unbesetzt blieb.

Es war kühl, als sie ihre erste Wanderung begann. Doch es dauerte nicht lange und sie musste sich der überflüssigen Kleidungsstücke entledigen. Buff, Pulli und Windbreaker verschwanden im Rucksack. Sie betrat den riesig breiten Strand. Es war gerade Wassertiefstand. Nach wenigen Metern baumelten auch ihre Turnschuhe am Rucksack. Es gab nichts Schöneres, als bei strahlend blauem Himmel am Saum des Meeres barfuß entlangzulaufen. Die Wellen umspülten immer wieder ihre Füße. Gierig versuchten sie, die

aufgekrempelten Hosenbeine zu erreichen. Greta nervte, dass sie ihre Klamotten alle mit sich herumschleppen musste. Es tauchte ein Muschelfeld vor ihr auf. Mutig setzte sie einen Fuß vor den anderen. So musste sich ein Fakir fühlen, der über ein Nagelbrett lief. Angenehm war dieses Experiment für ihre Fußsohlen nicht. Sie war nicht muschelresistent, eher ein Weichei. Bewundernd sah sie den Abgehärteten hinterher, die über die Muschelfelder liefen, ohne jegliches Anzeichen von Schmerz. Die nächsten Muschelfelder umrundete sie. Sie bückte sich und griff nach den Muschelschalen. Wieder einmal konnte sie einem alt verwurzelten Drang nicht widerstehen: Sie sammelte Muscheln. In der Außentasche ihres Rucksacks fand sie eine kleine Tüte, eine Hundetüte von Lola, der Beagle-Hündin ihrer Tochter. Schnell füllte sich dieser Beutel mit Herzmuscheln. Eine war schöner als die andere. Sie spülte von jedem Muschelgehäuse den Sand ab, rieb es trocken und legte es, Juwelen gleich, in den Beutel. Als Greta an ihrem persönlichen Baltrumer Landsend ankam, hinter dem sich das geschützte Naturreservat befand, schüttete sie alle gesammelten Muscheln wieder auf den Strand und gab sie der Natur zurück.
Das letzte Stück vom Strand aus, in die Dünen hinein, fand sie immer schrecklich. Dort war der Sand mittlerweile heiß und so elend weich, dass sie bei jedem Schritt bis über den Knöcheln darin versank. Wenn sie die Düne erklommen hatte, fühlte sie sich, als hätte sie mit letzter Kraft ein Gipfelkreuz erreicht.
Auf dem Rückweg ins Westdorf durch die saftig grüne Landschaft der Dünen begleitete sie eine gespenstige Stille, die nur ab und zu durch das Schreien der Möwen, das Krächzen der Dohlen und Elstern unterbrochen wurde. Der lautstarke Schrei eines Fasans ließ sie zusammenzucken, ein Schauer huschte über ihren Rücken. Die Geräuschkulisse, die vom stetigen Rauschen des Meeres ausging, war dort nicht mehr zu hören. Zurück durch die Dünen lief sie zügiger und erreichte den Touristenstrand just in dem Moment, als der Yogakurs beendet war und sich die Musiker auf das

Strandsingen vorbereiteten. Greta erinnerte sich an den befreienden Zustand, in den sie das Singen unter freiem Himmel, mit den Geräuschen des Meeres im Hintergrund, versetzt hatte. So trällerte sie erneut Seemanns- und Wanderlieder, sang von Liebe und Sehnsucht und fühlte sich sogar kurz in die Kindergartenzeit ihrer beiden Kinder versetzt, in der sie mit anderen Müttern von Kuchenbacken, rasenden Affen und allen möglichen heimischen Vögeln gesungen hatte.

Sie verstand das Phänomen nicht, grübelte aber auch weiter nicht darüber nach. Hauptsache, das Singen tat ihr gut.

Als sie dort inkognito im Sand stand und sie nichts beschwerte, fasste sie den Entschluss, wiederzukommen. Denn Baltrum schien eine Insel fürs Entspannen und Erholen, aber auch fürs Schreiben, Beobachten und Lesen zu sein. Der Genuss kam zudem auch nicht zu kurz, stellte Greta am Abend fest, als sie ein vorzügliches Schollenfilet mit Senfsoße, dazu ein Viertel Pino Grigio serviert bekam.

Mit jeder Stunde ließ sie sich immer mehr auf die Insel ein. Achtsamkeit war geboten, dass ihre sportlichen Aktivitäten nicht in Stress ausarteten. An diesem Tag hatte sie wieder das volle Programm durchgezogen. Aber das Wetter war auch zu gut, als bewegungslos auf einem Badetuch im Sand zu liegen.

Greta hatte an diesem Tag zwei Beagle getroffen, einen Trikolor wie Lola und einen Bicolor. Beagle waren ihre Lieblingshunde, und sie konnte an keinem dieser Vierbeiner vorbeigehen. Einmal streicheln war immer ein Muss.

Aber bei all der Entspannung und Ausgeglichenheit sowie der Schönheit der Natur und dem fantastischen Wetter gabt es immer wieder Menschen, die in ihren Fokus rückten und die sie nur literarisch verarbeiten konnte. Es fiel ihr schwer, das Verhalten einiger Urlauber zu tolerieren, geschweige denn zu verstehen. Ebenso lehnte sie eine Auseinandersetzung mit ihnen ab. Sie würde nichts erreichen, weil die Differenzen zu groß waren. Am Ende würde sich der Wortwechsel nur auf ihre Stimmung auswirken. Den Gute-Laune-Pegel hielt sie auf Baltrum hoch. Das war ihre Maxime und wichtig. Auseinandersetzen würde sie sich nur mit Dingen, die von fundamentaler Bedeutung waren. Dazu zählten die meisten dieser kuriosen Erscheinungen, die oftmals nur mit rücksichtslosem Benehmen in den Fokus des Betrachters rückten nicht. Meistens waren es eher Situationen zum Schmunzeln.

Gretas Strandkorbnachbarn, direkt vis-à-vis, zählten zu diesen Urlaubsexoten mit Schmunzelfaktor. Von Weitem war ihre musikalische Richtung erkennbar. Ein Fahnenmast reckte sich in den Himmel und das schwarzweiße Banner der "Toten Hosen" flatterte im Baltrumer Wind. Greta mochte die Musik. Sie hatte mit ihrer Tochter in jungen Jahren ein Konzert dieser Band besucht. Es war damals das Einsteigerkonzert für den Nachwuchs. Die Veranstaltung hieß "Opium fürs Volk". Das war circa achtzehn Jahre her. Auf Baltrum begrüßte sie jetzt die Fahne BzbE, Bis zum bitteren Ende, die musikalische Neuerscheinung dieser Musikgruppe. Soweit so gut, sie mochte die Musik und sie mochte Campino. Aber sie mochte nicht, solange sie in ihrem Strandkorb saß, mit dem vollen Programm der "Toten Hosen" bespaßt zu werden. Aus der mit Batterien oder Akkus betriebenen Musikanlage, die sandgeschützt in einem Bollerwagen, stand, wurde sie ununterbrochen beschallt.
Die Hosenfans zogen alle Register und hätten auf einem Konzert sicher auch mit ihrer Optik gepunktet. Aber am Baltrumer Strand waren sie eher Außenseiter unter den Urlaubsgästen. Greta konnte sich mit ihnen nicht solidarisieren. Sie ließ sich mit einem neuen Krimi im Strandkorb nieder, hoffte das Beste und versuchte zu lesen. Aber sie hatte sich geirrt. So blieb ihr nur, ihre Schreibkladde aus dem Rucksack zu nehmen und sich Notizen zu machen. Sie trat einen Schritt aus ihrer Realität heraus und widmete sich literarisch ihrem Umfeld. Es waren skurrile und schrille Menschen, denen sie

begegnete. Ihre Fantasie brachte solche Erscheinungen oftmals nicht hervor.
In den nächsten Stunden füllte Greta einige Seiten in ihrer Recherchekladde. Die Musik drang tief in ihre Gehörgänge ein. Ein besonderer Song breitete sich in ihrem Kopf aus und hielt sie gefangen: "Itsy Bitsy Teenie Weenie Honolulu-Strand-Bikini". Ob ihre Strandkorbnachbarn verdrängt hatten, dass sie gar nicht am Strand von Honolulu waren? Diese Melodie legte sich über Greta wie ein Schatten und wurde zu einem Ohrwurm, der sie an diesem Urlaubstag über viel Stunden begleitete.
Sie machte sich wieder auf den Weg. Bei der Strandkorbvermietung warf sie den kleinen Schlüssel von ihrem Korb in den Briefkasten. Ihre Strandkorbreservierung endete mit dem Ausflug in die Welt des Düsseldorfer Punk-Rocks an diesem Tag.

Die letzten Stunden des Nachmittags verbrachte sie mit ihrem Krimi auf der megagroßen Dachterrasse und genoss die Sonne. Die Kaffeeportionstüten waren wieder aufgefüllt worden. Kuchen hatte sie in der Bäckerei neben dem Inselmarkt gekauft. Sie kam sich vor wie „On The Top of The Baltrum-World". Ein echtes Kontrastprogramm zur Beschallung am Strand. Hier herrschte absolute Ruhe.
Gegen Abend beschloss sie, in die Inselpizzeria zu gehen. Wegen Überfüllung geschlossen, hätte man auf das Schild schreiben können, auf dem die Öffnungszeiten mit Kreide notiert waren. Auf Baltrum richteten sich nämlich die allgemeinen Öffnungszeiten von Restaurants, Cafés und Geschäften nach einem Mix aus Wetter, Saison und Nachfrage.
Ob Greta als Einzelperson einen Platz ergattern konnte, würde sich noch zeigen. Sie schlängelte sich an den wartenden Familienclans vorbei und fragte artig den Kellner nach einem Sitzplatz. Der Zufall wollte es, dass eine weitere alleinreisende Dame zu den Gästen zählte und an einem Zweiertisch Platz genommen hatte. Der Kellner fragte, ob es ihr recht sei, dass Greta sich dazusetzte. Die Dame

nickte freundlich, winkte Greta und forderte sie auf, ihr Gesellschaft zu leisten. Sie wartete, bis Greta ihre Pizza Tonno und ein Glas Rotwein bestellt hatte und legte kauend mit den Informationen zu ihrer Person los. Sie war sechsundachtzig Jahre alt und kam aus Niedersachsen. Verheiratet war sie nie gewesen und hatte als Beamtin in der Verwaltung gearbeitet. Ihr Lebensgefährte war über die meiste Zeit ihres beruflichen Lebens ihr verheirateter Arbeitskollege gewesen. „Ich war sozusagen seine emanzipierte Zweitfrau", sagte sie und grinste Greta verschmitzt an. „Ich liebte immer die Herausforderung. Feste Bindungen sind mein Leben lang nichts für mich gewesen. Nur nach Baltrum komme ich immer und immer wieder. Diese Bindung bin ich eingegangen."
Greta überlegte, ob auch diese Dame den Sehnsuchtsfaktor von Baltrum für sich beanspruchte. Sie gab von sich nur ihr Alter und ihren Namen preis, war erstaunt über den Lebenswandel ihrer Tischnachbarin und versuchte, das Gespräch auf Baltrum umzulenken. Sie interessierte es nicht, wen diese Dame in der Abstellkammer des Verwaltungsgebäudes flachgelegt hatte. So ihre Worte. Greta irritierte die Offenheit, die sie ihr gegenüber an den Tag legte. Das Einzige, was sie verband, war die Zufälligkeit, an einem Tisch zu sitzen.
Dann endlich erzählte ihre Tischnachbarin von Baltrum. So erfuhr Greta, wo der Friedhof lag, den sie vergeblich gesucht hatte, und sie beschrieb ihr auch die Lage des Dünengrabes des holländischen Kapitäns, de Boer, um den sich eine alte Baltrumer Geschichte rankt. Nach dem Essen gingen beide getrennte Wege.
Die Dame rutschte von Stuhl und stand neben Greta und diese musste sich zur Verabschiedung herunterbeugen. Die Dame war sehr klein und hatte in der Pizzeria auf einem dicken Stuhlposter gesessen, das meistens den Kindern unter die Pobacken geschoben wurde, damit sie beim Essen über die Tischkante schauen konnten. Ihre Beine mussten unter dem Tisch gebaumelt haben. Gemessen an den Möbeln im Restaurant war sie unter ein Meter fünfzig groß.

Greta schlug den Weg zum Dünengrab ein. Wenn man den Standort ungefähr kennt, findet man es sofort. Während der Friedhof hinter einer Deichmauer lag und vor Überflutungen geschützt wurde, lag das Kapitänsgrab außerhalb des Hochwasserschutzes eingebettet in den Dünen. Auf einer verwitterten Gedenktafel standen die persönlichen Daten des holländischen Kapitäns Hendrick Dirk de Boer, geboren am 12. Oktober 1794, gestorben am 12. Juli 1849. Ob es eine wahre Geschichte war oder eine Sage konnte Greta nicht beurteilen, denn sie hörte später unterschiedliche Versionen, die es sich lohnt, nachzulesen. Kurz zum Inhalt: Der Kapitän kam also im Juli 1849 nach Baltrum und lag mit seinem Schiff im Wattenmeer fest. Er nutzte die Gelegenheit, seinen Proviant aufzufüllen, bekam aber nicht das Gewünschte, weil die Baltrumer selbst nicht viel zu bieten hatten. Außer Schwarzbrot und Ziegenmilch konnten sie ihm nichts an Proviant aushändigen. Die Armut der Insulaner verleitete ihn zu dem Ausspruch, dass er auf so einem elenden Sandhaufen nicht begraben sein wolle. Der Zufall wollte es, dass der Kapitän starb, bevor das Schiff mit der nächsten Flut wieder in See stechen konnte. Seine Besatzung fragte nach, ob sie ihren Kapitän auf Baltrum begraben dürften. Die Baltrumer Bürger stimmten zu, hatten aber seine unschönen Worte nicht vergessen. Deshalb wurde ihm nur ein Grab in den Dünen gewährt, das außerhalb des geschützten Friedhofs lag. Eine andere Version besagt, dass die Krankheit, an der er verstarb, für die Wahl dieses abgelegenen Ortes verantwortlich gewesen sei.

***

Der sechzehnte August, ein Tag, der Greta viel bedeutete. Max war an diesem Tag vor zwei Jahren gestorben. Erinnerungen drängten sich in den Vordergrund, derer sie sich nicht erwehren konnte. Die Gedanken spielten verrückt, traurige und schöne Erinnerungen vermischten sich. Am sechzehnten August 1969 hatte Greta Max kennengelernt. Mit diesem Datum war Woodstock unweigerlich verbunden. Ein Mythos, der beide gleichermaßen begeisterte. Woodstock feierte seinen fünfundvierzigsten Geburtstag, Greta den Kennenlerntag mit Max und erinnerte sich gleichzeitig an seinen Todestag. Ein Mischmasch der Gefühle mit Höhen und Tiefen. Sie setzte ihre Sonnenbrille auf, weil sie die Tränen nicht zurückalten konnte. Gleichzeitig war sie dankbar für eine lange fantastische Zeit, die ihnen vergönnt war. Dieser Tag war Gretas Abreisetag.

Diesmal nahm sie den Koffertransportservice des Hotels in Anspruch. Eine letzte Runde durch das Westdorf, mit einem Abstecher auf den Deich, hinunter zum Meer, um sich zu verabschieden und nicht über die Heimreise nachdenken, waren die Maxime ihrer letzten Stunden auf der Insel. Dann ging sie zum Hafen, nahm ihr Gepäck in Empfang und verstaute dieses im Gepäckcontainer. Sie setze sich draußen auf die harte Bierzeltbank vor das Hafencafé und hoffte, dass sie niemand ansprach. Sie wollte alleine sein. Die Musik, die aus den Lautsprechern drang, war ihre und Max´ Musik. Kaum ein Stück war ihr fremd. Woodstock in seiner ganzen Vielfalt hüllte Greta an diesem Tag ein. Geballte Erinnerungen. Einerseits beflügelten sie diese und dann bündelten sie wieder ihre Gedanken, die sich unausweichlich auf den Todestag von Max reduzierten. Die Schönheit und der Charme der Insel verblassten. Greta schloss die Augen und erstarrte im Gewirr ihrer Gedanken. Nach ein paar Minuten der Stille stand sie auf, brachte ihre Kaffeetasse wieder zurück und verabschiedete sich von den Damen hinter der Theke. Eine unter ihnen schien besonders sensibel zu sein. Diese bemerkte sofort, dass etwas mit Greta nicht stimmte. Sie trat auf sie zu, nahm sie tröstend in den Arm. „Egal, warum du traurig bist", flüsterte sie Greta zu, „es geht vorbei." Sie war eine Fremde, und trotzdem hatte sie ein Gespür für traurige Situationen, ohne viel zu fragen und zu ergründen.
Greta bestieg die Fähre, war froh, endlich an Bord zu sein. Sie näherte sich dem Festland und die Insel wurde immer kleiner. Ich

komme wieder, dachte Greta. Das ist so sicher, wie das Amen in der Kirche.
Als sie zuhause auf ihren Parkplatz fuhr, erklangen die letzten kratzigen Musikfetzen aus dem Autoradio, die Jimi Hendrix seiner Gitarre entlockte.

Von Joghurtlöffeln, die ihren Besitzer wechseln, von klassischen Sonnenuntergängen bis hin zu zerknitterten silbergrauen Wolkenformationen

Die Herbstferien standen bevor. Auf der Rückfahrt im Sommer von Neßmersiel ins Ruhrgebiet hatte Greta konkrete Reisepläne entwickelt, die Baltrum als Urlaubsziel in greifbare Nähe rückten.
Die Schulkinder, die sie täglich betreute, waren zunehmend schwieriger im Umgang. Vielleicht lag es auch an ihrem Alter. Möglich, dass sie auch nicht mehr resistent genug gegenüber Grundschulkindern war. Auf jeden Fall brauchte sie einen Urlaub, in den sie abtauchen konnte ohne Stress und ohne Weltveränderungswahn und Selbstfindungsanspruch. Die lieben Kleinen gingen ihr mit ihrem schlechten Verhalten auf die Nerven. Sie verzweifelte oftmals an dem Versuch, immer und immer wieder die Welt retten zu wollen. Greta wollte ihre Ruhe haben und schreiben, ihre Ideen zu Papier bringen und Vorbereitetes und Recherchiertes in die Tasten tippen. Sie hatte im Sommer eine Zeit in Berlin und in Hamburg verbracht, aber Städtereisen waren keine Erholungsurlaube. Sie brauchte Erholung und war reif für die Insel.
Dem Wetter maß sie keine Bedeutung zu. Herbst war Herbst und Regen gehörte dazu.

So nass wie bei der Anreise im Sommer wurde sie allerdings nicht. Das Prozedere im Hafen brachte sie hinter sich. Ihr Gepäck hatte sie in den Container Nummer zehn gestellt und ihr Auto wartete in Reihe zwei, um von einem Mitarbeiter der Parkgesellschaft Neßmersiel in eine hochwassergeschützte Garage gebracht zu werden.
Um Viertel vor acht am Morgen war sie losgefahren. Kein Stau, keine Verzögerungen und viel zu früh am Anleger waren das

Ergebnis. Die Möglichkeit, eine Fähre früher zu nehmen, gab es nicht, weil ihre ausgewählte die erste des Tages nach der letzten Ebbe war, die durch die Fahrwasserrinne mit genug Wasser unter dem Kiel nach Baltrum übersetzen konnte. Die beiden Fährschiffe, die zwischen Festland und Insel pendelten, hatten die Nacht im Baltrumer Hafen verbracht. Der Hafen Neßmersiel sah trostlos aus ohne Schiffe am Kai.

Auf dem Hafengelände gab es ein Restaurant, in dem wartende Baltrum-Urlauber wie Greta die Zeit bis zum Einschiffen verbringen konnten. Die Alternative war ein Aufenthaltsraum. Durch die Fenster konnte man den Schiffsanleger beobachten. In diesem Wartesaal drängten sich einige Urlauber. Greta wollte sich mit dieser Enge nicht auseinandersetzen. Vor allem hatte sie keine Lust, dem Genörgel über das Wetter zu lauschen, und mit dem Geknatsche von übernächtigten Kindern konfrontiert zu werden. Sie machte einen kleinen Rundgang im Nieselregen. Der Wind pustete sehr stark. Er blähte ihre Regenjacke auf und riss ihr immer wieder die Kapuze vom Kopf. Ihr Handgepäck im Rucksackformat wurde schwer. Dieses trocken auf einer Aussichtsbank abzustellen, war vor Nässe nicht möglich. Sie machte kehrt und ging die Treppe hoch in das Restaurant am Hafen. Es erinnerte an die Brücke eines Schiffs. Ein Kapitän oder ein Steuermann hätte von dort oben seine Arbeit verrichten können. Der Blick auf das Wattenmeer und die Insel Baltrum umfasste mehr als einhundertachtzig Grad. Leider war der Landstreifen im Meer mehr zu erahnen, denn zu sehen. Dunst und Regenwolken versperrten den Blick. Dann näherte sich ein Schiff der Küste. Es musste die Baltrum III sein. Sie kämpfte sich im Zickzack durch das Wasser mit Kurs auf den Hafen Neßmersiel. Zickzack-Kurs darum, weil eine sichere Fahrwasserrinne den Weg bestimmte. Das kleine weiße Schiff wurde deutlich erkennbarer und kam kontinuierlich dem Festland näher.

Greta konnte einem Stück Käsekuchen am Morgen nicht widerstehen. Es erhöhte ihre Vorfreude auf Baltrum. Allerdings schienen im

Restaurant alle Fliegen der Hafenregion Zuflucht vor Wind und Wetter gesucht zu haben und umschwirrten Greta, den einzigen Gast, zur Begrüßung. Sie widmeten sich ebenfalls ihrem Käsekuchen. Die überaus große Zuneigung dieser Fliegen wurde lästig.

Die Fähre legte an. Nur wenige Menschen verließen das Schiff. Die Hafenarbeiter begannen mit ihrer Arbeit. Der Kran hievte die Container hoch, die das Gepäck der Abreisenden enthielten und schwang sie durch die Luft. Sie schaukelten hin und her, bis sie auf dem Kai abgesetzt wurden. Mittlerweile waren die Container, die für den Transport nach Baltrum in Reihe und Glied bereitstanden, regensicher mit dicken blauen Planen geschlossen. Sie wurden verladen.

Die Eiligen der wartenden Touris bewegten sich mit Riesenschritten auf die Fähre zu und drängten an Bord. Greta bezahlte ihr süßes Frühstück und schulterte den Rucksack. Eine Seniorengruppe, die dem Bus von Bahnhof-Norden entstiegen war, nahm sie auf. Die Damen und Herren drängelten und schubsten. Auch Rollatoren-Fahrer übten oftmals keine Rücksichtnahme. Sie verhielten sich, als gäbe es im Supermarkt ein Sonderangebot mit dem Zusatz: „Solange der Vorrat reicht", oder „Wer zuerst kommt, mahlt zuerst."

Höflich trat Greta zur Seite und gestattete ihnen den Vortritt. Sie wollte gemütlich die Gangway hinaufgehen. Aber bevor die alten Leute ratlos vor der Rampe stehen blieben, wurden sie von einem Bootsmann umgeleitet. Die Rollatoren-Schieber mussten auf einem anderen, flacheren Weg am Bug der Fähre an Bord gehen. Sie mussten sich zwangsläufig in die Schlange der Bollerwagenzieher, Kinderwagenschieber, Rollstuhlfahrer, Skater und Kickboardfahrer einreihen und auch den kleinsten unter den Urlaubern, den Laufrädchennutzern, ausweichen.

Greta suchte sich einen Platz. Wie so oft hätte sie die Möglichkeit gehabt, sich dem Umfeld, das sie einengte zu entziehen und in ein anderes überzuwechseln. Freie Plätze gab es an Bord genug. Aber sie harrte in der Gesellschaft der Seniorentruppe auf dem regengeschützten Areal des Oberdecks aus. Die rüstigen alten Leutchen breiteten sich aus, belegten mit ihrem Gerödel die meisten Sitzgelegenheiten an Deck. Sie puschten gegenseitig ihre gute Laune. Ein Witzchen war peinlicher als das nächste. Sie packten ihre mitgebrachten Butterbrote aus und schraubten von den Thermoskannen die Verschlüsse ab. Die Herren fischten verstohlen die Minifläschen Küstennebel aus den Anoraktaschen. Nach den Witzen thematisierten sie die handybegeisterten Teenies und deren Verhalten in der Gesellschaft. Voreingenommenheit und Unverständnis hüllte sie ein.

Greta nervte die Lautstärke, mit der die Gästeschar das Oberdeck an ihren Erziehungsmethoden teilhaben ließen. Sie waren von der Lösung des Problems weiter entfernt als der Mond von der Sonne. Denn – ein paar Schläge hinter die Ohren –, da waren sie sich einig, würden diesen "Hans im Glück-Typen" schon genügen. Aber für Greta spiegelten ihre Tipps nur die Unsensibilität der Sache gegenüber. Sie hatten ihre Kinder in einer anderen Zeit erzogen und glaubten, ihre althergebrachten Lösungsansätze, die sich zudem nur um körperliche Züchtigungen drehten, wären ein Geheimrezept. Eine weitere Möglichkeit, die jungen Handynutzer in ein handlicheres Gesellschaftsformat zu pressen, wurde auf die musikalische Ebene verlagert. Sie würden ihnen die Flötentöne schon beibringen, vernahm Greta.

Sie hatte ein Zimmer im "Dünenschlösschen" gebucht. Gerne wäre sie wieder in das "Hotel Strandburg" eingezogen, weil es ihr dort im Sommer sehr gut gefallen hatte. Aber dieses Hotel begann für Gretas Reiseplanung etwas zu früh mit den wohlverdienten Betriebsferien nach einer langen Sommersaison.

In dem ruhigen ehrwürdigen "Dünenschlösschen" bekam sie ein großes geräumiges Zimmer mit einem schönen Bad und einem winzigen Balkon. Zwei kleine Stühle standen darauf. Zum Lesen würden diese zwei Quadratmeter reichen, sollten Sonne und Temperatur es erlauben.

Die Insel machte auf sie auch im Herbst einen guten Eindruck. Den Regen hatte sie am Festland gelassen. Die Dunstschleier, die über den Hellern lagen, lösten sich auf. Die riesigen Pfützen verkleinerten sich. Der Wind riss die Wolkendecke brutal auseinander. Als sie auf ihrem ersten Weg zum Meer war, dominierte die Sonne den Himmel.
Viele Speiselokale und Geschäfte hatten geschlossen. Sie hatten die Sommersaison hinter sich gelassen. Für Greta bedeutete es, mehr Zeit in der Natur zu verbringen. Das Stöbern in kleinen Läden und ein Ausprobieren der unterschiedlichen Restaurants würden arg eingeschränkt sein.
Sie passierte das Deichschart am "Strandhotel Wietjes" im Westdorf. Vor ihr lag der Ausblick, auf den sie sich seit dem Sommer gefreut hatte: Das Meer hatte sich nicht verflüchtigt. Eine große blaue Fläche lag vor ihr. Diese Feststellung hatte etwas von Absurdität. Als wenn die Nordsee in ihrer Abwesenheit verschwinden würden. Aber für Greta war diese erste Begegnung mit dem Meer mehr als eine Kontrolle oder Begrüßung. Sie stand oberhalb des Strandes und empfand bei dem Anblick nur Glück und Freiheit. Diese Elemente der Natur waren in der Lage, bei ihr Gefühle hervorzurufen wie kaum etwas anderes auf der Erde. Die Nordsee reduzierte sie auf ein winziges kleines Sandkorn im Gefüge der Welt und machte sie eins mit dem Bild, in das sie sich integriert fühlte.

In der Nacht schottete sie sich nicht ab, zog nicht die Vorhänge zu, sondern öffnete weit die Fenster. Sie ließ die Insel in das Zimmer einkehren. Die Temperatur, der Wind, der mäßig wehte, sowie die Geräusche der Inselnacht drangen vor bis zu ihrem Bett. Eingekuschelt lag sie wach und versuchte das, was sie wahrnahm, zu deuten. Das Spiel des Windes mit den Blättern der Bäume erzeugte ein angenehmes Rascheln, was sie sanft in den Schlaf geleitete. Dann dränge der Mond in ihr Zimmer und weckte sie wieder. Groß und rund starrte er sie an und legte sein silbrig glitzerndes Licht auf die Insel. Wie ein scharfes metallenes Schwert trafen sie die Strahlen. Ihr erschien es, als hätte auch der Mond genug Leuchtkraft zum Lesen. Sie nahm ihr Buch zur Hand und setzte sich, eingekuschelt in ihren pinkfarbenen Bademantel, auf den Minibalkon. Das Lesen funktionierte tatsächlich. Die meiste Zeit blickte sie nur über die Salzwiesen, sah das Funkeln und Glitzern des Wattenmeeres und das Flackern der roten und weißen Markierungen der Windkraftanlagen am Festland. Die Magie des Mondes hielt sie so lange gefangen, bis die nächtliche Kühle sie frösteln ließ.

Bevor sie in den Frühstückssaal trat, ging Greta vor die Tür und stand auf der vorderen Terrasse, auf der im Sommer die Tische hübsch gedeckt waren und Kaffee und Kuchen serviert wurde. Die schwarz-rot-blaue Fahne Ostfrieslands und die Fahne mit den beiden Streifen in Mittelblau und Gelb, die Farben Baltrums, waren an den Fahnenmasten hochgezogen und wehten steif im Wind. Die Stühle aus Korbgeflecht hatte der Wind umgestoßen, einige der kleineren Pflanzkübel lagen auf der Seite. Die lose Erde wurde vom Wind ergriffen und wehte wirbelnd davon. Auch hier musste das Terrain winterfest gemacht werden.

Das Frühstück war supergut. Greta saß alleine an einem großen Tisch, hatte also Platz auch für ihre Schreibsachen. Ohne drängelnden Gästen ausweichen zu müssen, konnte sie sich am Büfett versorgen. Bei der ersten Nahrungsaufnahme des Tages begann sie zu schreiben. Der Fensterplatz war perfekt gewählt. Wenn sie den Kopf hob und leicht zur Seite schaute, konnte sie weit über die Hellerwiesen bis zum Festland schauen. Sie träumte sich in das Panorama hinein, und der Kaffee in der Tasse erkaltete. Unter den Gästen des "Dünenschlösschens" waren auch Kinder. Aber diesmal standen die jungen Menschen der Gesellschaft nicht im Vordergrund des ganzen Hauses und produzierten sich nicht ununterbrochen selbst. Im "Dünenschlösschen" ging es um ein Vielfaches ruhiger zu als im "Hotel Strandburg". Das lag aber nicht an dem Hotel an sich, sondern an den Menschen, die mit Greta zur gleichen Zeit dort Urlaub machten. Der Altersdurchschnitt war um einiges höher. Der Glücksfaktor hatte seine Finger im Spiel.

Der erste Spaziergang des Tages führte durchs Westdorf. Das "Inselcafé" lud sie zu einer Mittagspause ein. Zuerst liebäugelte Greta mit einer Portion roter Linsensuppe, türkisch, vegetarisch und lecker. Bei dem Gedanken daran lief ihr das Wasser im Mund zusammen. Aber die Erinnerungen an Eis und Kuchen in riesiger Auswahl stellten sie vor eine schwierige Entscheidung.
Eine achtköpfige Gruppe Urlauber drängte sich in das Café und verbreitete durch ihr selbstgefälliges Verhalten Unruhe. Sie schoben die kleinen Bistro-Tische polternd zusammen, positionierten die Stühle neu und erteilten laute Anweisungen, bis sie mit der Neuordnung der Möbel zufrieden waren. Dann saßen sie direkt neben Greta und bedrängten sie dermaßen, dass diese auf den gegenüberliegenden Stuhl an ihrem kleinen Bistrotisch wechselte.
„Wir wollen Sie nicht verdrängen", sagte eine weibliche Stimme als Reaktion auf Gretas Platzwechsel. „Sie können ruhig dort sitzen bleiben, wir beißen nicht."
Greta nickte kurz mit dem Kopf. Das war genau einer der Sprüche, die sie hasste. Wir beißen nicht, welch abartige Behauptung.
Von da an bestimmten diese Menschen ihren Aufenthalt im "Inselcafé", und drängten sich in ihr Leben. Sie redeten extrem laut und benahmen sich weiter rücksichtslos. Gleich zwei unterschiedliche Doppelseiten der großen allzeit beliebten Tageszeitung wurden nach dem Bestellmarathon aufgeschlagen. Die Mutter der Familie sprach mit ihrem Jüngsten in immer gleichem Sprachrhythmus und gleicher Wortwahl.

„Du bekommst eine Kugel Eis."
„Warum denn nur eine Kugel?", fragte der Knirps.
„Weil ich das gesagt habe."
„Ja, aber der Papa hat sich einen großen Eisbecher bestellt und du auch."
„Du bekommst eine Kugel Eis."
„Warum denn nur eine Kugel?", fragte er eindringlicher.
„Weil ich das gesagt habe."
Der Dialog setzte sich fort, die Mutter blieb bei ihren Standardsätzen und füge nicht ein einziges neues Wort hinzu. Eine Erklärung blieb sie dem Kleinen schuldig.
Die Eiswünsche des Sohnes änderten sich mehrfach. Er blätterte durch die Eiskarte, betrachtete die verführerischen Hochglanzabbildungen der Eisbecher und führte neue Vergleiche mit den Bestellungen anderer Familienmitglieder an. Einem Papagei gleich antwortete die Mutter sehr emotionslos. Ihre Ausdauer war bemerkenswert.
„Dann will ich eben gar kein Eis", sagte der Sohn trotzig, verschränkte die Arme vor seiner Brust und senkte den Kopf.
Die Mutter antwortete:
„Gut, dann bekommst du gar kein Eis."
„Warum?", fragte der Kleine.
„Weil du das gesagt hast."
Die Kellnerin brachte das Tablett, auf dem riesige Eisbecher, Milch-Shakes und Eisschokoladen standen. Die Zeitungen wurden geräuschvoll zusammengeknüllt und auf den Boden geworfen. Jeder nahm freudig strahlend seine gewählte Eisspezialität entgegen. Aber für den Kleinen war tatsächlich nichts dabei.
Greta vernichtete ihren Schoko-Kirsch-Kuchen und trank in großen Schlucken den Rest des Milchkaffees aus. Sie drehte ihren Stuhl etwas zur Seite, um nicht mit ansehen zu müssen, wie der Kleine die Löffel der Erwachsenen beobachtete, die mit leckerem Eis gefüllt in regelmäßig wiederkehrenden Bewegungen zum Mund geführt

wurden, und seine Familie die Augen verdrehte, wenn die Köstlichkeiten ihre Geschmacksnerven aktivierten. Greta dachte an Lola, die auch oft den Weg der Speisen vom Teller in den Mund verfolgte und ihr dabei der Sabber regelrecht aus dem Maul floss. Aber Lola war ein Hund. Sie musste das "Inselcafé" verlassen. Schneller als sie es vorgehabt hatte, stand sie wieder draußen. Welch eine schreckliche Begegnung.

Es regnete immer mal wieder. Aber es wurde kein Dauerregen. Außerdem ließ sie es nicht zu, sich vom Wetter den Urlaub vermiesen zu lassen. So schnell wie ein Schauer niederging, hörte es auch wieder auf. Wenn sie unterwegs war, ob in den Dünen oder am Strand, war sie stets gut ausgerüstet. Aber meistens hatte sie das Glück, unter blauem Himmel zu wandern. Sie genoss den ausgiebigen Dünenspaziergang. Dicke pralle Hagebutten und Sanddornfrüchte boten Fotomotive der Extraklasse.
Auf den stillen, menschenleeren Wegen durch das Ostdorf entdeckte sie ein eigenartiges Plakat. An einer mannshohen Hecke war ein gelbes Spannbetttuch befestigt, auf der Fläche stand mit dickem schwarzem Filzstift geschrieben: *Flohmarkt wegen Haushaltsauflösung. Samstag von zehn bis zwölf Uhr und von fünfzehn bis achtzehn Uhr.*
Das hörte sich interessant an. Von einem Hausflohmarkt hatte Greta nie gehört. Sie war gespannt, was sie dort erwarten würde.
Ihr Magen knurrte schon einige Zeit, daher steuerte sie das Restaurant "Sealords" im Ostdorf an. Der maritime Charakter gefiel ihr sehr gut. Die Innenausstattung war perfekt. Sie glaubte, im Speiseraum eines Großseglers zu sitzen. Das Essen war hervorragend. Der Koch verstand sein Handwerk und die Freundlichkeit der Mitarbeiter machte ihren Aufenthalt dort sehr angenehm. Zwischendurch glaubte sie, den Wellengang zu spüren. Hier passte alles zusammen. Selbst ihre Fantasie ließ sich auf das maritime Restaurant ein.

Ein bisschen ärgerte sie sich, denn sie hatte es versäumt, sich die Veranstaltungsangebote der Insel während ihres Aufenthalts genau anzusehen. So hatte sie die irische Live-Musik von "The Stokes", die in der Bar des "Sealords" aufgetreten waren, leider nicht mitbekommen.

Es war Freitag und die Woche neigte sich dem Ende zu. Ab und zu streiften Greta die Gedanken an zuhause. Der Geburtstag ihrer Mutter musste geplant werden, denn ihr schwebte es vor, ihren Ehrentag mit einer Feier zu krönen. Und am Dreizehnten des Monats war für sie wieder Semesterbeginn. Greta hatte sich als Gasthörer für verschiedene literarische Vorlesungen und Seminare eingetragen. Auf diese Herausforderung freute sie sich riesig.
Sie rief ihre Mutter an. Diese begann das Gespräch in einer Art und Weise, dass sie es sofort bereute, sie angerufen zu haben: „Na, wie geht es dir? Fühlst du dich auch so einsam und verlassen von der Welt wie ich?"
Was hatte das wieder zu bedeuten?
„Ich bin nicht einsam und nicht verlassen", antwortete Greta.
„Wann verstehst du endlich, dass du mich nicht immer mit dir vergleichen kannst. Wenn du dich einsam fühlst, dann sag es und wir überlegen gemeinsam, wie du die Situation für dich ändern kannst."
Greta war klar, dass ihre Mutter nur darauf wartete, dass sie ihre Baltrum-Woche endlich beendete. Sie verstand sie nicht. Es war traurig, aber nicht zu ändern. Ihrer Mutter war das Vermögen, sich selbst zu beschäftigen, abhandengekommen. Sie wollte am liebsten ohne Unterbrechung bespaßt werden. Nur merkte sie nie, dass sie ihre Tochter mit dieser Aufforderung ständig unter Druck setzte. Zudem konnte sich Greta auf ihren Bruder verlassen. Wenn sie etwas vorhatte, stand ihr Bruder parat.
„Ich freu mich so darauf, dass du bald wieder da sein wirst. Oder bist du schon wieder da und hast mich nur noch nicht besucht?", fragte sie vorwurfsvoll.

Forderungen und Anschuldigungen, die Greta oft den Atem raubten. Kurz überlegte sie, wann sich das Verhältnis zu ihrer Mutter verändert hatte. Wann war ihr einst inniges Miteinander in diese seltsame Dimension abgerutscht? Ihr Grübeln blieb ergebnislos. Sie ging weiter auf keine unangenehme Bemerkung ein und schlug übergangslos vor, zu ihrem Geburtstag in ein italienisches Restaurant zu gehen, und versprach ihr alles perfekt zu organisieren.

Kurze Zeit später stand Greta am Meer, das zu einer Art Zufluchtsort mutierte. Sie wurde eins mit der Natur. Die Gedanken an ihre Mutter verflüchtigten sich. Diese endlos weite Fläche, die Wellen, die sich stetig aufbauten und immer und immer wieder mit Rauschen und Getöse auf den Strand rollten, nahmen sie auf und hielten sie umfangen. Greta fühlte sich alles andere als einsam auf der Welt. Sie lief durch den feuchten Sand am Meeressaum entlang und dachte an nichts. Über das strahlende Blau des Himmels zogen weiße Schlieren und in der Ferne kamen dunkle Regenwolken in Sicht.

Der Rückweg führte durch die Dünen. Im Westdorf blieb sie lange oben am Deich stehen und sah den Kite-Surfern zu, bis die ersten dicken Regentropfen fielen. Der Weg bis zum "Inselcafé" war nicht weit. So machte sie dort ihren Einkehrschwung. Hier schmeckte der Inselrosenblütentee besonders gut. Sie holte ein neues Buch aus ihrem Rucksack heraus und begann zu lesen. Eigentlich waren es zwei Baltrum-Krimis, die sie den halben Tag auf dem Rücken mit sich herumgeschleppt hatte. "Baltrumer Bescherung", den sie sich für die Adventszeit zuhause aufbewahrte und "Baltrumer Maskerade" von der Inselschriftstellerin Ulrike Barow. Diesen legte sie jetzt auf den Tisch, neben den megaleckeren Dinkelkuchen, und begann zu lesen, während der Duft des Tees zu ihr herüberwaberte. Es war gemütlich, schön warm und der Regen platschte gegen die Scheiben. Die Kluntjes in der Tasse knisterten.

Die Regenfront war schnell vorbeigezogen und die ersten Sonnenstrahlen fielen durch die Fenster. Greta machte sich auf den Weg zurück ins Ostdorf. Am Abend würde sie erneut ins Westdorf laufen müssen, denn sie hatte sich eine Karte für den Baltrumer Shantychor gekauft. Diese musikalische Veranstaltung stand im Baltrumer-Veranstaltungskalender – im Gegensatz zu der irischen Band. Aber der Ausschlag, dass sie sich für diesen musikalischen Auftritt entschied, war die Ankündigung am "Stadtlander", dem Kaufhaus der Insel. Vor diesem Geschäft stand eine in Edelstahl gefasste weiße Tafel, auf der Highlights oftmals in Reimform handschriftlich angekündigt wurden. Als sie am Vormittag mit ihren Krimis den Laden verlies, las sie:

Ein süßer Schmaus für jedes Ohr ist der Gesang des Shantychor(s).

Die Veranstaltung fing erst um halb neun an. Greta hoffte, dass weitere Gäste aus dem "Dünenschlösschen" auch Spaß an der Shantymusik haben würden. Es war schon etwas unheimlich, nach der Vorstellung alleine im Dunkeln über die Insel zu laufen. Vor allem, weil Gretas Vorstellungskraft durch den spannenden Baltrum-Krimi wieder angeheizt war. Das hört sich vielleicht etwas überdreht an, aber Baltrum-Krimis sind fantasieanregend. Das Gefühl, den Tatorten sehr nahe zu sein, hatte schon was.
Um Viertel vor acht versammelten sich einige Gäste ausgehfertig in der Hotelhalle. Sie alle machten sich auf den Weg zum Haus des Gastes. Kräftige Männerstimmen, die Seemannslieder vortrugen. Sie sangen vom Meer und von Freiheit, animierten zum Mitsingen und ließen die Gäste teilhaben an den heimatlichen Gefühlen und Sehnsüchten der Seemänner.

Das Sommerwetter schien vorbei zu sein, denn am Morgen regnete es. Es sah nicht danach aus, als würde die Wolkendecke aufreißen

und Greta die Freude machen, ein paar Sonnenstrahlen hindurchzulassen. Ein starker Wind wehte ums Haus und die Fahnen vor dem Hoteleingang wurden eingeholt.
Vom Frühstückstisch aus schaute sie auf das Wattenmeer. Es war Flut, das Wasser stand hoch und war aufgewühlt. Von den Hellerwiesen war nicht mehr viel zu sehen. Das Nordseewasser hatte auf der Wattseite bereits große Flächen der Insel überflutet. Wie musste die Nordsee erst auf der Strandseite der Insel toben? Das "Dornröschen in der Nordsee", wie Baltrum liebevoll genannt wird, würde in den bevorstehenden Herbststürmen nicht so ruhig schlafen, wie Dornröschen im Märchen, nach dem sie sich an der Spindel gestochen hatte.
Greta hielt sich nicht lange mit dem Schreiben auf. Der Drang ans Meer zu kommen, war größer. Das Wasser begrub den Strand unter sich und erreichte den Dünenrand. Die Höhe der Wellen war beeindruckend. Sie schienen an der Dünenkante zu knabbern. Das raue Meer war ihre große Liebe und der starke Wind ein herausfordernder Begleiter.
Der Spaziergang war anstrengend. Sie kämpfte gegen die Naturgewalten an. Mal trieben sie die Böen vor sich her, mal nahmen sie ihr den Atem, wenn sie sich dieser Kraft entgegenstellte. Da lohnte es sich für die Profi-Kite-Surfer. Für sie war der Wind, fast schon ein Sturm, perfekt. Sie rasten mit einer irren Geschwindigkeit über das Meer parallel zur Küste. Ihre bunten Matratzen hoben sich vor dem bleigrauen Himmel ab. Die Sprünge und Kunststücke wurden höher und spektakulärer.
Zwischendurch wurde Greta nass. Ihre Regenjacke schützte sie gut. Aber die Hosenbeine ihrer Jeans hatten sich von den Knien an vollgesogen, und das Wasser lief ihr in die Schuhe. Groß war die Anzahl der Menschen nicht, die auf den Dünen standen und Freude an dem Spektakel hatten.
Auch Greta trat den Rückweg an und verzog sich in ihr Zimmer, hängte Hose und Jacke zum Trocknen in die Dusche. Die Heizkörper

hochgedreht war es bald wohlig warm. Bei einem Glas Rotwein widmete sie sich erst ihrer Schreiberei und später dem Baltrum-Krimi.
Am Nachmittag, als Greta aufwachte, hatte der Sturm sich etwas gelegt. Der Regen blieb in den Wolken hängen. Der Krimi war ihr aus der Hand geglitten und wie es schien, hatte sie einen unfreiwilligen Mittagschlaf gemacht. Hin und wieder lugten einzelne blaue Stellen durch das Grau. Perfekt. Ihrem Nachmittagstermin, dem Besuch des Hausflohmarktes, stand wettertechnisch nichts im Wege.

Das Haus hatte nach vorne heraus einen großen Anbau, der früher der Frühstücksraum einer Pension gewesen sein musste. Es war also keine richtige Wohnungsauflösung, sondern eher eine Pensionsauflösung. Greta ging die Treppenstufen zum Haus hoch und trat in einen Raum, in dem einige Frauen in Dingen längst vergangener Zeiten stöberten. Alles, was dort angeboten wurde, war in höherer Stückzahl vorhanden und zeigte auch eindeutige Abnutzungsspuren. Wer hat schon zwanzig silberne Eisschalen in seinem privaten Küchenschrank? Die Kochtöpfe aus dem Küchenrepertoire überstiegen das zu kochenden Portionsvolumen eines Normalhaushaltes. Es war einerseits interessant, sich diese Dinge anzusehen, aber andererseits teilten sie indirekt mit, dass hier jemand seine Pension geschlossen hatte, weil er Baltrum den Rücken kehren wollte. Vielleicht hatten sich die ehemaligen Besitzer am Festland eine neue Existenz aufgebaut oder waren in eine Seniorenresidenz gezogen, weil der Nachwuchs fehlte. Nur von schöner Landschaft allein kann man nicht leben.
Für Greta spiegelte dieser Hausflohmarkt eine Ära des Verfalls. Sie wurde Zeuge der Gespräche in diesem Verkaufsraum und erfuhr, dass ihre Vermutung nicht abwegig war. Für sie wurde es ein Stöbern durch den Stil vergangener Epochen. Sechs langstielige Joghurtlöffel wechselten den Besitzer. Solche Löffel wollte sie immer schon einmal haben und fortan wurden diese für sie eine

Erinnerung an Baltrum. Täglich würde sie den Löffeln begegnen, wenn sie zuhause in ihrer Küche in die Besteckschublade sah.

Am Abend zeigte sich ein silbrig graublauer Sonnenuntergang. Wie zerknittertes, mattgraues Silberpapier gruppierten sich die Wolken um die Sonne. Metallisch glitzernd bewegte sie sich auf den Horizont zu und ihre Vielfalt an herbstlichen Farbenschattierungen, faszinierte Greta ebenso wie ein Sonnenuntergang im Sommer nach einem klassischen Schönwettertag.

Fluchtpunkt Insel und schreiben total

Sollte die Sehnsucht nach dem Meer wieder so groß sein, dass ein Urlaub an der Küste unausweichlich sein würde, würde die Wahl wieder auf Baltrum fallen, da war Greta sich sicher. Dort würde sie auf ihr persönliches Meer treffen. Das Meer in ihren Gedanken war stets die Nordsee. Alle anderen Meere und Ozeane der Welt, die ihr begegneten, benannte sie stets mit dem geografischen Namen. Das Rote Meer blieb immer das Rote Meer, das Mittelmeer immer das Mittelmeer. Aber "das Meer" war für sie ein Synonym für die Nordsee.
Greta füllte die Wintermonate mit vielen Terminen, dass sie sich manchmal fragte, ob ihr dieses Verplantsein auf Dauer guttat. Der Job in der Schule, die spannenden und zahlreichen Lesetermine, auf denen sie aus ihren Büchern vorlas, ein Wochenendseminar nach dem anderen, dessen Inhalte sich immer um das große Thema "Schreiben" drehten. In Kombination mit der konsequenten Teilnahme an den Vorlesungen und Seminaren an der Uni mutierte die Fülle der Termine zu einem Vollzeitjob.

***

Ihr Sohn wohnte in Berlin. Aus diesem Grund saß sie mehr als einmal im Jahr am Wochenende im Zug, um ihn dort zu besuchen. Selbst die Fahrt mit der Deutschen Bahn nutzte sie zum Scheiben. Sobald sie an dem kleinen Tisch im Zugabteil Platz genommen hatte, wenn klar war, dass sie bis zum Berliner Hauptbahnhof nicht mehr umsteigen musste, holte sie ihre Kladde heraus. Die erste Kurzgeschichte hatte sie meistens fertig, wenn der Zug an Magdeburg vorbei rollte. Auf dem Berliner Hauptbahnhof konnte sie ihr Schreibheft zuklappen. Sie hatte einen zweiten Text vollendet.

***

Eine kleine Auszeit im Januar verbrachte sie mit Tochter und Hund im Sauerland. Der Winter hatte mit Eis und Schnee dazu geführt, dass sie sich spontan für Winterberg entschieden und nicht für Baltrum. Obwohl es Greta nach Baltrum zog, um die Insel einmal unter einer Schneedecke versteckt zu erleben.

***

Die Osterferien bescherten ihr wieder eine Woche Urlaub. In der ersten Ferienwoche sortierte sie sich. Karfreitag verbrachte sie mit Tochter und Hund, Samstag besuchte sie nachts die Ostermesse, und der Ostersonntag gehörte ihrer Mutter. Doch Ostermontag nahm sie die Fähre nach Baltrum.
Auf dem Schiff ergriff sie das Gefühl, angekommen zu sein, angekommen in vertrauter Umgebung, in der sie sich zuhause fühlte. Sie war völlig relaxt und hatte alles, was sie ausbremste und belastete, am Festland zurückgelassen. Diesmal wollte sie auf der Insel nichts erkunden und an keinen Veranstaltungen teilnehmen. Sie würde auf das Strandsingen verzichten. Selbst Gymnastik plante sie nicht ein. Sie wollte nur schreiben. Schreiben ohne Unterbrechung, solange sie dazu bereit war. Den Krimiplot für ihren ersten Ruhrgebietskrimi hatte sie fertig. Sie brauchte sich nur am Plot entlang zu hangeln und das Gerippe mit Worten füllen. Nur hört sich so leicht an, so als sei es schnell erledigt. Aber für das, was sie auf Baltrum zu schaffen glaubte, hätte sie in ihrem Arbeitszimmer zuhause mehrere Wochen gebraucht.

Bei ihrem letzten Besuch hatte sie ein Appartementhaus entdeckt und die Prospekte eingesteckt. Diesmal entschied sie sich gegen ein Hotelzimmer. Ihre Wahl war auf ein kleines Einzimmerappartement im Hause "Eilers" gefallen. Fünfzehn Quadratmeter groß und ausgestattet mit einer Küchenzeile und einem Duschbad hielt es alles bereit, was sie für ihre Schreibklausur benötigte. Zuhause hatte sie sich nicht so genau vorgestellt, welche Dimensionen das Zimmer hatte. Von groß zu sprechen wäre übertrieben gewesen. Es war eher klein, sehr klein, aber es war leider das letzte freie Appartement – und sie buchte. Die Zweckmäßigkeit war perfekt. Ihr reichte es. Sechs Tage Schreiben am Stück hatte sie geplant, möglichst ohne Ablenkung. Nur ab und zu mal ans Meer und in die Dünen, wenn ihr die Worte ausgegangen waren, hatte sie geplant. Sicher würde sie sich bewegen müssen, wenn sie nicht mehr vor dem Computer würde sitzen können. Diese Spaziergänge pusteten ihr den Kopf wieder frei. Fürs Kochen vergeudete sie keine Zeit. Aber verhungern brauchte niemand auf der Insel. Sie stellte ihr Handy aus. Selbst den Stecker vom Fernseher zog sie aus der Steckdose. Sie schaltete ihn wirklich kein einziges Mal an. Greta schrieb oft bis weit in die Nacht, und wenn sie aus dem Fenster schaute, schien ganz Baltrum in Dunkelheit zu liegen. Nur ihr Zimmerfenster war lange hell erleuchtet. Das Resultat nach einer Woche: Der Krimi in der ersten Fassung war fertig.

Von delikaten Pferdeäpfeln, schmackhafter Ostfriesentorte, verfressenen Möwen, Paulchens Schwächeanfall, von einem Ausflug nach Norderney, vom Verliebtsein in das Nordseewetter, von abgedrehten Konzertbesuchern und obligatorischen Badetüchern

Ein bisschen Mutter-Tochter-Urlaub. Besser ein bisschen Mutter-Tochter-Beagle-Urlaub. Auf jeden Fall Urlaub.

Sie wollte ihrer Tochter nur die Insel Baltrum zeigen. Ob sie sich auch dafür begeistern konnte? Sie war sich sicher, dass ihre Tochter die Insel auch lieben würde. Doch wenn nicht, dann würde ihre gemeinsam verbrachte Zeit im Vordergrund stehen. Obwohl, es war ja ihre Insel, es musste keine zweite Familieninsel werden. Sie hatte sich für diese ostfriesische Insel entschieden und sich spontan in den kleinen Sandhaufen in der Nordsee verliebt. Aber ihr war es wichtig, dass ihre Tochter die Insel einmal sah, um zu wissen, wovon sie erzählte, wenn sie dort in Zukunft immer mal wieder einige Tage verbringen würde. Ob Anne ihre Begeisterung teilte? Sie war gespannt.

Ebenso hatte sie Lutz eingeladen, sie während dieses Urlaubs zu besuchen. Aber sie machte sich keine großen Hoffnungen, dass er kommen würde. Eine konkrete Antwort erhielt sie zudem nicht von ihm. Sie zeigte ihm die bequeme Erreichbarkeit der Insel auf, bis zum Bahnhof Norden zu fahren und mit der Bahnreise gleich den Transfer und die Fähre mitbuchen zu können. Aber, da er nicht alleine über seine Freizeit zu entscheiden schien, tendierte Greta eher zu einer Absage. Wie er sich aus seinem Berlin-Zirkel würde lösen können, war ihr nicht klar. Aber sie drängte ihn auch nicht. Es lagen zwei tolle Mutter-Sohn-Urlaube hinter ihr, und diese waren

ihr in guter Erinnerung. Allein wenn sie an New York dachte, explodierten die Bilder in ihrem Kopf. Baltrum mit ihrem Sohn lief ja nicht weg. Ähnliches sagte ihr Vater immer, wenn etwas verschoben werden mussten, weil die Umstände gerade nicht passten.
Nur der Kinder wegen buchte Greta ein großes Appartement im Hause Eilers und achtete darauf, dass auch Annes Hündin, Lola mit ihrem Körbchen dort einziehen durfte. Nicht in jeder buchbaren Unterkunft auf der Insel waren Hunde willkommen. Noch nicht einmal die beiden schönen Hotels, die Greta in früheren Aufenthalten kennengelernt hatte, boten Hunden kein Quartier. Einerseits konnte sie es verstehen, andererseits war die Wahlmöglichkeit für einen Gast mit Hund eingeschränkt. Nicht jeder Baltrumer ist auch gleichzeitig ein Hundefreund.

Anne und Greta traten zusammen die Reise an. Anne fuhr mit ihrem Auto, Lola saß in der gesicherten Hundebox. Sie würden nach einer Woche wieder zurückfahren und Greta noch zwei Wochen länger Urlaub machen. Mag sein, dass Lutz es schaffte, sich ein paar Tage Auszeit auf der Insel zu gönnen.
Greta stand abfahrbereit neben ihrem Auto. Anne fuhr auf den Hof. Sie stieg aus und rauchte genüssliche eine Zigarette. Ihr Auto war neu und hatte den Status einer rauchfreien Zone. Die Begegnung mit Anne war Gretas Urlaubsbeginn. Sie roch ihr dezentes Parfüm und genoss ihre zarte Umarmung: „Mama, ich freu mich auf die Woche mit dir. Wir machen uns eine schöne Zeit“, flüsterte sie Greta zu. Dann druckste sie etwas verlegen herum.
„Ist was?“, fragte Greta.
„Eigentlich nichts“, antwortete sie.
„Und uneigentlich?“
„Mama, ich habe ein neues schnelles Auto, und wenn ich dann auf der Autobahn bin, möchte ich auch schnell damit fahren. Verstehst du das?“

Greta hasste Kolonnenfahren. Sie fuhr auch gerne schnell, aber nur, wenn es möglich war und wenn sie es auch wollte. Ein Raser war sie bisher nie gewesen, nur ein Genussschnellfahrer. Greta beruhigte ihre Tochter und bestätigte ihr, dass sie nicht von ihr erwartete, hintereinander herfahren zu müssen.
Sie fuhren wenige Kilometer gemeinsam, bis sie die Autobahnauffahrt erreicht hatten. Anne winkte ihr kurz zu, gab Gas und war verschwunden. Greta fuhr auch zügig, aber nach ihrem eigenen Turn. Ständig in den Rückspiegel schauen, war nicht ihr Ding und immer wieder beobachten, ob das Nummernschild vor ihr zum Auto ihrer Tochter gehörte, statt sich auf den Verkehr zu konzentrieren, wollte auch sie nicht.
Verabredet war, in Kontakt zu bleiben. Wozu gab es schließlich Handys und Freisprechanlagen?
Auf der letzten Raststätte der Autobahn wollten sich Anne und Greta treffen. Ab dort ging es über die Landstraße weiter. Es war ein Autohof. Lola erwarteten dort Möglichkeiten zu schnuppern und eine kleine Gassirunde. Die Ausfahrt wurde angezeigt. Greta ordnete sich rechts ein. Am blauen Schild mit den drei weißen Schrägbalken, welches die Ausfahrt ankündigte, setzte sie den Blinker und sah in den Rückspiegel. Was erblickte sie? Annes Auto fuhr direkt hinter ihr her. Schneller war sie also nicht gewesen. Ob sie eine kleine Raucherpause eingelegt hatte?
Wolken hatten die beiden Urlauberinnen die ersten hundertfünfzig Kilometer begleitet. Doch als sie auf den menschenleeren Autohof auffuhren, riss die Wolkendecke auf. Lola trabte zufrieden durch ein Meer von Kamillenblüten und Kornblumen und war enttäuscht, dass die Gassirunde nicht so ausgiebig war wie erhofft. Von dort an zuckelten die beiden silbernen Autos hintereinander her. Beiden war die restliche Strecke bekannt. Die Geschwindigkeitsbegrenzungen einschließlich der Blitzer ließen es kaum zu, sich aus den Augen zu verlieren. Die ostfriesische Landschaft zog an ihnen vorbei, eingehüllt in alle Schattierungen von Grau.

Die gute Aussicht auf besseres Wetter blieb bis zur Küste nicht. Greta wartete darauf, dass es jederzeit anfangen würde zu regnen. Dann platschte es auch aus allen Wolken. Die Scheibenwischer hatten Mühe, ihr eine ordentliche Durchsicht zu gewähren. Die Strecke bis zur Fähre zog sich. Unendlich schlängelte sie sich durch Wiesen, Felder und Waldstücke. Selbst die riesigen Rotorblätter der Windkraftanlagen schienen sich wie in Zeitlupe zu bewegen. Aber als sie dann endlich am Fähranleger ankamen, hatte es zumindest aufgehört zu regnen. Es war mäßig warm, aber von der Vorstellung, Sommerwetter genießen zu können, waren sie meilenweit entfernt. Die alten Gepäckcontainer standen bereit. Greta traute sich nicht, ihre Taschen in einen dieser abgewrackten Transportmittel zu stellen. Verunsichert blickte sie sich um. Wo waren die großen metallenen Transportbehälter, die mit den blauen Planen? Sollten sie es wagen? Was ist, wenn sie später auf der Insel war und ihr Gepäck am Festland stand, weil sie .... Schnell verwarf sie den Gedanken, es waren schließlich die einzigen Gepäckcontainer, die dort geöffnet auf Urlaubsgepäck zu warten schienen. Also vermied sie, ihre Unsicherheit zu zeigen, und sie begannen ihre Taschen und Rucksäcke in diese Container zu stapeln.
Es kamen andere Gäste. Auch sie sahen sich fragend um. Doch schließlich folgten sie Gretas Beispiel. Dann bemerkten sie, dass das Hafengeschehen sich auf die Abfahrt der Fähre konzentrierte. Damit war klar, dass sie mit den alten Containern die richtige Wahl getroffen hatten. Denn dieses kleine Schiff würde sie auf die Insel bringen.
Offiziell war in den Schulen kein Ferienbeginn. So beschränkte sich die Anzahl der Gäste, die nach Baltrum übersetzten, auf höchstens dreißig Personen. Die Baltrum III, als die kleinste und älteste Fähre der Reederei, war also voll ausreichend.
Sie gingen an Bord und gleich aufs Oberdeck. Ein sehr auffälliger Unterschied zwischen der Baltrum I und der Baltrum III waren die Sitze unter freiem Himmel. Greta rückte die bereitgestellten

hölzernen Klappstühle – Modelle, wie in Bierzelten zu alten Zeiten – zurecht. Ein Hauch von Nostalgie war spürbar. Vorsichtig setzten sie sich nahe an die Reling und sahen dem weiteren Treiben im Hafengebiet zu. Lola steckte den Kopf durchs Gestänge und blickte ins Wasser. Sie war aufgeregt und neugierig. „Hoffentlich wird sie nicht seekrank", sagte Anne.
„Die dreißig Minuten wird sie überstehen", antwortete Greta. Sie behielt recht. Lola nahm alles sehr aufmerksam wahr und beobachtete interessiert ihre Umgebung. Es waren mehrere Hunde an Bord, zur Überraschung auch ein weiterer Beagle. Kurz besprühten ein paar Regentropfen das Oberdeck, aber kein Grund sich sofort aufs trockene Unterdeck zu flüchten. Greta, Anne und Lola blieben draußen sitzen. Die Insel Baltrum kam immer näher.
Erst als die Fähre vertäut am Kai lag, nahm Anne Lola auf den Arm, denn die Treppe hinab war echt zu gefährlich für einen Hund. Außerdem traute Lola sich nicht an den Abstieg, was an ihrer Unruhe deutlich zu spüren war. In dem Moment, in dem sie festen Boden unter den Pfoten hatte, bellte sie sofort los und zerrte an der Leine. Ihre Ohren flatterten im Baltrumer Wind.
Greta ging gleich zu dem Areal im Hafenbereich, in dem die Wippen für das Gepäck bereitstanden. Die abgegrenzten Flächen waren nach Hausnummern sortiert. Das Apartmenthaus Eilers hatte die Nummer 77. So fanden sie sofort ihr Gepäcktransportmittel.
Auf dem Weg ins Westdorf hatte Lola einige kurze Panikmomente. Die Kutschen, gezogen von riesigen Pferden, ließen sie aufschrecken. Die Erschütterungen der Pferdehufe und das Bollern der Wagenräder auf den gepflasterten roten Wegen waren für sie furchteinflößend. Aber die Pferdeäpfel, die auf den Wegen lagen, sortierte sie gleich in die Rubrik Delikatesse ein, gleichzusetzen mit den allzeit beliebten Hasenkötteln. „Nein, Lola, pfui", musste Anne den Hund gefühlte hundert Mal ermahnen, bis das Haus Eilers in Sicht kam. Aber den einen oder anderen Pferdeapfelhappen ergatterte

sie und verschlang ihn mit einem Gesichtsausdruck, der ein schlechtes Gewissen aber gleichzeitig auch Genuss spiegelte.

Die Wohnung im Hause Eilers lag in der zweiten Etage und war super. Groß, modern und mit Blick auf das Meer. Siebzig Meter bis zum Meer, hatte in der Informationsbroschüre gestanden, und es stimmte. Das Appartement war die richtige Wahl. Die Taschen abgestellt, den Hundeschlafplatz eingerichtet, gingen die drei Neuankömmlinge den Deich hoch zum Meer. Sofort spielte Lola das Zugpferd.
„Denkst du auch an Papa? An Ameland, unsere Kinderinsel?“, fragte Anne.
Greta nickte nur und musste schlucken. „Er hat immer zu uns gesagt, jetzt schauen wir erst einmal nach, ob das Meer noch da ist, wenn wir zum Strand gingen.“ Greta freute sich, dass Anne das Meer gedanklich auch mit ihrem Vater verband.
„Lola, jetzt schauen wir erst einmal, ob das Meer noch da ist“, sagte Anne zu ihrem Hund. Verstohlen sah sie ihre Mutter von der Seite an. Dieser Blick drückte mehr aus als eine innere Verbundenheit.
Lola interessierte sich vorrangig für die Kaninchen, die gerade über die Deichwiesen hoppelten. Anne griff unter ihren Bauch, hievte den Hund hoch und setzte ihn auf der Deichmauer ab. Wie es schien, kam Lola der Blick in diese unendliche Weite etwas komisch vor. Sie wollte wieder Gras unter ihren Pfoten spüren und die Nase in die Kaninchenlöcher stecken. An diesem Küstenabschnitt durften sie nicht gleich an den Strand. Sie gingen den Dünenweg Richtung Osten, passierten mehrere Wege, die alle zum Strand hinabführten. Aber erst als der Hinweis auf Abschnitt D kam, ab dem auch Vierbeiner erlaubt waren, bogen die drei links ab, auf die Brandung zu. Greta hatte einen Strandkorb in diesem Abschnitt gebucht, einen Strandkorb für Hundebesitzer. Bei der Auswahl Dünenseite oder Meerseite fiel die Wahl auf die Dünenseite. So fanden sie ihren Strandkorb in der zweiten Reihe Richtung Dünen.

Allerdings von Reihen konnte man nicht mehr sprechen. Die Körbe standen durcheinander und keiner kam dem anderen zu nahe.
Der Korb Nummer 721 würde bis Sonntag die Anlaufstelle für Lola, Anna und Greta sein. Greta musste zum Strandkorbvermieter zurück. Dort nahm sie den Mini-Schlüssel, ähnlich einem Kofferschlüssel, in Empfang, der zu dem Schloss gehörte, das geöffnet werden musste, um das Holzgestell, zur Sicherung des Strandkorbs, zu entfernen. Eine mühsame Aktion. Der Sinn dieser Strandkorbsicherung erschloss sich niemandem. Wer lässt schon wertvolle Habseligkeiten in einem Strandkorb liegen und hofft, sie damit vor dem Zugriff von Dieben zu schützen? Sie wollten dort nur die nassen, schweren Hundeleinen deponieren, um sie nicht den lieben langen Tag mit herumschleppen zu müssen. Vorsichtig öffnete Greta das Schloss, darauf bedacht, dass ihr der 1,2 cm lange Schlüssel nicht durch die Finger glitt. Ihn sollte kein ähnliches Schicksal treffen wie der berühmten Nadel im Heuhaufen, nur dass das Schlüsselchen vom feinen weichen Nordseesand verschluckt werden würde statt von vertrocknetem Gras . Um ihn davor zu bewahren, verstaute sie ihn bis zur späteren Rückgabe in ihrem Portemonnaie.
In den nächsten Tagen klemmte sie das Gitter immer nur lose ein, ohne es abzuschließen.
Lola akzeptierte diesen Strandkorb gleich als ihr Revier und probierte die verschiedenen Möglichkeiten aus, es sich gemütlich zu machen. Die Sonne lugte vorsichtig durch die Wolken, perfekt für einen ersten Strandspaziergang. Lola bekam die Langlaufleine am Urlaubsausgehgeschirr befestigt und spurtete los. Sie war kaum zu bändigen und lief wie verrückt am Strand hin und her. Die lange Leine schliff über den Sand und durch das Wasser und wurde schwerer und schwerer. Den Wellen kam Lola erst einmal nicht zu nahe.
Die Freude des Hundes ergriff auch Anne. Für Greta war es einfach nur schön, wieder auf Baltrum zu sein.

Als der Hund sich ausgetobt hatte und merklich disziplinierter lief, kehrten sie zu ihrer Strandkorbbasis zurück. Leinenwechsel. Diese sandige nasse Langlaufleine musste erst einmal trocknen. Anne deponierte sie im Strandkorb – froh, sie nicht weiter im Rucksack mit herumtragen zu müssen. Über den Dünenweg erreichten sie das "Strandcafé". Die Strandkörbe auf der Café-Terrasse gruppierten sich um eine stattliche Anzahl Bierzeltgarnituren. Kaum ein Platz war besetzt. Freie Auswahl. Greta war sich sicher: Das würde so nicht bleiben, da die Insel auf die Osterferiengäste wartete. Da Lola am Strand – wie eine Königin auf dem Thron – auf den Polstern des eigenen Korbes gesessen hatte, nahm sie jetzt wie selbstverständlich im Restaurant auch auf dem Strandkorbsitz Platz. Das "Strandcafé" war ein Selbstbedienungslokal. Anne machte sich auf den Weg zur Theke, während Greta dem störrischen Hund immer wieder erklärte, er müsse unter dem Tisch seinen Platz einnehmen.
Es dauerte nicht lange und ihre Tochter balancierte das Kuchentablett an den Tisch. Es gab Kaffee und ein Stück veganen Apfelkuchen für Anne, sowie Milchkaffee und Käsekuchen für Greta. Lola sah ihr Frauchen kommen und spielte sofort den lieben Beagle und blieb artig auf ihrem zugewiesenen Platz zwischen den grünlackierten Tischbeinen liegen. Sie beobachtete die Spatzen, die sich um die Krümel zankten. Zuhause hatte Greta oft beobachtet, dass diese stets hungrige Hundedame manchmal in der Fußgängerzone neidisch auf die Tauben vor den Bäckereien schielte und ihnen ihre Beute nicht gönnte. Auf Baltrum waren es Spatzen, die sich direkt vor ihrer Nase die kleinen Vogelbäuche füllten. Vor den Möwen aber hatte sie Respekt, diese waren ihr nicht geheuer.
Später ermahnte Anna die Strandkorbnachbarn, das Füttern der Spatzen in Lolas Reichweite zu unterlassen. Krümel waren ja kein Problem. Aber warum warfen sie Schnitzelstücke durch die Gegend? Seit wann füttert man Spatzen mit paniertem Wiener Schnitzel? Lola war auch stets bereit und hechtete unter dem Tisch nach den Schnitzelstücken. Eines erwischte sie sogar, senkte

schuldbewusst den Kopf, schmatzte und leckte sich immer wieder die Lefzen. Teils saßen die Spatzen, einschließlich der Möwen, auf dem Tisch ihrer Gönner und hüpften wie selbstverständlich auch in Richtung Apfel- und Käsekuchen. Greta baute einen Schutzwall mit den Rucksäcken rund um die Kuchenteller auf.
„Aber wir füttern doch nicht Ihren Hund“, sagte die Frau am Nachbartisch entrüstet. Eine blödere Antwort hätte sie nicht geben können. „Wir füttern nur die Möwen.“
Die Bedienung kam und wies darauf hin, die Tiere nicht zu füttern, das Problem sei auch ohne die falsche Tierliebe groß genug.
Die Gäste standen auf, schüttelten erbost ihre Häupter und wanderten weiter. Ihr dreckiges Geschirr ließen sie zurück, obwohl darum gebeten wurde, die Tabletts in bereitstehende Container zu schieben, wie das in Selbstbedienungsrestaurants üblich war. Sie wendeten sich ab, um die Terrasse zu verlassen. In dem Moment stürzte sich eine Armada von Federvieh auf die Teller und eine dicke Möwe – den Schnabel mit Mayonnaise verziert – beförderte sogar eine Zitronenscheibe in schwindelnde Höhe auf den sicheren Dachfirst, um sie dort in Ruhe zu verzehren. Welch seltsames Szenario.

Im Appartement angekommen ging es ans Einräumen der Urlaubskleidung. Als alles hergerichtet war, strahlte das Zimmer Gemütlichkeit aus. Lola legte sich gleich auf die gepolsterte Hundedecke, die Anne extra für sie angeschafft hatte. Schnell war ein regelmäßiges zufriedenes Schnarchen zu hören.
Beim ersten Betreten der Wohnung hatten sie gar nicht bemerkt, dass ein Willkommenspaket für den Hund auf dem Tisch stand. Lola war nicht nur geduldet, sondern auch willkommen. Egal, was aus dieser Box zum Vorschein kam, die Geste zählte und zauberte Anne ein Lächeln auf das Gesicht. In dem Päckchen befanden sich: Hundeleckerchen, Kaustangen, ein riesiger Wassernapf, ein schwarzgrüner geflochtener Wurfknoten zum Spielen, Hundetüten –besser

als Kotbeutel bekannt – und jede Menge Schnickschnack für verspielte Vierbeiner. Eine echte Wundertüte.

Die kleine Küchenzeile war voll ausgerüstet und modern. Alles da, was zum Kochen benötigt wurde. Ein Backofen wäre gewünscht gewesen, weil Aufläufe jeder Art zu den Gerichten zählten, die beide gerne zubereiteten. Aber viel Zeit würden sie mit Kochen eher nicht verbringen. Auf der Insel gab es gute Möglichkeiten, auswärts zu essen.
Anne und Greta waren müde. Der Tag war lang gewesen.
Also ab in die nur circa dreißig Meter entfernte Pizzeria. Windgeschützt hinter Glas blinzelten sie in die Sonne und verspeisten eine Thunfischpizza und Nudeln mit vegetarischer Pastasoße. Dazu genehmigten sie sich beide ein frisches Jever. Ein Selfie von dieser Idylle schickten sie an Lutz. Vielleicht sah er es als weitere Motivation, Greta später zu besuchen.
Der Baltrum-Krimi, gekauft im letzten Urlaub auf der Insel und zuhause als Einstimmung auf Baltrum begonnen, fiel Greta später daheim immer wieder aus der Hand, bis sie sich der Müdigkeit geschlagen gab und bereits recht früh am Abend in einen Tiefschlaf abtauchte.

***

Anne und Lola hatten Brötchen von ihrem ersten kleinen Spaziergang mitgebracht. Die Inselbäcker öffneten in der Saison um sieben Uhr in der Frühe ihre Pforten.
Schön, wenn man vom Frühstückstisch aus über den Deich hinweg das Meer sehen konnte. Greta überlegte, wer für dieses Kaiserwetter verantwortlich war. Da meint es aber Petrus gut mit uns, dachte sie.
Anne installierte ihr eine Walking-App auf dem Handy.
Greta war gespannt, welch verschlungene Wege sich da später ablesen ließen.

Das Wetter trieb zur Eile an. Alle drei freuten sich auf den bevorstehenden Spaziergang. Je weiter sie in den Osten der Insel vordrangen, umso ruhiger wurde es. Das touristische Geschehen bewegte sich hauptsächlich rund um das Westdorf und den dazugehörigen Badestrand. Das Ostdorf war da eher beschaulich und ruhig. Wenn aber eine Fähre kurz vor der Ankunft oder der Abfahrt stand, wurde es lebendig auf der Insel. Die Termine im Fährkalender, die wiederum abhängig waren von den Gezeiten, bestimmten das Auf und Ab der Aktivitäten. In diesem Augenblick schien eine Ruhephase zu sein, niemand strebte mit seinem Gepäck auf der Wippe dem Fährhafen zu. Auch der Transport mit den Kutschenwagen war vollständig zum Erliegen gekommen. Die angenehme Stille, die über Baltrum lag, war genau das, was Greta so sehr an dieser Insel liebte. Das leise Surren der Räder eines Fahrrads war gelegentlich zu hören, denn die Bewohner des Ostdorfes und auch die Touristen, die dort einquartiert waren, mussten ins Westdorf fahren oder laufen, um ihre Besorgungen zu machen. Nur im Westdorf gab es Geldinstitute, eine Apotheke sowie Kirchen. Für einen Snack zwischendurch oder eine vergessene Kleinigkeit konnte man im Ostdorf einen winzig kleinen Lebensmittelladen aufsuchen, der aber ein sehr abgespecktes und überschaubares Warenangebot hatte. *An der Aussichtsdüne* stand in geschwungene Lettern über dem Ladeneingang.
Diese Ostdorflebensmittelversorgungsstation, die unwesentlich größer war als ein Kiosk, hatte nur wenige Stunden am Tag geöffnet und das auch nicht täglich und auch nicht erkennbar regelmäßig. Die Einheimischen prägten sich diese Öffnungszeiten sicher ein. Ein Gast saß auf der Bank gegenüber dem Geschäft und wartete. Er grüßte freundlich und erkundigte sich, ob auch Anne und Greta einkaufen wollten. Er erzählte, dass es in den letzten Wochen eher Zufall gewesen sei, den Laden betreten zu können, um einzukaufen. „Sieht so aus, als geht es hier dem Ende entgegen. Einkaufsplanung

ist angesagt, will man als Ostdörfler seinen Bedarf decken", gab er uns mit auf den Weg.

"Feldmanns Fischecke" lag in der Nähe an einem Weg Richtung Dünen. Am besten verzehrte man den frisch zubereiteten Fisch direkt vor Ort. So frisch, wie der Fisch serviert wurde, erübrigte sich die Arbeit, sich selbst an den Herd zu stellen. Außerdem hatten einige Vermieter darum gebeten, keinen Fisch in den Appartements zuzubereiten, so auch unser Vermieter. Der Geruch ging nicht so gut aus den vier Wänden wieder heraus, auch wenn man lange lüftete. Der Duft von Bratfisch war hartnäckig.
Inselrosensträucher in einer ungeheuren Fülle waren die steten Wegbegleiter. Wie ein magentafarbener Teppich lagen die Blüten über den Wegbegrenzungen. Es schien ein großer Teil der Insel mit der Inselrose bewachsen zu sein. Und erst der Duft: betörend. Der Vergleich der Insel mit Dornröschen drängte sich da wieder in den Vordergrund.
Nie waren Anne und Greta über stärker duftende Wege gelaufen als auf Baltrum. Anne war extrem begeistert von den Baltrum-Rosen und nahm sich vor, solche Gewächse in ihren Garten zu pflanzen. Greta fiel die Gärtnerei im Ostdorf ein. So stöberten sie über das Gärtnereigelände und durch das alte urige Gewächshaus. Begeisterung ergriff beide, als sie die vielen kreativen Arrangements sahen. Der Ideenreichtum war gigantisch. Pflanzen und Elemente der Insel, insbesondere Treibholz vom Strand, wurde zu traumhaft dekorativen Gebilden verarbeitet. Dann entdeckten sie auch Inselrosen in Töpfen. Anne ließ sich einige dieser Pflanzen für ihren Rückreisetag reservieren. Sie standen somit bis zur Abreise in der Natur und wurden täglich gegossen.
Bis zum "Café Kluntje" war es von dort aus nicht mehr sehr weit. Die bevorstehende zukünftige Neuanpflanzung im Garten zuhause musste mit einem Inselrosentee gefeiert werden. Das "Café Kluntje" war ein Hauptanzugsmagnet für Touristen. Es war das bekannteste

Café auf der Insel. Selbst die Urlauber, die sich während ihres kompletten Urlaubs nur am Strand und im Strandkorb aufhielten, versäumten es nicht, wenigstens einmal einen Spaziergang zu machen und in diesem Café ein Stück Kuchen zu naschen. Es war so ein Tag, an dem sich eine große Gästeschar verabredet zu haben schien, genau dort einzukehren. Die Außenplätze waren leider alle belegt. Doch mit Lola an der Leine war es draußen halt besser. Aufgeschoben ist nicht aufgehoben, dachte Greta. Gerade erst angekommen, wird sich später eine andere Gelegenheit bieten.
So landeten sie schließlich wieder im "Strandcafé" im Westdorf, diesmal ohne möwen- und spatzenfütternde Strandkorbnachbarn. Lola streckte sich unter dem Tisch lang aus. Den Tag über an der frischen Luft und die vielen Gassi-Kilometer war sie nicht gewohnt. Sie schien total müde zu sein.
Am Nachmittag war Ausruhen für alle angesagt. Sie bezogen ihren Strandkorb am Hundestrand. Neugierig beäugten die Urlaubshunde Lola. Eine Neue. Es hatte sich sofort herumgesprochen. Alle Vierbeiner waren an Langlaufleinen fixiert und reckten ihre Schnauzen in die Höhe und schnupperten, wie denn diese kleine Beagledame roch. Auffallend war, dass kein Hund bellte. Alle respektierten die Areale der anderen Hunde. Einige Vierbeiner lagen im Schatten, andere in der Sonne. Es wurde gebuddelt, bis sie auf feuchte Sandschichten stießen. Nach halbwegs vollendetem Tunnelbau legten sie sich zur Erholung auf die kühlen Flächen. Wenn ein Hund an der kurzen Leine geführt den Holzweg parallel zu den Dünen entlang spazierte, öffnete der eine oder andere Vierbeiner verschlafen ein Auge. Aber nichts passierte. Seltsames war nur zu beobachteten, wie sie reagierten, wenn ein Schäferhund vorbeikam. Da waren sich alle einig, ob Beagle, Pudel, Dackel oder Spitz: Sie bellten, bis der Schäferhund in der Deckung seines Strandkorbes verschwunden war oder den Strandabschnitt komplett wieder verlassen hatte. Waren diese smarten Hundehaustierrassen Rassisten?

Gegen Abend zogen wieder Wolken auf und der Wind trieb den feinen weißen Sand über den Strand. Die Sonnenuntergangsbude hatte geöffnet. Sekt wurde in schlanke Gläser gefüllt und frisch gezapfte Bierchen von gebräunten Männerhänden zum Mund geführt. Egal, wie spektakulär die Sonne sich verabschiedete, auf der Deichanlage zu sitzen, gehörte für viele Gäste zu einem gelungenen Abschluss eines schönen Baltrumer Tages. Meistens war es den Urlaubern auch vergönnt, verzückt auf die Verfärbungen des Abendhimmels zu starren.
Nur wenige Meter von diesem Treffpunkt der Sonnenuntergangsfans entfernt lagt das Fischrestaurant "Mittendrin".
Greta und Anne hatten sich für ein fischiges Abendessen auf der Hand entschieden. Anne aß ein Backfischbrötchen. Greta biss genüsslich in ein Krabbenbrötchen. Lola nahm vorerst vorlieb mit dem, was aus den Brötchen an kleinen Krabben und Krümeln herabfiel. Greta verrenkte sich beim Essen. Aber etwas fiel immer herunter, wenn sie herzhaft zubiss.
Die geballte frische Luft und das leckere Essen machten alle drei müde. Erschöpft ließ sich Lola auf ihre Decke fallen. Wenige Minuten später erfüllte ein entspanntes Schnarchen den Raum. Mit einem bittenden Augenaufschlag schielte sie ein letztes Mal zu den Betten herüber. Aber sie akzeptierte diese Aufenthaltsverbotszone wie zuhause.
Als Greta in der Nacht einmal aufwachte, war Lolas Schlafplatz leer. Sie entdeckte sie in Annes geöffneter Reisetasche. Da verstehe man den Hund. Anne glaubte später, die neue Urlaubsmatte sei nicht kuschelig genug. Verwöhnte kleine Beagledame, dachte Greta und spendierte ihr eines ihrer Badetücher, damit auch der Hund sich gemütlich betten konnte.

Es war Freitag und Greta hatte sich vorgenommen, mit Lola den ersten Spaziergang des Tages zu machen, der gleichzeitig zum Bäcker, zum "Störtebeker" führen sollte. Lolas Lederleine verknotete

sie auf der gegenüberliegenden Seite der Bäckerei an einem weißen Lattenzaun. Von der Schlange der wartenden Brötchenkunden aus konnte sie den Hund, der sie nicht aus den Augen ließ, gut beobachten. Lola war es nicht gewohnt, vor Geschäften angebunden zu sitzen. Zwei Meter von ihr entfernt hockte in gleicher Warteposition ein großer brauner Labrador. Die beiden Hunde sahen sich zwar immer mal wieder an, aber zeigten beide keine Reaktionen. Sie mimten die wohlerzogensten Hunde der Insel.
Greta hoffte nur, es möge kein Pferdegespann über diesen kleinen gepflasterten Weg und damit direkt an Lolas Schnauze vorbeiziehen. Dann hätte sie hinter dem Hund her spurten müssen. Die weiße Zaunlatten hinter sich her schleifend würde sie panisch den Weg zum Festland einschlagen. So oder so ähnlich stellte sich Greta das Chaos vor. Aber nichts Derartiges passierte.

Die Entscheidung nach dem Frühstück konnte wie an jedem Morgen nur zwischen Osten und Westen gefällt werden.
Greta, Anne und Lola bewegten sich an diesem Tag wieder Richtung Osten. Abermals war später das "Café Kluntje" ihr Ziel. Aber die Kalorien, die dort auf sie warteten, mussten erst verdient werden. So stiegen sie auf die Aussichtsdüne und statteten danach dem kleinen versteckten Lädchen "Nautilus" einen Besuch ab. Mitten im Ostdorf lag dieses kleine rote Backsteinhaus mit blauen Fenster- und Türrahmen. Dort staunten beide über die Muschelvielfalt, die sorgsam ausgewählt in hervorragenden Silberschmuck integriert war. Greta begeisterte sich für einen breiten, dekorativen Silberring, einen Koordinatenring. Er trug die Koordinaten der Insel Baltrum. Was gibt es Schöneres, als seinen Sehnsuchtsort symbolisch immer bei sich zu tragen?

Diesmal bekamen sie im beliebtesten Café der Insel auf der Terrasse einen Tisch. Drei andere Hunde lagen zwar auch dort herum, aber Lola interessierte sich mal wieder nicht für ihre Artgenossen.

Alle Hunde schienen in einem von Gelassenheit strotzenden Urlaubsmodus unterwegs zu sein. Die Bestellung wurde aufgegeben: Inselrosentee für zwei, Blaubeerschmandkuchen für Anne und Apfelkuchen mit Marzipan für Greta. Schon beim Aussprechen der Kuchennamen lief beiden das Wasser im Mund zusammen.
Eine Dame mit Hund trat an den Tisch und fragte, ob die restlichen Plätze frei seien. An der Leine hielt sie einen großen braunen Hund, vielleicht war es auch ein Labrador, aber nicht der vom Vormittag, den Lola bereits beim Bäcker kennengelernt hatte.
Greta wies auf Lola hin, die selig schlief.
„Kein Problem, die vertragen sich schon", hörte sie nur.
Dein Wort in Gottes Ohr, dachte Greta voller Erwartung, was gleich unter dem Tisch passieren würde. Nichts passierte. Zwei Stühle wurden herangezogen und vier Erwachsene erhöhten die Runde auf sechs Personen. Alle rückten eng zusammen. Nicht nur die Hunde unter dem Tisch vertrugen sich gut. Auch die sechs Gäste oberhalb des alten Holztisches gruppiert, hatten mächtig Spaß. Das jüngere Paar mit Hund kam aus Mainz, das ältere aus Bremen. Sie waren die Eltern der jungen Frau. Es wurde eine lustige und witzige Unterhaltung. Als dann zwei weitere Hunde, die Ähnlichkeit mit Wischmopps hatten, an diesem Tisch vorbeikamen, verteidigten Lola und der große Braune ihren Tisch und bellten, was das Zeug hielt.
Die Bestellungen der Neuankömmlinge wurden angeliefert. „Kennen Sie die?", fragte der ältere Herr. „Das ist eine Ostfriesentorte, die müssen Sie unbedingt probieren. Diese Köstlichkeit dürfen Sie sich nicht entgehen lassen." Er nahm seinen Teller hoch und hielt ihn Greta unter die Nase.
Sie wies dezent auf die Kuchenreste auf ihrem Teller hin, mit denen sie zu kämpfen hatten. Schwupp fuchtelte der ältere Herr mit seiner Gabel vor Gretas Gesicht herum, auf die er ein Probierstück der Delikatesse Ostfriesentorte aufgespießt hatte.
„Probieren Sie. Ich lasse mir gleich eine neue Gabel bringen."

„Sie müssen probieren", sagten daraufhin auch alle anderen wie im Chor.

Ihre Kuchenerfahrung klang so überzeugend und herzlich, dass Greta ihren Mund öffnete und das Probierstück der viel gelobten Ostfriesentorte in ihrem Mund verschwand.

Sie kostete auch aus dem Grund, weil sie keine Möglichkeit sah, sich dem Angebot des netten Herrn zu entziehen.

Als dann etwas später die Bedienung an den Tisch kam und heißes Wasser in die Teekanne goss, die auf einem Stövchen stand und das Wasser die letzten Aromastoffe aus der Inselrosenteemischung herauslöste, sahen Greta und Anne sich kurz an. Anne nickte und kniff ihr ein Auge zu. Sie bestellte ein Stück der Ostfriesentorte und dazu zwei Gabeln. Sie hätten etwas verpasst, mussten sie beide ehrlich gestehen. Die Ostfriesentorte war ein Gedicht. Solch Kalorienbomben gönnten sie sich aber nur im Urlaub. Die Zeit in der angenehmen Gesellschaft verging wie im Flug. Sie saßen recht lange in diesem urigen Café mit überaus liebenswerten Menschen.

Später stellte Greta fest, dass sie einen leichten Sonnenbrand auf der Nase, auf der linken Ohrmuschel und an der linken Halsseite hatte. Den Rest des Tages verbrachten sie im Strandkorb Nummer 721. Lola konnte keine Zahlen lesen, aber sie lief schnurgerade auf diesen Strandkorb zu und ließ sich in den Sand fallen.

Anne machte im Laufe des Tages erneut einen Versuch, Lola mit Leckerchen ins Meer zu locken. Störrisch wie ein Esel verweigerte sich der Hund. Dabei ist Lola überhaupt nicht wasserscheu und springt zuhause in jedes Schlammloch. Sogar in den Wesel-Datteln-Kanal war sie bereitwillig gesprungen. Aber ins Salzwasser ging sie zum Schwimmen nicht. Sie trabte nur knapp am Meeressaum entlang, die Nase immer auf dem Boden zum Dauerschnüffeln, war aber stets vorsichtig, dass keine Welle sie erwischte.

Trotz guter Vorsätze sündigten Greta und Anne an diesem Urlaubstag einmal weiteres Mal kulinarisch. Im "Mittendrin" gönnten sie sich beide eine Portion Seelachs mit Bratkartoffeln und dazu Prosecco, eisgekühlt. Sie ließen es sich schmecken. Die Momente mit ihrer Tochter waren wie Balsam für sie. Da war sie nicht bereit, diese Augenblicke durch Kalorienzählen oder sonstigen Verzicht zu belasten.
Lola hatte sich in ein Inselrosenbeet neben dem Tisch verzogen. Nicht, dass es dort gemütlicher war, als direkt neben dem Tisch zu liegen. Aber sie hatte eine große weiße Silbermöwe entdeckt, die sie zu beobachten schien. Schutzsuchend versteckte sie sich mit ihrem Kauknochen. Denn teilen wollte sie auf gar keinen Fall mit diesem riesigen Vogel.
Die Abendrunde führte am "Strandhotel Wietjes" und an der Sonnenuntergangsbude vorbei. Sie orientierten sich links, liefen über die moderne Deichbefestigung direkt auf den Sonnenuntergang zu. Die dicke orangerote Kugel versank tiefer und tiefer in der Nordsee, bis sie völlig vom Horizont verschluckt wurde. Roséfarbene Schleier legten sich auf den Abendhimmel und die Luft war superklar und frisch. Man konnte die Strände von Norderney sehen, und selbst die Seehundbänke waren klar zu erkennen. Die Flut kam stetig, und die Strömung mit den gigantischen Verwirbelungen zwischen Norderney und Baltrum sahen beängstigend aus. Angler standen auf den Buhnen und warfen ihre Angeln aus. Zum Schutz gegen das aufkommende Wasser hatten sie Angelhosen an, die bis unter die Arme reichten. Die Idylle, die sich bot, sah fast aus wie eine kitschige Fototapete. Über die Insel senkte sich eine angenehme Stille. Selbst das Schreien und Kreischen der Seevögel nahm stetig ab. Der Tag neigte sich dem Ende.
Sie umrundeten das Westkap und gingen zum Hafen. Dort wurde es für kurze Zeit turbulent, denn die Baltrum I hatte angelegt. Ein Schwall neuer Urlauber ergoss sich über die Insel. Das Gewusel

dauerte nicht lange, denn schnell waren alle zu ihren Hotels, Appartements und Pensionen geeilt.

***

Der Himmel war wolkenverhangen und die Aussage der Wetter-App kündigte im Tagesverlauf Regen an. Greta und Anne leinten Lola an und machten sich auf den Weg. Da am Sonntag, der Abreisetag ihrer Tochter bevorstand und die Gärtnerei geschlossen haben würde, holten sie als Erstes die gekauften Inselrosen ab und kehrten in den Inselmarkt in der Nähe des Schwimmbads ein. Zuerst besorgte sich Anne Kleinigkeiten für die bevorstehende Rückfahrt. Greta saß auf der Bank vor dem Laden in einem Strandkorb und passte auf Lola auf. Anschließend kaufte sie ein, um ihren Kühlschrank wieder aufzufüllen.

Sie spazierten durch die Dünen Richtung Osten. Mit jedem Schritt wurde es wärmer. Die Jacken und Halstücher verschwanden so nach und nach in ihren Rucksäcken. Lola war in Hochform. Diese weiche Dünenlandschaft schien ihr um einiges besser zu gefallen als der Strand. Sie schnüffelte angestrengt und machte mehr als einmal den Eindruck, als hätte sie eine Spur aufgenommen. Häschen, die sie hätte verfolgen können, gab es genug. Immer wieder blieb sie stehen, lauschte und beobachtete. Mal entdeckte sie eine Krähe im Baum, die sie mit Blicken begleitete, ein anderes Mal war es ein Fasan, der plötzlich aus dem Gestrüpp auftauchte und schrie, dass dem Hund die Ohren wackelten und Anne und Greta zusammenzuckten. Auch Kaninchen hoppelten immer mal wieder durch die Landschaft und machten Lola eine lange Nase. Ein Hund an der Leine war für sie keine Gefahr. Das sagte ihnen ihre langjährige Inselerfahrung. Sie waren an Spaziergänger gewöhnt. Die Möwen breiteten ihre Flügel aus und schienen über die Dünen zu segeln und schrien immer wieder aus voller Kehle. Gepflasterte, mit

Gras bedeckte oder auch sandige Wege wechselten sich ab. Die Strecken waren gekennzeichnet, damit nicht alle Spaziergänger wild durch die Natur liefen. Aber hin und wieder tauchte ein Tourist aus dem Nichts auf und gestattete sich, auch in Bereiche vorzudringen, die für die heimischen Tiere reserviert waren. Die unbefestigten, naturbelassenen Pättchen schlängelten sich immer weiter nach Osten, kreuzten Strandwege, die durch die Dünen zum Meer führten. Das Ende des für Touristen zugängliche Areal war erreicht. Dahinter lag das geschützte Vogelbrutgebiet. Ein Mekka für Ornithologen. Durch weichen weißen Sand kämpften sich Greta und Anne den Dünenweg hoch. Auch Lola hatte es schwer. Oben angekommen wurden sie mit einem Blick belohnt, der ihnen das Herz höherschlagen ließ, als dieses es ohnehin schon durch die anstrengende Steigung tat. Die beeindruckende Weite ließen Anne und Greta stehenbleiben. Sie erfreuten sich an dem Bildausschnitt, den sie genau in dem Moment wahrnahmen. Die Insel Langeoog war zum Greifen nahe. Nur das Brutgebiet und ein schmaler Streifen Meer trennten sie von Baltrum. Ein Turm war zu sehen. Auf den ersten Blick sah das Gebäude wie ein Leuchtturm aus, aber es handelte sich um einen Wasserturm, hatte Greta gelesen. Es war das Wahrzeichen von Langeoog. Die Wolkenschieber hatten ganze Arbeit geleistet und für einen strahlend blauen Himmel gesorgt. Der Wind aus westlicher Richtung nahm stetig zu. Auf den Dünenwegen wäre eher ein windgeschütztes Wandern möglich gewesen. Die Jacken wurden wieder herausgeholt.
Mit Unterstützung des Windes trotzten Lolas Ohren der Schwerkraft. In Bodennähe fegte der Wind die Sandkörner über den Strand wie bei einem Hochdruckgebläse. Dieser Bereich war dem Hund nicht geheuer. Beim Abstieg durch den Sand tobte sie wie verrückt. Aber als dann die Sandkörner mit ungeheurer Geschwindigkeit über den Strand peitschten und auf sie einprasselten, war sie nicht mehr so begeistert. Windgeschützt die Kapuzen über den Kopf gestülpt und fest geschlossen, war es möglich, am Strand entlang zu

laufen. Greta und Anne zogen die Laufschuhe aus und hängten sie an den Rucksack. Mit aufgekrempelten Hosenbeinen spürten sie, wie die Sandkörner die Beine bearbeitete. Greta war froh, ausnahmsweise ihre Sonnenbrille nicht vergessen zu haben, denn jetzt schützte sie die Augen nicht nur vor der Sonne, sondern vor allem vor dem Sand. Arme Lola, hoffentlich konnte sie ihre Augen so weit schließen, dass sie dem Minisandsturm gewappnet war. Mutig lief sie neben Anne her und bevorzugte es wenig später, hinter ihr zu laufen. Der Hund wusste also auch, welche Vorteile ein Windschatten hatte. Freiwillig trabte Lola hinter Anne und Greta her bis an die Wasserkante. Denn dort fegten weitaus weniger Sandkörner über den feuchten Boden. Sie schien den Sandsturm als schlimmer zu empfinden, als die Möglichkeit, von einer Welle erfasst zu werden. Es hatte keinen Zweck, es war ein elendes Fortkommen.
Bei der ersten Möglichkeit, die sich bot, verließen sie den Strand und setzten die Wanderung zum Westdorf durch das Dünengebiet fort. Die windstillere Dünenlandschaft hatte sie wieder aufgenommen. Die Pause, in einer etwas höher gelegenen Wetterhütte, zog sich geplant in die Länge. An diesem sonnigen Ort konnten Sand und Wind ihnen nichts anhaben und fegten über sie hinweg. Lola breitete sich gemütlich auf dem moosbedeckten Boden aus und genoss die Sonnenstrahlen. Auch das Hundemittagessen aus der Plastikfrischhaltedose schmeckte ihr. Den Wassernapf trank sie bis auf den Grund leer.
Greta und Anne genehmigten sich die Mohnschnecken vom Inselbäcker.
Das Wattenmeer glitzerte in der Ferne, und riesige Vogelschwärme kreisten über den Salzwiesen. Immer mal wieder schwoll das unermüdliche Gekreische der Vögel an, und der Wind trug es zu ihnen herüber.
Greta wurde von Traurigkeit erfasst, denn Anne und Lola mussten bald wieder abfahren. Dann würde die Insel ihr wieder alleine gehören. Es verbarg sich unendlich viel auf diesem kleinen Eiland. Sie

würde die Eroberungstouren alleine fortsetzen. Es war schön gewesen mit Anne und Lola über die Insel zu streifen. Sie hatten sich wohlgefühlt und Anne hatte sich nichts nur schöngeredet, um ihr einen Gefallen zu tun. Das bestätigte sie auch, indem sie sagte: „Da hast du dir aber eine schöne kleine Insel zum Relaxen ausgesucht. Ein Fleckchen auf der Erde, das erobert werden will. Man muss nur einen Blick dafür entwickeln – und das hast du im Griff."

Auf dem Weg zum Hundestrand spielte Lola wieder den Esel, was aus den zurückliegenden Erfahrungen mit Sand und Wind zu verstehen war. Aber die wenigen Meter bis zum Strandkorb würde sie schon überstehen müssen. Außerdem wehte es lange nicht mehr so heftig wie am Vormittag. Der Sand hatte sich vor jedem Hindernis abgelegt und eine bizarre Sandlandschaft geschaffen. Mit Füßen und Händen ebneten Anne und Greta den Sand wieder ein und drehten den Korb so, dass der Wind sie nicht von vorne traf. Lola bekam die Erlaubnis, im Strandkorb Platz zunehmen. Es war zu spüren, wie ihr Hundeherzchen höherschlug, und sie schien dieses Privileg zu genießen. Sie legte ihre Schnauze auf Gretas Oberschenkel ab, stöhnte genüsslich und war in Nullkommanix eingeschlafen. Ein leises gemütliches und entspanntes Grummeln war von ihr zu hören.
Nicht viele Touristen belebten den Strand. Vor allem Familien mit Kindern hatten sich entschieden, ihre Kleinen nicht dem peitschenden Sand und dem starken Wind auszusetzen.
Später im Strandimbiss "Die letzte Raststätte vor Helgoland" aßen beide eine Portion Milchreis mit Zucker und Zimt. Greta hatte Anne immer mal wieder von den leckeren Dingen auf Baltrum vorgeschwärmt und war sich sicher, der Milchreis traf auch positiv auf Annes Geschmacksnerven.
„Wie es scheint, gibt es nur Leckereien auf der Insel, die für uns beide eine Köstlichkeit sind", sagte sie und musste lachen.

Gretas Walking-App zeigte achtzehn Kilometer an. Eine stattliche Strecke, wenn man bedenkt, wie klein Baltrum ist. Mit so vielen Kilometern in den Knochen gestatteten sich beide, ohne Reue die süße Speise Löffel für Löffel zu genießen.
Spontan kehrten sie auf dem Weg zurück in die "Alte Liebe" ein, eine sehr interessante Kneipe direkt gegenüber ihrem Feriendomizil. Wer feiern wollte, durfte die Events, die hier stattfanden, nicht verpassen. Es war immer was los. Und wenn nichts los war, wurde etwas losgemacht. Sie setzten sich auf der Wiese an einen kleinen Tisch, genehmigten sich einen ekeligen Kräuterschnaps und ein Jever. Die Schnäpse, die in der Kneipe angeboten wurden, trugen die abenteuerlichsten Namen. Diese Namensgebung gab sicherlich den Ausschlag, dass Greta plötzlich ein Schnapsglas mit einem undefinierbaren braunen Gesöff vor sich stehen hatte.
Sie nippten beide nur daran und waren sich einig, dass sie diese Art von Baltrum-Erfahrung nicht brauchten. Es schmeckte ekelig und führte dazu, dass sie sich nicht einmal einen dieser skurrilen Namen merken konnten.
Der Wind wurde plötzlich wieder stärker und vor allem kühl. Dicke Wolken zogen auf. Lola lag ausgestreckt auf der Wiese der "Alten Liebe", schlief und machte keine Anstalten, aufzubrechen. Im Appartementhaus Eilers empfing sie der frische aromatische Duft von Eukalyptus, der sich aus dem Wellnessbereich ins Treppenhaus schlich. Zusammen konnten sie nicht in die Sauna gehen. Lola wäre nicht allein in der fremden Wohnung geblieben. Zuhause alleine zu bleiben war kein Problem, aber im Urlaub wollte Anne es nicht ausprobieren. So machte sich Anne bereit für Sauna und Relaxen, und Greta setzte sich in den Strandkorb im Garten. Sie kuschelte sich in eine Wolldecke. Lola lag glücklich neben ihr auf einem Handtuch – halb auf ihren Oberschenkeln – und schlief. Greta nahm den Thriller "Gotteslüge" von ihrer Autorenfreundin Kathrin Lange zur Hand. Der Krimi "Baltrumer Bitter" von der Inselautorin war längst ausgelesen. Welche Spannung sie in dem neuen Buch erwarten würde,

wusste sie und stürzte sich mit Freuden in das Lesevergnügen. Außerdem spielte die Handlung in Berlin und viele der Schauplätze kannte sie sehr gut durch Lutz. An dem Abend waren sie alle drei so müde, dass man sie samt Bett oder Hundedecke hätte forttragen können. Sie hätten alle nichts davon bemerkt.

Der vergangene Tag saß allen in den Knochen. Da der Himmel Strandwetter ankündigte, bezogen sie ihren Stützpunkt am Meer. Greta wollte lesen. Der Thriller hatte sie gepackt. Lola ließ sich in den weichen warmen Sand fallen und tat das, was ihr am besten gefiel: schlafen. Rechts neben ihr residierte ein großer Rhodesian Ridgeback, im linken Strandkorb wohnte ein schwarzer Langhaardackel. Lola akzeptierte beide in ihrer Nähe, und alle drei Hunde waren megaentspannt.
Auf der Dünenseite hatte eine Familie zwei Strandkörbe zusammengeschoben, rechts und links Windschutzzelte aufgebaut, Bollerwagen quer gestellt und so ihren Sektor gegen feindliche Eindringliche gesichert. Greta steifte der Gedanke an Strandurlaube an der Küste, als Burgenbauen und territoriale Inbesitznahme zur größten Herausforderung der deutschen Urlauber zählten. Die Truppe bestand aus sieben Personen und drei Hunden. Der Star der zehnköpfigen Burgbewohner war ein Colli. Er war nervig, aufgeregt und fiepte die ganze Zeit. Keine Ahnung, was dem Hund fehlte. Die Hoffnung, dass die Einrichtung der Burg sich bald dem Ende neigte und wieder Ruhe einkehren würde, war ein hypothetischer Gedanke. Die beiden Frauen standen auf ihrer kleinen privaten Aussichtsdüne und unterhielten sich in einer Lautstärke, dass Lesen nicht mehr möglich war. Ihre Themen waren belanglos und langweilig. Greta interessierte es nicht die Bohne, dass Hella mit neuen Klunkern behangen auf der letzten gemeinsamen Fete aufgekreuzt war. Die beiden Frauen machten sich lautstark Gedanken darüber, wer ihrer Freundin diesen *Weihnachtsbaumschmuck* geschenkt haben könnte. Dann wurden quer über alle Strandkörbe hinweg in

erhöhter Lautstärke, die an ein Megafon erinnerte, die Kinder zurechtgewiesen. Na ja, es war eher ein Schnauzen. Die Kinder wuselten ständig um die Strandkörbe herum und scheuchten die friedlich schlafenden Hunde auf. Dann traten sie in den Wassernapf von Lola und stolperten über die Langlaufleine des Rhodesian Ridgebacks.
Anne und Greta beschlossen, zur Strandbar hochzugehen und sich für eine Zeit den schrillen keifenden Frauenstimmen, die immer wieder aufs Neue losposaunten, zu entziehen. Viel hätte nicht mehr gefehlt und Greta hätte gegen ihre Nettigkeitsvorschrift verstoßen. Herrchen und Frauchen von Paulchen waren auch unterwegs zu einer Erfrischung. Paulchen war ein behäbiger schwarzer Dackel. Greta und Anne überholten dieses Dreiergespann auf halber Strecke durch die Dünen. Der Dackel taumelte, konnte sich nicht mehr auf seinen kurzen krummen Beinen halten. Plötzlich riss es ihn von den Pfoten, und er fiel um. Frauchen zog immer wieder an der Leine, wollte ihn motivieren weiterzugehen.

„Der hat einen Sonnenstich“, sagte Greta.

„Kreislaufversagen", fügte Anne hinzu. „Nehmen Sie ihn auf den Arm und dann schnell mit ihm in den Waschraum, in die Kühle, auf jeden Fall in den Schatten. Kühlen Sie ihm die Pfoten.“

Das Dackelfrauchen schnappte sich Paulchen, klemmten ihn unter den Arm und eilte los. Als Greta und Anne oben ankamen, stand Paulchen in den beiden großen metallenen Wassernäpfen, die für die vorbeikommenden Hunde als Tränke dienen sollten, und kühlte ab. Es sah schon witzig aus, wie das arme Geschöpf dort ausharren musste, mit Vorder- und Hinterpfoten in jeweils einem Trinknapf.

Anne empfahl den Dackelbesitzern, als weitere Maßnahme einen Lappen oder ein Handtuch anzufeuchten und dieses auf den Kopf des kleinen Kerls zu legen.

Kurze Zeit später kamen sie beide mit Paulchen aus dem Waschraum und setzten ihn ab. Sie schienen nichts dazugelernt zu haben, denn der kleine Hund hockte wieder mitten in der prallen Sonne.

Herrchen füllte einen Wassernapf mit kaltem Wasser und entleerte ihn in einem Schwall über Paulchens Kopf.
Das darf doch nicht wahr sein, dachte Greta und erwartete jederzeit, dass der arme Dackel das Zeitliche segnete.
Anne regte sich auf. „Sie können ihm doch nicht eine Ladung eiskaltes Wasser übergießen. Die Temperatur des Kleinen muss langsam gesenkt werden. Er kann einen Schock bekommen."
Die Zunge des Dackels hing aus seinem Maul und er hechelte. Die beiden alten Leutchen waren aufgeregt. Sie wollten das Beste für ihren Dackel, das war klar. Aber sie hatten gar keine Ahnung von Erste-Hilfe am Hund. Schließlich legte sich der Hund unter die Bank der Bierzeltgarnitur in den Halbschatten. Alle glaubten an sein Überleben. Die beiden alten Leute bedankten sich für die Tipps und erzählten, Paulchen habe in den letzten Tagen immer wieder Schwächen gezeigt und auch keinen großen Appetit gehabt.
„Da wäre ein Besuch beim Tierarzt sicher eine gute Alternative", sagte Anne, „statt ihn hier durch die heiße Sonne zu zerren."
Um die allgemeine Aufregung wieder in den Griff zu bekommen, bestellte Herrchen für sich ein Bauernomelette mit Bratkartoffeln und Frauchen eine Currywurst mit Pommes und einen Zusatzteller. Nach dem Motto: Essen hält Leib und Seele zusammen, egal wie warm, egal wie krank, machte Fauchen einen kleinen Delikatessenteller für Paulchen fertig: mit Bauernomelette, Pommes und Currywurst.
„Manche Leute sollten keinen Hund haben", sagte Anne leise. Der Aufenthalt in dieser Strandbar war nicht so entspannt, denn Lola fand es mehr als gemein, dass in ihrer unmittelbaren Nähe ein Artgenosse vor einem reich gefüllten Teller saß, an den sie nicht herankam. Immer wieder startete sie einen Fluchtversuch in Paulchens Richtung, der sein üppiges Mahl nur lustlos beachtete und keinen Appetit zu haben schien.
Bellen, Fiepen und schrille Stimmen kündigten die nächsten Besucher an, die Strandkorbnachbarn machten auch einen Ausflug.

Anne und Greta verspeisten ihre Spezialität, auf die sie beide sehr neugierig waren. Pommes mit Nutella.
Selbst Günther Jauch, so der Inhaber der Imbissstube, habe diese Delikatesse dort einmal gegessen. Tja, Werbung ist alles. Man konnte diese süßen Kartoffelstäbchen essen, doch eine kleine Kostprobe reichte beiden.

Abschiedsstimmung legte sich über die Insel. Anne und Lola wollten die Achtzehn-Uhr-Fähre nehmen, die sie wieder ans Festland nach Neßmersiel bringen würde. Die Woche war wie im Flug vergangen. Die gepackten Taschen standen unten in der Diele vor dem Spiegel. Anne nahm eine letzte Dusche, um den Sand abzuspülen. Eine dicke Wolkenwand schob sich auf Baltrum zu, genau wie vorhergesagt. Lola bemerkte, dass da etwas geplant war. Um vorzugbeugen, lag sie vor der Zimmertür und erinnerte daran, dass man sie auf jeden Fall nicht vergaß. Dann regnete es.
Gut, dass der Weg von Eilers Appartementhaus zum Hafen nicht so weit war. Unter dem Sonnenschirm am Hafencafé tranken sie einen letzten Abschiedsmilchkaffee. Das Gepäck war schnell im Container verstaut.
Anne war bepackt mit ihrem Rucksack und zwei großen Plastikbeuteln mit Inselrosen. Mit der freien Hand hielt sie die Leine des Hundes. Sie schaffte es, ihre Kurkarte aus der Seitentasche ihrer Regenjacke herauszufischen, hielt sie dem Scanner eines netten Mitarbeiters der Kurverwaltung entgegen und betrat die Baltrum I. Schnell verschwand sie im Rumpf des Schiffes. Winken konnte sie nicht.
Eine halbe Stunde verharrte Greta im Nieselregen, die Kapuze tief in die Augen gezogen und verquirlte mit ihrem Arm die Luft, in der Hoffnung, Anne würde sie durch die regennassen Scheiben am Kai stehen sehen. Sie winkte noch lange, obwohl die Fähre längst aus ihrem Sichtfeld verschwunden war.

Auf den Wetterbericht war Verlass. Pünktlich wie angekündigt klarte es wieder auf. Als Greta in ihrem Appartement ankam, waren die Wege wieder trocken.

Fortan war Gretas Urlaub anders ausgerichtet. Sie mietete sich keinen Strandkorb mehr. Jetzt konnte sie jederzeit die Strandabschnitte A-C betreten, an denen Hunde unerwünscht waren.
Ihre erste Aktion um kurz nach neun Uhr war die Teilnahme an der Fußgymnastik am Strand, die von einem Physiotherapeuten angeboten wurde. Sie erfuhr, dass in diesem Jahr die Gymnastik und andere sportliche Betätigungen nicht mehr von der Gemeinde gratis durchgeführt wurden wie in den Urlauben vorher. Die Gemeinde hatte Schulden wie viele andere Gemeinden in Deutschland auch. So fiel der Sport am Strand einer Sparmaßnahme zum Opfer. Der nette junge Mann machte aus der Not eine Tugend und wagte den Weg in die Selbstständigkeit. Seine Kurse waren perfekt und machten Spaß. Die Fußgymnastik war anstrengender als Greta gedacht hatte. Die darauffolgende Strandgymnastik forderte die Gäste auch, aber ihr gefiel es gut. Leistung musste bezahlt werden, keine Frage. Greta kaufte sich eine Saisonkarte und versuchte, sie regelmäßig zu nutzen. Die Morgengymnastik wollte sie nicht missen. Was sie in den Stunden der Fußgymnastik über ihre Füße gelernt hatte, erstaunte sie.

Wohl fühlte sie sich auch in der Gruppe der Strandsänger, begleitet von einem Schifferklavier, einer Querflöte und Gitarren. Anschließend machte sie eine Wanderung wieder einmal in den Osten der Insel. So viel frische Luft und Bewegung taten gut. Nach einem Mittagssnack überfiel sie eine gigantische Müdigkeit. Ohne schlechtes Gewissen legte sie sich ins Bett und schlief ein. Im Bett gefiel es ihr besser, als krumm in einem Strandkorb zu liegen und wegen quasselnder Nachbarn weder lesen noch dösen zu können. Aber das anerzogene schlechte Gewissen stellte sich ein. Am Mittag zu schlafen

gehörte nie in ihren Tagesablauf. Sie hatte sich über viele Jahre eingeredet, kein Mittagspausen-Mensch zu sein und konnte sich nicht erinnern, jemals mittags geschlafen zu haben. Seltsam, wozu ein Urlaub auf Baltrum sie verführen konnte.
Anne hatte sich kurz gemeldet. Sie war gut angekommen.

Von dem Chaos, das sie in Neßmersiel erlebt hatte, bevor sie die Heimreise mit dem Auto hatte antreten können, berichtete sie Greta erst später: Bepackt hatte sie in der Schlange gestanden und ihren Autoschlüssel abholen und die Parkgebühr für die Woche begleichen wollen. Die Dame des Parkunternehmens hatte Bargeld verlangt. Gretas Tochter aber war ein Plastikkartenmensch und hatte nicht genug Bares dabei. Es fehlte zwar nicht viel, aber es fehlten zwei Euro. Sie bekam den Schlüssel ihres Autos nicht ausgehändigt. Rucksack, Reisetasche, Hundetasche und Lola im Schlepptau, die Inselrosen in der Plastiktüte baumelnd am Handgelenk und dazu immer kontinuierlich Regen waren mehr als nervig. Nach vielem Hin und Her ließ sich die Dame am Schalter darauf ein, wenigstens das Gepäck im Auto zu verstauen. Aber damit war das Problem nicht gelöst. Schließlich durfte Anne ihren Personalausweis als Pfand zurücklassen und in den nächsten Ort fahren, um einen Geldautomaten zu suchen. Wo die erste erreichbare Bank zu finden war, konnte ihr niemand sagen. Nur die Zeit hatte die Dame ihr vorgegeben. Wenn sie nicht pünktlich zurück sein würde, würde der Schalter geschlossen und Feierabend gemacht und erst am nächsten Morgen kurz vor der ersten Fähre wieder geöffnet.
In Neßmersiel gab es keinen Bankautomaten und auch im zweiten Ort konnte ihr niemand einen Hinweis auf ein Geldinstitut geben. Die Bürgersteige waren hochgeklappt. Kein Fußgänger war zu sehen. Ein echtes Drama, mega kundenunfreundlich die Angelegenheit. Im dritten Ort entdeckte sie endlich einen Bankautomaten. Karte rein, wild auf das Gerät eingetippt, Geld entnommen und zurück zum Hafen Neßmersiel. Sie schaffte es auf den letzten Drücker.

Die Dame stand zum Abschließen bereit. Gut, dass der Zorn ihrer Tochter verraucht war, als sie Greta die Geschichte erzählte.
„Warum hast du mich nicht angerufen, ich hätte selbstverständlich bei meiner Abreise die zwei Euro für dich bezahlt", sagte Greta.
„Hab ich vorgeschlagen. Aber die Dame hatte sich auf keinen meiner Vorschläge eingelassen. Ich hätte sogar online mit dem Handy direkt vor Ort eine Überweisung gemacht. Aber es zählte nur Bargeld."

Gedanklich wechselte Greta an diesem Tag zwischen Berlin und Baltrum ständig hin und her. Der Krimi, der in der Hauptstadt spielte, war so spannend, dass es sie sich ihm kaum entziehen konnte. Immer, wenn sie sich von den Buchzeilen löste, tauchte sie in das sommerlich Baltrum ein. Die Lesephasen waren dabei deutlich länger als ihre Bewegungsphasen. Aber zum körperlichen Bewegungsausgleich und zur Nahrungsaufnahme machte sie kurze Spaziergänge und kaufte sich Obst und was Schnelles auf die Hand im Inselmarkt.

Nach einer Lesung im "Strandhotel Wietjes", von der "Mörderischen Schwester" Ulrike Barow, die den Krimi "Baltrumer Kaninchenkrieg" vorstellte, gönnte sie sich, mit einem Gläschen Sekt auf dem Deich, den perfekten Sonnenuntergang. Greta war übrigens auch eine "Mörderische Schwester", also Mitglied der Krimivereinigung von deutschsprachigen Frauen, die Krimis lesen, schreiben, verkaufen oder verlegen. Das signierte Buch nahm sie mit ins Ruhrgebiet zurück und würde es vor einem nächsten Baltrum-Urlaub lesen. Seltsam, dass sie das Buch als Anreiz kaufte, um wieder nach Baltrum zurückzukehren. Warum dachte sie bereits schon wieder daran auf diese Insel zu fahren, obwohl sie noch knapp zwei Wochen Urlaub dort verbringen würde? Sie verstand es nicht. Warum es ausgerechnet wieder Baltrum sein sollte? Es gab so viele Inseln in der Nordsee. Welch eine unerklärliche Magie ging von der Insel Baltrum aus? Sie konnte sich diese Frage nicht beantworten. Danach gehörte ihre Aufmerksamkeit wieder dem fiktiven Terror in Berlin, eingebettet in die Schönheit der Baltrumer Natur. So machte Lesen Spaß.

Sommer total beherrschte Baltrum. Wenn es nicht leicht windig gewesen wäre, hätte man es am Strand nicht aushalten können. Nach Fuß- und Strandgymnastik fühlte sich Greta wie nach einem anstrengenden Arbeitstag. Selbst das Strandsingen ließ sie ausfallen. Trotz Sonnenhut konnte sie sich nicht mehr länger in der prallen Sonne aufhalten. Träge schlich sie durch den heißen Sand und glaubte, sich die Füße verbrennen zu müssen. Andere Bewohner des Appartementhauses Eiler hatten auch Zuflucht in Hausnähe gesucht. Die schattigen Plätze waren alle belegt. So ging Greta kurz entschlossen in ihr Appartement. Bei weit geöffneten Fenstern und Blick auf die Nordsee war es gut auszuhalten. Ihre Kalorienausbeute aus dem Supermarkt, ein Sojajoghurt und ein knackiger Apfel, heuchelten nur Zurückhaltung in Sachen Süßes. Kaufen wollte sie sich nur ein kleines Stückchen Kuchen, es wurden schließlich zwei, die erwartungsvoll auf dem Tisch lagen, und ihr suggerierten, unbedingt verspeist werden zu müssen. Der Griff zum Buch war Routine. Sie schlug ihren Berlin-Thriller auf, entnahm das Lesezeichen und fiel nach wenigen Minuten in einen angenehmen Tiefschlaf. Als sie erwachte, war ihr Buch verschwunden. Sie fand es später unter dem Bett.

Dass Baltrum in der Nordsee lag, war Greta bewusst. Aber an diesem Tag zweifelte sie daran. Es hätte auch ein Eiland in den Tropen sein können. Erbarmungslos schoss die Sonne ihre Strahlen auf die kleinste der Ostfriesischen Inseln ab. Schon am frühen Morgen stieg das Thermometer auf über 20 Grad. Sie wagte gar nicht, an die Mittagshitze zu denken. Auf dem Weg zum Strand wehte ein

leichter Wind. Der Sand war geharkt, das Meer dunkelblau und ging in das tiefe Azurblau des Himmels über. Nur wenige Menschen waren zu dieser frühen Stunde am Strand: drei, vier Jogger und zwei Hundebesitzer auf der ersten Gassirunde des Tages. Die DLRG-Mitarbeiter wappneten sich für einen harten, anstrengenden Badetag. Diese Schönheit in der morgendlichen Stille beobachten zu können, war unglaublich faszinierend. Bevor die Urlauber von ihren Frühstückstischen aufstanden und mit Kind und Kegel den Strand bevölkerten und für das touristische Treiben sorgten, konnte sie diese Momente ohne Hektik völlig entspannt genießen.
Der Physiotherapeut, ein passionierter Barfußläufer, richtete schon sein Sportareal am Strand ein. In seinem Spezialtransportfahrrad hatte er verschiedene Hilfsmittel zum Strand gebracht. Er spannte eine Slackline. Das ist ein breites Band, zwischen zwei Fixpunkten befestigt und lädt zum Seiltanz ein. Aber wer denkt, mal eben schnell mit barfuß über dieses Band zu balancieren, sei das Leichteste der Welt, der irrte sich. So, wie er es vormachte, konnte man durchaus zu dieser Annahme kommen. Greta war gespannt auf die Herausforderung, aber ihr war klar, dass sie ohne Hilfestellung nicht einmal für den Bruchteil einer Sekunde auf dem Band würde stehen können, geschweige die Distanz von zwei Metern überwinden. Weiter verbuddelte er große Plastikbälle im Sand. Auf diesen Pezzibällen, die nur etwa zu einem Drittel aus dem Sand herausschauten, sollten die Teilnehmer balancieren. Auch diese Übung war für Greta nicht so leicht, wie sie aussah. Obwohl der Ball keine Chance hatte zu entfliehen, war es ihr kaum möglich, darauf das Gleichgewicht zu halten. Je weniger Luft die Bälle hatten, umso besser konnte man darauf stehen. Alle Übungen waren auf Balance halten und Körpergefühl spüren ausgerichtet. Wenn sich zuerst bei allen teilnehmenden Urlaubern leichter Frust über die mangelnde Körperbeherrschung ausbreitete, mutierte diese Übungsstunde zu einer gelungenen Trainingseinheit. Dazu trugen auch die anderen Teilnehmer bei. Sie leisteten sich gegenseitig Hilfestellungen. Das

Besondere war, dass das Lachen im Vordergrund stand und nicht der Frust über mangelnde Koordination. Greta schaffte es nicht einmal über ein vergrabenes Tau, das sie mit den Füßen ertasten musste, von einem Ende zum anderen zu laufen, ohne vom Kurs abzuweichen.

Mit einem leckeren Frühstück im "Strandcafé" belohnte sie sich für ihre frühen sportlichen Aktivitäten. Wie es schien, hatten auch die Spatzen Lust auf Frühstück und forderten von ihr, zu teilen.

Die Temperatur stieg. Kurz vor dem Mittag wechselte sie zum Strandkorb, der im Garten des Appartementhauses stand. Sie nahm sich den nächsten Thriller von Kathrin Lange vor:"40 Stunden" und zählte mit ihr gemeinsam die vierzig Stunden herunter.
Trotz gnadenloser Sonne machte sie später einen Spaziergang zum Hafen.
Vor dem Hafencafé konnte sie es aushalten. Bei guter Musik im Schatten zu schreiben, war eine echte Alternative zum Strand. Alle Urlauber schienen in den Meeresfluten zu stehen oder sie schwimmend zu durchkreuzen, um so der Hitze des Tages zu begegnen. Aber Greta war keine begeisterte Nordseeschwimmerin, ihr Respekt vor dem Meer war zu groß. Ihr gefiel es unter dem Sonnenschirm mit Blick auf den Hafen.
Unterbrochen wurde ihr Gekritzel aufs Papier nur durch die Unterhaltungen der Damen vom Imbiss. Sie erzählten, dass heute der heißeste Tag des Sommers zu erwarten sei. 32 Grad seien vorhergesagt. Greta bestellte sich ein weiteres kühles, alkoholfreies Bier und sah dem Treiben im Hafen zu, das sich wie in Zeitlupe vor ihren Augen bewegte. Dann fiel ihr Blick auf ein Schild, von dem ein Hauch Kühle ausging. *Glühwein - auch mit Schuss*, ein vergessenes Relikt aus der Winterzeit? Oder war es ein Hinweis, die Insel sei auch im Juli für Wetterkapriolen jeglicher Art gerüstet? Sie wusste es nicht, aber es mutete irgendwie seltsam an. Als sich dann die

Gespräche um die verschiedenen Liebesbeziehungen der Insulaner drehten, schaltete sie ab und vertiefte sich wieder in ihren eigenen Text.
Ein drittes Bier, auch wenn es alkoholfrei war, würde sie nicht trinken. So machte sie sich wieder auf den Weg, in der Hoffnung, durch den seichten Wind etwas Kühle zu spüren. Die Briese, die ihr entgegenwehte, war zwar seicht, hatte aber die Temperatur eines Föhns mindestens auf Stufe 2 bis 3.

Am nächsten Morgen nahm sie sich vor, zum Lachyoga zu gehen. Sie hatte keine Ahnung, was sich hinter Lachyoga verbarg. Doch um das zu erfahren, musste sie an der Veranstaltung teilnehmen. Die Hitzetage machten müde und Greta spürte, dass sie sie nicht würde aufraffen können. Sie revidierte ihre Entscheidung. Ihr Urlaubsmotto, nur das zu unternehmen, was ihr echt Spaß machte, beinhaltete an diesem Morgen kein Lachyoga. Sie ging auch nicht zum Orgelkonzert in die evangelische Kirche. Da sie weitere ungelesene Bücher im Reisegepäck hatte, fiel ihre Wahl auf ein neues Taschenbuch. Außerdem hatte bisher der Wetterbericht immer gestimmt. Also wartete Greta entspannt nach einer kühlen Dusche auf das angekündigte Gewitter.
Das Duschen hätte sie sich sparen können, denn schon nach kurzer Zeit klebte ihre Haut wieder. Die Luftfeuchtigkeit war enorm hoch. Ein unangenehmes Gefühl stellte sich ein. Wo war die frische angenehme Nordseeluft, die für sie so charakteristisch für die Küste war?
Es gab keinen malerischen Sonnenuntergang. Von Westen zog ein dickes Wolkenfeld auf und kreiste die Sonne ein. Die Verfärbungen waren interessant. Wolken, Himmel und Sonne verschwammen zu einem graublau-magentafarbenen Mischmasch. Der Horizont war nicht mehr zu erkennen und hüllte sich mit einem diffusen Schleier ein. Der Blick über das Watt ließ das Festland nur vermuten. Die großen Windkraftanlagen waren verschwunden. Für diese

Spielchen am Himmel gab es nur eine Antwort: Die Gewitterfront hatte Baltrum fast erreicht. Die Fenster weit geöffnet legte sich Greta still auf ihr Bett und schaute sich einen alten Köln-Tatort mit Schenk und Ballauf an. Der Wetterbericht kündigte in ganz Deutschland schwere Gewitter an. Vor dem flimmernden Bild eines Fernsehers, dazu in der Horizontalen liegend, schlief Greta sofort ein.
Erst als sie fror, wurde sie wach. Stunden waren vergangen. Es war merklich abgekühlt. Gut, dass es bisher nicht geregnet hatte. Besser ist besser, dachte sie und schloss die Fenster. Als sie in der Nacht zum zweiten Mal erwachte, waren Platzregen, Blitz und Donner die Ursache. Der Regen klatschte aber nicht an die Fensterscheibe. Wie an Bindfäden aufgereiht strömten die Regentropfen schnurgerade auf den Boden. Sie öffnete ein Fenster. Doch nicht ein Tropfen fiel auf die Fensterbank. Die Frische, die von diesem Starkregen ausging, tat unheimlich gut und fühlte sich an wie ein seichter kühler Wind.

Am nächsten Morgen sah der Himmel seltsam milchig aus, so als hätten Kinderfinger Schlieren verschütteter Milch ans Firmament gezogen. Der Horizont hielt sich im Dunst verborgen, duckte sich vor einem bleiernen Meer.
Greta bekämpfte ihren inneren Schweinehund, der ihr suggerierte, liegen zu bleiben, sich in die Decke einzukuscheln und weiter zu schlafen. Sie besiegte ihn und ging früh zum Strand. Der Regen hatte in der Nacht die Oberfläche des Gestades bearbeitet. Sie stapfte durch dunklen nassen Sand. Als sie sich in die kleine Gruppe der Fußgymnastiker einreihte, riss die Wolkendecke auf. Sie konnte es kaum glauben, dass ihre Bewegungseinheit unter diesem blauen Flecken am Himmel durchgeführt wurde. Sicher war es Zufall. Aber dennoch grübelte sie darüber nach, warum ausgerechnet sie immer diese positiven Lichtblicke erfuhr.

Während sie die sportlichen Anweisungen umsetzte, durch das kalte Wasser stapfte, das ihr bis an die Waden reichte, die Zehen krümmte und entspannte, entschied sie, nach dem Kurs zu laufen. Erst in den Osten, dann in den Westen, durch die Dünen, über den Strand und durch die Orte, alle Wege kreuz und quer. Sie wollte Kilometer machen, zehn nahm sie sich vor. Wer wusste schon, wie sich das Wetter entwickelte? Vielleicht kam der Sommer geballt zurück. Doch bevor die angenehme Kühle wieder der totalen Hitze weichen würde, hätte sie sich das Relaxen verdient. Nach dem Regen sah die Natur anders aus. Sie machte viele fantastische Fotos von Muscheln, Algen, Dünengras und über Nacht aufgeblühten Blumen, die nur auf den Regen gewartet hatten, um hervorzusprießen. Aber auch skurriles Strandgut lichtete sie ab. Begeistert über die Vielfalt neu angespülter Objekte vergaß sie völlig die Zeit.
Später kam Greta mit einem älteren Herrn ins Gespräch. Sie unterhielten sich über das Lesen und Schreiben. Er war ebenfalls Autor. Auch er war auf der Insel, um sich den beiden schönsten Dingen zu widmen: dem Schreiben und dem Lesen. Der Fantasie und den fremden Welten. Seine Frau war unterwegs zur Strandkorbvermietung. Als sie den winzigen Schlüssel einer Trophäe gleich in die Luft hielt und auf sie zukam, war der Sand an Gretas Füßen getrocknet. Sie zog ihre Laufschuhe wieder an und suchte sich in den Dünen eine Bank, auf der sie sich ungestört dem nächsten Thriller widmen konnte. In den Text vertieft, bemerkte sie gar nicht, dass der Sommer nach Baltrum wieder zurückgekehrt war und das Inselgeschehen wieder im touristischen Rhythmus schwang.

Die Pasta am Abend schmeckte, war aber eher nur eine schnöde Nahrungsaufnahme. Die Bedienung war zuvorkommend und freundlich. Aber die Atmosphäre im "Fellini" war an diesem Abend nicht so prickelnd. Die stetig anwachsende Zahl der Hungrigen, die um die Tische auf der Terrasse streiften und sprachlos vor ihr stehenblieben und mit ihren Blicken suggerierten: Warum blockierst du hier einen Tisch für vier Personen? Kannst du nicht schneller essen? Wir warten so lange hier im Stehen, damit kein anderer kommt und uns den in Kürze freiwerdenden Tisch wegschnappt. Klar hätten sich mindestens drei Personen zu ihr an den Tisch setzen können. Aber bei den meisten war sie froh, dass sie sie nicht danach fragten. Der Fluch der Alleinreisenden traf sie mit geballter Faust.

***

Die Gästezahl auf der modernen Deichanlage beim "Strandhotel Wietjes" war riesig. Der Shantychor gab ein Konzert auf der Deichpromenade vor der Kulisse des Meeres und der untergehenden Sonne. Ein Kamerateam der ARD war auf der Insel und zeichnete die Veranstaltung auf. Greta gefiel Shanty-Musik. Aber unter freiem Himmel in der Gesellschaft von Wellen, Wind und Meer, mit einem Glas Sekt in der Hand, war das Konzert etwas Besonderes. Die irisch angehauchten Musikstücke gefielen ihr sehr gut, ebenso die Musikpassagen, die von einem Saxophon dominiert wurden.
Einige Frauengruppen schienen auf der Insel angekommen zu sein. Greta musste aufpassen, dass sie nicht von dem grauhaarigen Dauerwellengeschwader geschluckt wurde. Sie nahmen einen Großteil der Promenade ein und positionierten sich vor dem Shantychor. Mit ihrer schnatternden Geräuschkulisse schmälerten sie die romantische Stimmung des Auftritts. Greta wollte nur auf das Meer schauen, die Musik in sich aufnehmen und sich ihren Gedanken hingeben, die sie unweigerlich zu Max führten. Momente genießen, die nur ihr und ihm gehörten, aber auch Traurigsein zulassen. Es war wieder mal so ein Tag.
Der Blick auf die alleinstehenden alten Damen deprimierte. Wieviel Zeit würde vergehen, bis auch sie nur im Schutz einer Gruppe, mit dem Hilfsmittel eines Rollators auf Reisen würde gehen können ?

***

Samstag war Sportpause für die Gruppen. Da es im Hallenbad ein Fitnessstudio gab, verabredete sich Greta dort mit dem Physiotherapeuten. Er wollte ihr ein paar Übungen näherbringen, die sie in ihren Alltag zuhause würde integrieren können, um ihre Fitness allgemein zu steigern. Eine weitere Dame interessierte sich. So vereinbarten sie, sich diese Trainingseinheit und die Kosten zu teilen. Sie war Sportlehrerin einer Freien Waldorfschule, ganz nett, aber dennoch nicht Gretas Fall. Sie zwang sich, ihre Voreingenommenheit auszuschalten. Aber es fiel ihr schwer. Greta hatte den Eindruck, diese Waldorfpädagogin wollte sich bei dem Therapeuten einschmeicheln, eher anbiedern. Sie lobte ihn in einer peinlichen Art und Weise in den siebten Himmel und stellte seine Trainingsempfehlungen über die ihres behandelnden Orthopäden und aller anderen Orthopäden der Welt, die sie bisher in ihrem Leben aufgesucht hatte. Manchmal glaubte Greta, sie sei auf einen Flirt mit ihm aus. Aber darüber machte sie sich weiter keine Gedanken. Der Therapeut war flirtresistend und hielt die Grenzen selbstverständlich ein. Außerdem war er kein blondgelockter Surflehrer. Das Geschwafel dieser Frau ging Greta auf die Nerven. Sie bereute es, diese Trainingsstunde mit ihr zu teilen. Zudem hatte sie kein Interesse an den Krankheitsgeschichten dieser fremden Frau. Greta selbst hielt sich mit Informationen zu ihrer Person zurück, fragte nur das Nötigste und ging mit einem Trainingsplan in der Tasche wieder los. In den nächsten Tagen wollte sie gleich mit der Umsetzung der Übungen beginnen.

Ihr Thriller wartete auf sie. Eine Runde durch den Ort, die Waldorffrau aus den Gedanken streichen und weiterlesen war Teil ihres Plans für diesen Samstag. Einen Gang zu "Capp&Ccino", einen Eiskaffee genießen und ein Schwätzchen halten und weiterlesen.

Einmal zum Deich und auf das Meer blicken, ein Krabbenbrötchen im "Mittendrin" essen und weiterlesen. Da sie keine Lust auf die diebischen Möwen hatte, verspeiste sie ihr fischiges Gericht im Restaurant, was zur Folge hatte, dass sie erst duschen musste, bevor sie das Buch in ihrem Appartement wieder aufschlagen konnte. Jede Faser ihrer Kleidung einschließlich der Haare rochen nach Bratfisch.
Sie las wieder mal viel zu schnell, aber es musste sein. Vor Sonnenuntergang hatte sie das Buch beendet, ging hoch zum Deich und sah den letzten winzigen Rest der roten Scheibe im Meer versinken. Warum fiel ihr in diesem Moment Capri ein? Auch eine schöne Insel, dachte sie. Sollte sie sich den viel besungenen Sonnenuntergang von Capri einmal ansehen?

***

Der Lesemarathon war anstrengend für ihre Augen gewesen. Heute blättere ich keine Buchseite um, nahm sie sich beim Frühstück vor. Lesepause. Zum gefühlten hundertsten Mal kreuzte sie über die Insel. Westdorf, Ostdorf, Dünen und Strand und fand viele kleine Wege, die sie in diesem Urlaub bisher nicht abgeschritten hatte. Am Hafen lief sie über die Mole, an deren Ende eine rote Leuchtbarke stand, die die Hafeneinfahrt markierte. Dort wehte der Wind etwas heftiger, aber nicht frisch, sondern lauwarm. Leichte rosafarbene Schlierenwolken bedeckten den Himmel.
Es war aufkommendes Wasser. Die Baltrum I mit Urlaubern legte ab und brachte diese wieder ans Festland nach Neßmersiel zurück. Gruppen marschierten durch das Watt. Wattwanderungen waren ein Muss, wenn man die Gelegenheit dazu hatte. Greta hatte die Möglichkeit, jeden Tag. Aber leider konnte sie sich nicht dafür begeistern. Urlaub an der Nordsee war schon Anfang der sechziger Jahre stets das Ziel ihrer Familie gewesen. Nie konnte sie sich zu einer Wattwanderung überwinden. Ihr Vater war mit ihrem Bruder

in jedem Urlaub am Meer im Watt unterwegs gewesen. Aber Mutter und sie blieben immer am Strand oder in einem Café zurück. Für ihre Mutter war das Watt immer nur Matsche. Diese Einstellung hatte sicher auf sie abgefärbt. Inzwischen war das Wattenmeer zum Weltnaturerbe ernannt worden und stand auf einer Stufe mit dem Grand Canyon in den USA und dem Great Barrier Reef in Australien. Urlauber aus der ganzen Welt kamen, um sich das Weltnaturerbe Wattenmeer anzusehen und zu begreifen. Aber sie, Greta, konnte sich nicht von diesem bescheuerten Begriff *Matsche* lösen. Es wurde Zeit, dieses einmal zu überdenken und sich von den Vorurteilen, eingepflanzt durch ihre Mutter, zu lösen.
Hängen blieb sie am Hafencafé. Leutegucken war zwar keine Alternative zu einer Wattwanderung, aber zumindest interessant.
Heino kam vorbei. Die Ähnlichkeit war frappierend.
Vielleicht war er es ja wirklich. Ein Promi auf der Insel? Aber doch nicht Heino? Oh Gott, nein, mit dem will ich die Insel nicht teilen. Nicht mit dem, dachte sie.
Chillige Musik, ein leckerer Milchkaffee, eine leichte Brise. So ließ es sich aushalten.
Neben Greta tauchte ein Pärchen auf. Beide schätzungsweise achtzig Jahre alt. Er: zottelige graue Haare, weiße Kappe, Sonnenbrille, Golfjacke eines neuseeländischen Golfklubs, süddeutscher Akzent, Kamera um den Hals. Er war begeistert von dem Muschelangebot auf dem Souvenirtisch am Hafencafé. Für 2,50 Euro kann er sich hier eine mittelgroße Muschel kaufen und braucht sich am Strand nicht anzustrengen, und sich selbst danach bücken, dachte Greta, während sie ihn leicht abschätzig beobachtete. Dann kam seine Partnerin und half ihm bei der Auswahl. Sie war bis auf die weiße Kappe sein weibliches Pendant. Eine weitere Besonderheit unterschied sie von ihrem Mann: Sie kam auf türkisfarbenen Unterarmstützen daher. Während sie sich beide durch das Muschelangebot wühlten und immer wieder kleine Jubelschreie ausriefen, bekam Greta ein schlechtes Gewissen, weil sie ihnen unterstellt hatte, aus

Bequemlichkeit keine eigenen Muscheln zu suchen. Peinlich berührt sah sie dem schrillen Pärchen hinterher. Sie hatten eine hochglanzpolierte Muschel in der Tasche und bewegten sich langsam wieder auf das Westdorf zu.

„Darf ich mich zu Ihnen setzen?", hörte sie eine Stimme aus dem Nichts. Greta sah sich um und nickte. Ihr blieb nichts anderes übrig, als zu nicken, wenn sie nicht unfreundlich erscheinen wollte. Platz genug war schließlich auf der Bierzeltbank. Die Waldorffrau vom Vortag setzte sich zu ihr, stellte ihr Bierchen auf den Tisch und begann zu reden. Sie arbeitete ihr Mitteilungsdefizit an Greta ab. Nach gefühlten Stunden wusste sie alles über ihre schulische Laufbahn, die Ideologie der Waldorfpädagogik, ihre drei Ehen, einschließlich einiger pikanter Geheimnisse und diverser Randerscheinungen ihres Lebens. Die gute Musik, die aus den Lautsprechern drang, schaffte keinen Ausgleich. Greta beschäftigte sich damit, ein Schlupfloch zu finden, um sich dieser alleinreisenden Frau entziehen zu können. Mehrfach hatte sie Greta gefragt, was sie für den Tag alles geplant habe und was für sie an den folgenden Tagen auf dem Programm stehen würde. War diese Frau nicht in der Lage zu bemerken, dass Gretas ausweichenden Antworten nur eines zum Ziel hatten: ihr mitzuteilen, dass sie den Rest ihres Urlaubstages und auch den Rest ihrer Zeit auf der Insel nicht mit ihr verbringen wollte. Wenn das so weiterginge, musste sie schon wieder gegen ihre selbstauferlegte Nettigkeitsregel verstoßen.

Als die Dame dann zur Toilette ging, stand auch Greta auf. „Ich gehe dann mal weiter", sagte sie und bewegte sich in großen Schritten Richtung Jachthafen, den sie als Fluchtpunkt auserkoren hatte. Es war bald Wasserhochstand und viele Segler, die die Ebbe abgewartet hatten, würden gleich wieder ablegen. Gelegenheit für schöne Fotos.

Stille hüllte sie ein, als sie an den Hellerwiesen entlang Richtung Vogelschutzgebiet lief. Der ununterbrochene Redeschwall von Angelika, so hatte sich die Waldorfdame vorgestellt, blieb am Hafen zurück. Es war mehr als wohltuend, wieder alleine unterwegs zu sein. Zwischendurch machte Greta eine Pause und setzte sich in einen rot-weiß gestreiften Strandkorb, der vor einer Deichschart stand, die Baltrum-Alternative zu einer Parkbank. Dort verspeiste sie ihren Mittagssnack, den sie mit einem Sanddornjoghurt krönte. Immer mal wieder schielte sie zur Seite und hoffte, die Waldorffrau möge nicht wieder auftauchen. Baltrum war ja so klein – und die Chance auf Mehrfachbegegnungen waren durchaus wahrscheinlich.

Der Himmel veränderte sich. In der Ferne war ein Grummeln zu hören. Erneut schien ein Gewitter aufzuziehen. Greta wagte es nicht, weiter in den Osten der Insel zu laufen, da bei einem Gewitter die Unterstellmöglichkeiten in den Dünen und im Naturschutzgebiet sehr spärlich waren. Er gab einige Gewitterhütten für den Notfall, aber den Aufenthalt in einer dieser Hütten musste sie nicht unbedingt heraufbeschwören. Plötzlich hörte sie eine Fahrradklingel und das Quietschen von Fahrradreifen. Ein kleines rothaariges Mädchen legte ihr Rad am Wegrand ab, stapfte in pinkfarbenen Gummistiefeln über die Wiesen zum Zaun. Dahinter erstreckten sich die Hellerwiesen und Pferdekoppeln. Sie trug einen roten Eimer bei sich, darin befanden sich die Leckerchen für die Pferde.

„Hallo, Peter, Futter!", rief sie.

Aber die Pferde grasten gemütlich weiter. Sie schenkten der Kleinen nicht die geringste Beachtung und entfernten sich weiter vom Zaun weg. Die Stimme des Kindes wurde lauter. „Hallo, Peter, Futter!", ging in eine Endlosschleife.

Greta lernte wieder etwas über kindliche Ausdauer.

Das Gewitter kam näher. Sie ging zu dem kleinen Mädchen und sagte ihr, es sei besser, wieder zu den Eltern zu radeln, weil das Gewitter schon sehr nahe sei.

Das Argument der Kleinen war gut: „Aber die Pferde gehen doch auch nicht in den Stall, wenn das Gewitter kommt. Und außerdem haben sie Hunger."

Gott sei Dank hörte sie aus der Ferne eine besorgte Frauenstimme, und Greta blieb es erspart, die Pferdefreundin zu überzeugen, sich besser vor dem Gewitter zu schützen. Die Kleine schnappte sich ihr Fahrrad, winkte einmal zaghaft den Pferden und radelte los. Greta eilte zu ihrem Appartement. Die ersten dicken Regentropfen fielen in dem Moment, in dem sie das Haus betrat.

Entgegen ihrem Entschluss in Bezug auf das Lesen eröffnete sie eine neue Lesephase. Ihre Entscheidung fiel wieder auf einen Krimi. Es gab ein heftiges Gewitter mit starkem Regen, orkanartigen Windböen und gigantischen Wolkenformationen.

Kurz vor zweiundzwanzig Uhr, passend zum Sonnenuntergang, war der Sommer zurück. Die Wege waren im Nullkommanix wieder trocken. Die Farben leuchteten wieder. Über das Westdorf spannte sich ein gigantischer Regenbogen. Die Urlauber strömten aus den Häusern, als hätte irgendwo auf der Insel jemand einen Startschuss abgefeuert. Auf dem Deich wurden wieder die Kameras gezückt. Die Kinder sprangen freudig barfuß durch große Pfützen. Das Gewitter hatte Abkühlung gebracht, die Schwüle war wie weggeblasen.

***

Ein Schokoquarkbrötchen und eine Flasche Wasser im Rucksack marschierte Greta am nächsten Morgen zu der Stelle, an der sie umgekehrt war, kurz bevor das Gewitter über Baltrum zog. Die Pferde standen auf der Weide und grasten wie am Tag zuvor. Diesmal war ihr Ziel das Vogelschutzgebiet. Ein Schlenker führte sie am Rosengarten vorbei. Von dort wanderte sie weiter durch die Dünen. Ihre Kamera hielt sie griffbereit in der Hand und widmete sich aufmerksam der Natur. Den Versuch, den Dünenspaziergängern ein Verhalten im Einklang mit der Natur nahezulegen, fand sie im ersten Moment sehr lustig. Es war ein Text in Reimform geschrieben, der auf einem Schild, von der Witterung etwas in Mitleidenschaft gezogen, in einem Schaukasten hing:

Gebet der Kreatur

Kommst du, oh Mensch, in dieses Revier,
vergiss uns nicht, wir leben hier.
Sind froh und dankbar, so wie du,
gib uns den Frieden und die Ruh.
Wir bitten dich, sei drauf bedacht:
Dir sei der Tag, lass uns die Nacht.
Drum wenn die Sonne geht zur Ruh,
Verlasse dann den Wald auch du.
Sei morgens nicht zu zeitig hier,
sonst störst du uns und das Revier.
Vorm Dämmern bis zum frühen Morgen,
da müssen wir für Äsung sorgen.
Gar eng ward unser Paradies,
das uns die Technik übrig ließ.
Lass uns die Dickung
bleib auf den Wegen,
so kommst du unser Bitt` entgegen!
Für dein Verständnis danken dir
das Wild und auch das Pachtrevier.
(*Verfasser unbekannt*)

Die Abbildungen von einem Reh, einem Fasan, einem Hasen und einer Ente waren auch von der Feuchtigkeit verwischt und mehr zu erahnen als zu erkennen. Der Inhalt machte Greta nachdenklich. Ob es wirklich Urlauber gab, die diese unberührte Natur nicht achteten? Sie wollte es nicht glauben. Aber diejenigen, denen der Schutzraum der Tiere egal war, würden sicher diese Zeilen gar nicht lesen.

Heute schien der Tag der Schilder zu sein. Greta entdeckte ein weiteres, dessen Inhalt sie bisher nie gelesen hatte.

In fett gedruckter Schrift las sie:

Drohnen auf Brautschau. In diesen Bienenvölkern wohnen die Drohnen, die auf der Insel unsere Bienenköniginnen begatten sollen.

Weiter hinten im Schutz der hohen Dünen standen Bienenstöcke. Denen würde sie sich freiwillig nicht nähern. Aber die Bitte, die Bienen nicht zu stören, machte sie stutzig. War es wirklich nötig, darauf hinzuweisen? Gab es Menschen, die Bienenvölker zerstörten? Sie hatte einmal gelesen, dass jemand Bienenstöcke entwendet hatte, aber das auf Baltrum? Nicht möglich! Trotz der Ersthaftigkeit dieses Problems musste sie schmunzeln, weil sie gerade versuchte, sich vorzustellen, wie ein Bienenstockdieb sein Diebesgut mit der Fähre zum Festland herüberbrachte. Aber da schien ihre Fantasie in einer Sackgasse zu stecken.

Am Ende des Weges bog sie links ab, stapfte die Düne hoch. Vor ihr lag der breite Strand. Eine einzige einsame rundliche Wolke schmückte den Himmel. Langeoog war zum Greifen nahe. An einem dicken Holzpfosten, an dem an Kerben die unterschiedlichen Hochwasserstände abzulesen waren, entdeckte sie ein drittes Schild, das Greta beeindruckte. Weiß auf blauem Grund las sie, dass man die Urlauber bat, sich nicht den Robbenbabys zu nähern, und vor allem nicht seine Hunde zu nahe an diese kleinen Wesen herankommen zu lassen, oder sie gar auf die Tiere zu hetzen.
Waren diese Schilder tatsächlich nötig? Ein seltsames Gefühl durchzuckte ihren Körper. Was würde sie tun, sollte ein irrer Hundebesitzer in ihrer Gegenwart seinen Hund auf diese kleinen Heuler hetzen? Ihr war klar, dass immer das obere Ende der Leine das Problem in sich trug. Sie hoffte nie auf solch einen unverfrorenen

Menschen zu treffen. Aber die Schilder vermittelten eine andere Information. Konnte man so ignoranten Tierschutzgegnern ein Inselverbot erteilen?

Am Meeressaum der Sonne entgegen ging sie wieder zurück zu dem Strandabschnitt, an dem die Strandkörbe standen und das eigentliche touristische Treiben zuhause war. Am Hundestrand kam Greta ein hübscher Vierbeiner entgegen. Schon von Weitem sah sie, dass ihr dieser Hund gut gefiel. Vorsichtig näherte er sich ihr. Greta bückte sich und hielt dem kleinen Kerl die geöffnete Hand entgegen. Er hatte sie fast erreicht und schaute Greta mit seinen großen braunen Augen etwas ängstlich an. Er hatte einen ähnlichen Körperbau wie Lola, leicht höhere Beine und eine winzig kleine weiße Stelle an seiner Schwanzspitze. Der braune Teil seines Fells war rotstichig. Sein Frauchen kam auf Greta zu.
„Wie heißt denn der kleine scheue Kerl?", fragte Greta.
„Das ist Bobby", sagte sie, „vormals Bimbo. Ich habe ihn umbenannt."
Greta dachte an ihren zweiten Beagle, der Bimbo von den Emsquellen in seinen Papieren stehen hatte. Sie hatten ihn auch sofort umgetauft. Sein Pate war Floyd, der Gitarrist in der Muppet Show, der mit den langen flusigen Augenwimpern.
Dann fragte sie nach der Rasse.
Die Antwort kam spontan.
„Das ist ein kroatischer Senfhund", sagte sie.
Greta kannte die Rasse nicht.
Sie wurde sofort aufgeklärt. „Na, da haben mehrere Rassen ihren Senf dazugegeben", sagte sie und lachte verschmitzt.
Greta gefiel die Umschreibung für einen Mischling. Sofort dachte sie, dass ein Beagle für die kleine weiße Schwanzspitze seine Gene zur Verfügung gestellt haben musste.
Sie verließ den Strand, ging Richtung "Teestube" weiter und bog am "Hotel Strandburg" rechts ab. Immer geradeaus musste sie am

"Knusperhuuske" vorbeikommen, einem kleinen individuellen Café, bei dem auch einige auserlesene Souvenirs erstanden werden konnten. Pause war angesagt. Bei einem Stück selbstgemachten Apfelkuchen, einem großen Walnussplätzchen und einem Kaffee, schlug Greta wieder ihren Krimi auf.

***

Ausflugstag! Norderney ich komme! Greta hatte mehrfach den Fahrplan studiert, auf dem die Ausflugsfahrten aufgelistet waren, die von Baltrum aus Richtung Norderney starteten. Der Wunsch, einmal zur Nachbarinsel überzusetzen, war latent immer mal wieder durch ihre Gedanken geschwirrt. An diesem Tag entschloss sie sich spontan.

Gefrühstückt hatte sie auf dem Marktplatz, im Zentrum, sozusagen mittendrin, aber nicht im "Mittendrin", sondern in einem Strandkorb, gegenüber vom "Stadtlander", das Rathaus im Rücken. Sie hatte sich wieder zwei Schokoquarkbrötchen und einen Kaffee im Pappbecher in der Bäckerei neben dem Inselmarkt gekauft. Diese Brötchen schienen zum Lieblingsbestandteil ihres Frühstücks zu werden. Allein der Pappbecher gefiel ihr nicht, von wegen Umweltschutz. Geschützt vor Wind und Wetter hielt sie sich in einem Standkorb auf, bis die Flut ein Inseestechen des Ausflugsdampfers möglich machte.
Während sie genüsslich in ihr süßes Brötchen biss und aufpassen musste, sich an dem frisch aufgebrühten Kaffee nicht die Zunge zu verbrennen, studierte sie die Urlauber, die diesen Platz aus den unterschiedlichsten Himmelsrichtungen betraten. Meistens entschwanden sie an der gegenüberliegenden Seite wieder aus ihrem Fokus. Eine gute und interessante Gelegenheit der Protagonistensuche.
In ihrem touristischen Leben interessierte sie sich nicht die Bohne, wie die Menschen vor Ort herumliefen. Es gab zwei Möglichkeiten

der Figurensuche: Entweder die Skurrilität der Menschen drängte sich ihr auf oder sie beobachtete geplant. Diesmal war es eine der geplanten Aktionen. Viele ältere Männer staksten an ihr vorbei. Alle trugen kurze Hosen und hatten meistens Sandalen an den Füßen. Die wenigsten männlichen Geschöpfe trugen Turnschuhen als Fußbekleidung. Der entscheidende Unterschied an diesem Vormittag war die Sockenwahl. Wie sie diese weißen Tennissocken hasste, die einige Männern bis über die Wade gedehnt hochgezogen hatten. Sie mussten so stramm am Fuß sitzen, dass sich die Zehen in ihnen krümmten. Während knackige Waden jüngerer Männer meistens mit künstlerisch gestalteten Tattoos dekoriert waren, schlängelten sich bei den alten die Krampfadern aus den Socken heraus. Kurz überlegte sie, ob die Jungen, wenn sie an Alter zugelegt hatten, nur lange Hosen tragen würden, weil ihre Krampfadern später gnadenlos die Kunstwerke ihrer Beine verkrakelten.
Es herrschte Einigkeit bei der Farbwahl der Shorts: Beige. Die einen trugen schlabberige Short, die knieumspielt fast die Oberkante der Socken erreichten und andere sexy Sprinterhosen, die ihren Inhalt kaum zu bändigen wussten. Die T-Shirts variierten zwischen Zelt und Mini-Top. Die einen präsentierten die antrainierten Sixpacks, die anderen verbargen die angefutterten Rettungsringe. Greta dachte kurz über den Begriff Ästhetik nach. Sympathische Normalos schienen nur die jungen Familienväter zu sein. Aber sie suchte einen älteren Urlaubsgast für ihre aktuelle Geschichte. Dann schritt ein neues Männermodell über den Platz. Schlank, alt, durchtrainiert. Sie schätzte auf nahtlose Bräune. Er hatte volles graues Haar, Flipflops an den Füßen, eine Designer-Badehose an und ein Shirt mit neckisch aufgestelltem Kragen und einem Krokodil auf der Brust. Dieser Herr kreuzte den Platz viermal, bis er den Einkehrschwung ins "Stadtlander" machte. Jeder hätte ihn bemerken müssen. Nein, nicht jeder, jede hätte inzwischen auf ihn aufmerksam geworden sein müssen. Wenn sie sich so umsah, saßen da zwei Damen, die sich sehr für diesen stolzen Hahn zu interessieren

schienen. Die meisten Frauen waren ihren Männern im Outfit ähnlich. Also vor wem präsentierte er sich, wenn nicht für diese beiden in die Jahre gekommenen Schönheiten? Greta kam ergänzend zu dem Schluss, dass er dieses Schaulaufen auch seinem Ego schuldete. Als er aus dem "Stadtlander" wieder herauskam, trug er seine Einkaufstrophäe in der Hand: die aktuelle deutsche Zeitschrift mit den vier großen Buchstaben. Greta hatte in zurückliegenden Urlauben, besonders an der spanischen Küste, von Männern oftmals gehört, die den Kauf dieser Zeitung im Urlaub damit rechtfertigten, dass sie jederzeit aktuell informiert sein wollten. Sie schworen, zuhause nie so ein peinliches Blatt zu kaufen. Die Frauen behaupteten immer, sie kauften die Bildzeitung nur wegen der aktuellen Sportergebnisse, um ihren Männern eine Freude zu machen, wenn sie ihnen diese Zeitung mitbrachten. Also ehrlich, diese ausschweifenden Gedanken mutierten inzwischen auf eine andere Ebene und die Beobachtungen wurden Greta zu anstrengend. Ihre Notizen füllten einige Seiten in ihrer Kladde. Sie leerte den Kaffeebecher und machte sich auf den Weg zum Hafen. Dort gab es sicher auch einige männliche Objekte zu bestaunen. Vielleicht war dort ein passender Protagonist zu finden. Diese würden optisch anders aussehen. Die meisten würden landfein gekleidet sein, denn sie waren auf dem Weg in ihren Alltag. Die Fähre, die Baltrum I, würde bald ablegen und sie zu ihren Autos bringen, die in Neßmersiel auf sie warteten. Und auf Greta wartete die kleine Baltrum III, für die Überfahrt nach Norderney.

Auf dem Platz vor dem Hafencafé war mächtig was los. Eine große Gruppe Wattwanderer nach der Tour versammelte sich. Alle Bänke und Tische wurden wie selbstverständlich belegt. Die Wattwanderer begannen sich zu säubern. Watt ist eben doch mit Matsch verbunden. Sie sahen alle ziemlich *wattig* aus. Auch die Toiletten wurden belegt und waren in wenigen Minuten nass, sandig und matschig.

Diese Säuberungsaktion missfiel den beiden Damen im Café. Ihr Lokal war für einige Zeit out of order. Das tägliche Geschäft wurde unterbrochen. Niemand setzte sich im Moment und bestellte etwas, niemand bis auf eine abreisende Familie, wie man an den voll beladenen Wippen sehen konnte. Sie parkten diese kreuz und quer und ließen sich an dem letzten Bierzelttisch nieder, an dem Greta saß und einen Milchkaffee trank, bevor die *Wattwürmer* die Szene beherrschten. Sie belagerten diesen Tisch regelrecht. Die Bierzeltbank wackelte wie bei einem Erdbeben der Höchststufe auf der Richterskala, und Greta musste den Tisch festhalten. Am anderen Ende ihrer Bank nahmen immer mehr Menschen dieser optisch fülligen Familie Platz – und Greta rutschte stetig weiter an den Rand ihrer Bank. Dann kam das Oberhaupt zurück mit Unmengen von Matjes-Brötchen. Alle wurden vor Gretas Nase abgeladen. Ein Zwiebelring fiel auf den Milchschaum ihres Kaffees. Mit spitzen Fingern fischte sie den Fremdkörper, der langsam in der aufgeschäumten Milch zu versinken drohte, aus ihrer Tasse. Mit säuerlicher Miene legte sie ihn auf den Untertellerrand. Sie zwang sich, sitzenzubleiben und auszuharren. Bessere Vorlagen für schlechtes Benehmen bekam sie nicht so häufig geboten. Schließlich wurden in Oktoberfestmanier die Biere auf den Tisch geknallt und Vater stieß mit seinem vollen Körpergewicht an den Bierzelttisch. Gretas Milchkaffee hielt es nicht in der Tasse und schwappte nicht nur auf den Unterteller, sondern sogar darüber hinaus.
Das weibliche Oberhaupt der Gesellschaft hatte ein Handy am linken Ohr und steckte den rechten Zeigefinger in ihr rechtes Ohr und brüllte ständig, dass mal alle kurz ruhig sein sollten, denn sie könne nichts verstehen. Sie musste mit dem Inhaber einer Boutique telefonieren, denn sie beschrieb detailliert ein Kleid, das sie auf Baltrum in einem Schaufenster gesehen hatte, und forderte ihren Gesprächspartner auf, es ihr zu besorgen. „Aber mit den üblichen Prozenten?“, brüllte sie und wehrte mit einer Hand ihren Enkel ab, der

sich neben sie auf die Bank quetschen wollte. So laut, wie sie sprach, musste ihr Telefonpartner sicher in Shanghai oder New York sitzen. „Sonst kann ich es auch auf Baltrum kaufen", schrie sie ihr Handy an.
Bevor Greta an der anderen Seite von der Bank herunterfiel, stand sie auf und entfernte sich aus dem Chaos. Warum traf immer nur sie auf so schreckliche Menschen?
Sie ging rüber auf die andere Seite des Weges in Richtung Seenotrettungsstation. Dort standen zwei verwaiste Bänke. Mit einem Blick auf den Hafen wartete sie auf ihre Einschiffung, nicht aber ohne vorher das Potpourri des schlechten Benehmens aller Protagonisten aufzuschreiben.

Es kehrte Ruhe im Hafengebiet ein. Die Wattwanderer waren von der Insel wieder aufgenommen und die Baltrum I wurde in der Ferne immer kleiner. Die Damen des Services hatten das Schlachtfeld am Café wieder hergerichtet. Inzwischen stand eine Gruppe Menschen beisammen, die alle darauf zu warten schienen, auf das Ausflugsschiff zu steigen. Ein merkwürdiges Pärchen fiel Greta auf. Der Mann lächelte immerzu und zeigte dabei seine großen Zahnlücken. Er hatte nur Blicke für seinen Schatz. Sie himmelte ihn ununterbrochen an. Auf einmal kramte sie in ihrer großen Tasche und holte eine Haarbürste heraus, setzte sich auf die Bank gegenüber vom Schiff und ließ sich von ihrem Schatz die dünnen blonden Haare bürsten. Ihre Kopfhaltung war grazil und sie schien diese Behandlung zu genießen. Greta dachte an die Loreley. Aber so unattraktiv hatte sie sich diese Sirene nie vorgestellt. Außerdem gab das Objekt ihrer Beobachtung keinen betörenden Gesang von sich. Sehr zurückhaltend, fast zärtlich strich ihr Partner über ihre seidige Pracht – und sie gab schnurrende Laute von sich. Dann wechselte er in einen anderen Modus und fing an, sie zu bürsten als würde er ein Pferd striegeln.

Irgendetwas stimmte mit den beiden nicht. Aber Greta wand sich ab. Schluss mit den Beobachtungen. Sie wollte nach Norderney und nahm sich vor, sich fortan auf ihren Ausflug zu konzentrieren, und endlich mit dem Studium der Charaktere aufzuhören.
Ging aber nicht.
Als der Kapitän das Zeichen zum Einsteigen gab, sprintete die Loreley mit wehenden Haaren los. Ihr Partner folge ihr, die Haarbürste in der hocherhobenen Hand. Ihr Ziel war, als erste Gäste das Schiff zu betreten. Loreley stolperte und fiel der Länge nach auf den Steg, rutschte an Deck nochmals aus und legte sich erneut lang. Er – für ihn fiel ihr gerade kein passender Name ein – hielt ihre Hand und versuchte sie hochzuzerren, was schließlich mit Mühe gelang. Sie hatten ihr Ziel erreicht. Sie waren die ersten Gäste an Bord. Die kleine Irritation unter den Besatzungsmitgliedern, die herbeigeeilt waren, um zu helfen, hatte sich gelegt.
Greta ging auf das Oberdeck. Dort waren zwei Stühle mit Jacken belegt, die vorher Loreley und ihr Lover getragen hatten. Sie hatten sich die Plätze, die sie für die besten halten mussten, gesichert.
Der Kapitän begrüßte die Gäste an Bord. Das Schiff legte ab. Greta ging vorsichtig eine steile Treppe hinab und stand auf dem Unterdeck. Die beiden schrillen Gestalten saßen auf den blaugrau karierten Polstern in der Nähe des Imbisses und hatten jeder eine Orangenlimonade vor sich stehen. Jeweils zwei Bockwürstchen, in Ketchup und Senf badend, dekoriert mit Toastdreiecken, warteten darauf, verzehrt zu werden. Auch in diesem Teilbereich ihres Ausflugs hatten sie es geschafft, die Ersten zu sein, die bedient wurden.
Der Ticketschalter öffnete. Eine Karte für die Überfahrt hatte Greta vorher in der Reederei erworben, aber die Transferkarte für den Bus auf Norderney musste sie an Bord lösen. Das Schiff näherte sich den Seehund-Bänken. Mittlerweile hatte sich der Himmel zugezogen. Grau und regenwetterträchtig hüllten die Wolken Baltrum und Norderney ein. Den Seehunden gefiel es besser im Wasser, denn in der Sonne ihren dicken Wanst zu braten, war ihnen an diesem Tag

nicht vergönnt. Nur zwei Tiere lagen unentschlossen auf dem Sand. Greta machte keine Fotos, weil die Farben und die Kulisse nicht so prächtig waren. Aber das Pärchen zückte gleich zwei Kameras und machte zudem Fotos mit zwei Handys im Wechsel von den beiden Seehunden. Dann fielen die ersten dicken Regentropfen.
Greta saß gemütlich unter Deck und ließ sich durch das Wattenmeer schippern. Loreley musste sich beeilen und aufs Oberdeck flitzen, dort lagen ihre Platzreservierer und wurden nass. Als sie dann endlich wieder vor den Resten ihrer kalten Bockwürste saßen, sich die Ton-in-Ton-Fotostrecke der Seehunde gegenseitig gezeigt hatten, kündigte der Kapitän auch schon an, dass die Baltrum III in wenigen Minuten in den Hafen der Insel Norderney einlaufen würde.

Ein imposanter Hafen, ein riesiges Terminal, ausgedehnte Parkplatzareale und große Fähren, ungewohnte Lautstärke, schrilles Gehupe und prasselnder Regen. Greta war das Phänomen des ersten Eindrucks durchaus bekannt, und sie würde diesen auch später sicher hinterfragen. Aber ihr erster Eindruck von Norderney war nicht prickelnd.
Es fuhren Touristenbusse, Linienbusse, Autos, Bimmelbahnen, Mofas, Fahrräder, Motorroller und Taxen. Ein heimatliches Ruhrgebietsgefühl machte sich bei Greta breit. Wie schön war es, auf einer autofreien Insel Urlaub zu machen. Allein aus diesem Grund fiel Norderney für sie als Reiseziel aus. Wer einmal diese Ruhe und Entspannung, ja, diese Entschleunigung erlebt hatte, der entschied sich später wieder für eine autofreie Insel. Greta sehnte sich nach der ersten halben Stunde wieder nach Baltrum zurück. Jeden Norderney-Fan brüskierte sie bestimmt, das war ihr bewusst. Gut, dass sich die Geschmäcker bei der Wahl des Urlaubsortes unterschieden. Norderney hat alles das, was Baltrum auch hat.
Die Insel liegt mitten im Watt, das zum Weltnaturerbe gehört, ist eine hervorragende Thalasso-Insel, hat super Strände und eine

tolle Dünenlandschaft, aber was diese Insel an Mehr hat, darauf wollte Greta gerne verzichten. Sie brauchte keine Modeschmuckgeschäfte, die sie in jeder Fußgängerzone im Revier auch vorfand, keine Drogerieketten, keine Dönerbuden, keine Subways und Café-Extrablätter. Die gängigen Mittelklassemodemarken fand sie konzentriert im Centro in Oberhausen ebenso wie in der Essener Innenstadt. Um in diesen Läden shoppen zu gehen, fuhr sie nicht auf eine Nordseeinsel.

Aber auch Baltrum verfügte über eine kleine Geschäftswelt. Kleine Modeläden, Geschäfte mit Kunstgewerbe und Lädchen mit noblem Schick Schnack, nicht zu vergessen "Stadtlander", deckten den Bedarf der Touristen und Baltrumer gleichzeitig. In Greta entstand ein Bild von edlen Markenklamotten und vornehmen Getue, was die Urlauber anging. Etwas, auf das sie an jedem Flecken der Welt verzichten konnte, war eine Spielbank.

Entschädigt wurde sie für den weitgehend enttäuschenden Ausflug durch die Musik, der sie im Kurgarten lauschen durfte. Mittlerweile hatte es aufgehört zu tröpfeln. Die Stühle und Bänke waren nass, und eine Packung Papiertaschentücher reichte nicht, um sich einen Stuhl zu trocknen. Kubanische Klänge und Musikstücke der Band "Santana" lockten sie in den gepflegten Kurpark. Die Musiker beherrschten ihre Instrumente hervorragend. Sie spielten weitere Stücke von "Bob Dylan" und "Cat Stevens". Greta ergatterte einen trockenen Stuhl direkt in der Nähe der Bühne. Die chillige Musik berieselte sie.

Zwischendurch ging erneut ein kräftiger Regenschauer nieder. Aber sie hatte einen Knirps in ihrem Rucksack, spannte ihn auf und verharrte im Regen mit wenigen Gästen in direktem Augenkontakt zu den Akteuren auf der Bühne. Vom Kurpark aus waren es nur wenige Meter bis zur Haltestelle. Von hier aus würde der Bus die Ausflügler zur Baltrum III zurückbringen .

Dann trat Gretas Protagonistenpärchen wieder in ihren Fokus. Auf Norderney waren ihr Loreley und ihr Lover vorher nicht begegnet.

Greta stand auf dem Gehweg an der Bushaltestelle, weil sie auf der Bank einer älteren Dame Platz gemacht hatte.
Loreley trat auf Greta zu. „Wollen Sie auch gleich durch die Tür in den Bus?“, fragte sie. Sie kam Greta sehr nahe und starrte sie an.
„Ich denke, alle, die hier warten, werden gleich mit dem Bus zur Baltrum III fahren“, sagte sie.
„Na, dann gehen Sie mal an die Seite“, sagte Loreley. „Ich will hier zuerst einsteigen.“
Etwas irritiert trat Greta einen Schritt zurück. Die skurrile Erscheinung, das fliehende Kinn, die stechenden Augen, die strähnigen, feuchten Haare und der dicke graue Seehund auf dem Schirm ihrer Kappe, verunsicherten sie. Sie schwankte zwischen Erstaunen und Unverständnis und hätte am liebsten laut losgelacht. Aber sie beherrschte sich.
Das Ehepaar neben Greta grinste und drehte sich weg.
Loreleys Partner stand etwas abseits.
„Hab ich euch schon gesagt, dass ich mich mit ihm gestritten habe? Wir hatten nur einen Inselplan, und er hat mich nicht gucken lassen.“
Das Ehepaar flüstert Greta zu: „Schon schlimm, wenn Mutter und Sohn behindert sind.“
Erstaunt sah Greta sich die beiden an. Sie hatte die beiden als Paar gesehen. Sie waren für sie Loreley und ihren Lover. So hatte sie die beiden in ihrer Protagonisten-Datei verankert. Mutter und Sohn? Kaum zu glauben. Greta löschte gerade in der Gedankendatei ihre Informationen.
Spontan, fast hektisch, drehte sich Loreley zu Greta um. „Lass meinen Freund bloß vorher einsteigen. Ich will nicht neben ihm sitzen, wir haben uns verkracht.“
Greta trat weit zurück.
Als der Bus kam, ließ sie die beiden und viele andere Menschen einsteigen und suchte sich möglichst weit von ihnen entfernt einen Platz.

Auf der Überfahrt begann es wieder heftiger zu regnen.
Greta zog ihre Regenjacke an, setzte die Kapuze auf und ging an Deck. Der Regen traf ihr Gesicht, und der Wind versuchte immer wieder, ihr die Kapuze vom Kopf zu reißen. Es war schön, dort zu stehen – und sie genoss es, sich nassregnen zu lassen. Plötzlich spürte sie, dass jemand hinter ihr stand. Sie drehte sich um.
Loreley stierte sie an. „Warum stehst du im Regen?", fragte sie. Was geht dich das an. Verschwinde, hätte Greta gerne gesagt, aber sie sie schwieg. Diese Frau war ihr unheimlich und dieses Gefühl gepaart mit ihrer überbordenden Fantasie ließen Greta erstarren. Als sie sich erneut zu ihr umdrehte, war diese seltsame Frau verschwunden.
"Verschollen im Watt zwischen Norderney und Baltrum" – ein guter Titel für einen neuen Krimi, dachte Greta. Aber sie, Greta, wollte ihn schreiben und nicht das Mordopfer sein.
„Du brauchst keine Angst zu haben. Ich tu dir nichts", hörte sie plötzlich.
Ihre Finger umschlossen die metallenen Stangen der kalten Reling. Das gibt´s doch nicht, dachte sie und drehte sich ruckartig um. Sie sah diese Frau, wie sie auf die Treppe zulief, und sich zu ihr umdrehte. Hab ich das jetzt wirklich gehört? Greta konnte es nicht glauben. Schnell ging auch sie wieder aufs Unterdeck. Dort saßen alle anderen Passagiere müde vom Ausflug beisammen. Dort fühlte sie sich sicher. Greta, du bist bescheuert, dachte sie und starrte aus dem Fenster. Die Scheiben wurden von Regen und Gischt bespritzt. Schlieren, Tropfen und Lichtreflexe schwirrten ihr vor den Augen. Ein leichter Schwindel ergriff sie, und ihre wirren Gedanken wurden nicht wieder in normale Bahnen gelenkte.

***

Die ersten Sonnenstrahlen fielen durch die Vorhänge. Es war die Baltrumer Sonne, die Greta weckte. Sie war froh über die glückliche Fügung, die sie auch dieses Mal nach Baltrum geführt hatte. Diese Insel bot genau das, was sie sich wünschte, wenn sie sich aus ihrem Alltag zurückziehen wollte. Sich wie zuhause zu fühlen und dennoch das Gefühl von Urlaub haben, war ihr Wunsch. Sie liebte die Überschaubarkeit der Insel und die Herzlichkeit der Insulaner. Sie konnte auf der Insel sie selbst sein, schreiben und lesen, abtauchen in Welten, die nur ihr gehörten, wann immer sie es wollte. Skurrile Menschen begegneten ihr an diesem Ort mehr, als sie literarisch verarbeiten konnte. Das Angebot der Ablenkung war ausreichend und drängt sich nicht auf. Das Inselleben hatte einen Rhythmus, der zu ihr passte, und sie schwang im Takt der Insel, in Abhängigkeit der Gezeiten mit.
Lange hatte sie über ihren Norderney-Ausflug nachgedacht. Das Ergebnis fiel immer wieder zugunsten von Baltrum aus. Das war ihre Insel. Auch dieses seltsame Pärchen begegnete ihr nicht mehr.
Auf Norderney konnte man sich der Stadt mit allem, was dazugehörte, kaum entziehen. Wenn sie mehr würde haben wollen, als Baltrum zu bieten hatte, dann fuhr sie nicht auf eine andere Insel, dann würde sie Urlaub an der Nordseeküste mit Zugriff auf ein großes Hinterland machen. Für diese Art von Urlaub würde sie Cuxhaven oder St. Peter Ording auswählen.

Es hatte nachts heftig geregnet. Die Wassermassen waren gegen die Fensterscheiben geklatscht, als würde das Haus in den Fluten versinken. Der Weg gegenüber vom Appartementhaus Eilers war eine große Pfütze. Das kleine Haus vis-à-vis, aus rotem Backstein, in dem die Baltrumer Polizeistation ihren Sitz hatte und gleichzeitig der Inselpolizist wohnte – sozusagen zwischen Appartement, Arrestzelle und Büro – war nicht zu erreichen. Der rot gepflasterte Weg war überflutet, ebenso ein Teil des Vorgartens der Polizeistation. Die weißen Querbalken, die den Rasen und die

Inselrosensträucher vom Weg trennten, verliefen mitten durch eine große Wasserfläche. Die Barfußläufer und Gummistiefelträger schritten auf dem Weg zum Bäcker durch diese Riesenpfütze. Die Kinder fuhren mit Schwung auf ihren Rädern hindurch, dass das Wasser hoch bis vor die Haustür des Polizisten spritzte. Alle anderen Fußgänger mussten sich eine Umleitung suchen. Eine ältere Dame hatte sich fest vorgenommen, die Stelle zu passieren, egal, wie groß die Überflutung war. Ob es Mut war oder Starrköpfigkeit sah man ihr nicht an. Sie stand mit ihrem Rollator am Ufer dieser Riesenpfütze und wartete auf den Wink Gottes, der dieses Rote Meer für sie teilen würde, um trockenen Fußes die andere Seite zu erreichen. Aber nichts passierte. Also schob sie ihre Gehhilfe in die Pfütze hinein und begann zu klettern. Warum sie versuchte, über die weißen Querbalken zu steigen, die den Vorgarten der Polizeistation abgrenzten, erschloss sich Greta nicht. Der dritte Versuch, ihr Bein über den weißen Balken zu schwingen, war von Erfolg gekrönt. Aber sie musste erst innehalten, durchatmen, bevor sie das zweite Bein nachholen konnte. Jetzt stand sie auf der anderen Seite des Zaunes. Ihr weiterer Weg war von Inselrosensträuchern blockiert. Hilflos sah sie sich um. Allerdings war nicht ersichtlich, welches Ziel sie tatsächlich verfolgte. War die Haustür des Ordnungshüters ihr Ziel? Ob der Inselpolizist hinter der Gardine stand und das Experiment der alten Dame auch beobachtete? Sie kletterte schließlich zurück und schob in die entgegengesetzte Richtung ihren Rollator aus der Pfütze wieder hinaus.

Der Wind wehte kräftig aus nordwestlicher Richtung. Von Sturm wagte Greta nicht zu sprechen, aber an den weißen Gischtkronen auf dem Meer konnte sie eindeutig erkennen, dass es draußen heftig wehte. Ein zweites Merkmal für starke Luftbewegungen waren die Kitesurfer, die die Gunst der Stunde nutzten und mit hoher Geschwindigkeit über die Wellen rasten. Den ganzen Tag über waren ihre bunten Matratzen am Himmel auszumachen. Die jungen

Menschen, die diese Sportart liebten und die aus diesem Grund nach Baltrum kamen, zeigten, dass es nicht nur Senioren und Familien mit Kleinkindern auf die Insel zog. Auch eine junge, dynamische Welt existierte auf Baltrum und war kein Paralleluniversum.
Heute beobachtete Greta hauptsächlich einen Kitesurfer, an dessen Trapez sich ein schwarzes Luftpolster aufblähte. Der Sportler sprang mit extremer Leichtigkeit über die Wellen. Manchmal, so schätzte Greta, katapultierte er sich mit der Kraft des Windes und einer disziplinierten Körperhaltung zwanzig Meter und mehr hoch in die Luft. Oft verlor sie ihn aus den Augen, weil die schwarze Matratze sich nicht gut vom wolkenverhangenen Himmel abhob. Da war es für das Auge leichter die Neonfarbenen zu verfolgen. Pure Faszination ging von dem Spektakel aus. Greta hatte vor vielen Jahren einen Surfschein auf Ibiza gemacht und auch einige Jahre lang gesurft. So kamen ihre Gedanken in die Nähe dessen, was da auf dem Wasser passierte.
Es wurde für sie zunehmend anstrengender, sich als Zuschauer dem starken Wind auszusetzen. Gerne wäre sie am Strand oder auf dem Deich geblieben und hätte nur aufs Meer geschaut und die Sportler beobachtet. Aber sie ging zum "Strandcafé" und erholte sich. Solange es nicht regnete, wählte sie einen windgeschützten Platz draußen auf der Terrasse. Der Strandkorb bot Schutz. Außerdem riss genau in dem Moment der Himmel auf, als sie ihren Kuchenteller in den Außenbereich balancierte. Ihr wurde sofort klar, warum die Gäste ihr verwundert hinterher sahen, die sich im Innern des Cafés aufhielten. Sie machte zwei Schritte auf den gelbweiß gestreiften Strandkorb zu und eine Windböe erfasste ihr leckeres Stück Apfelkuchen und wirbelte es, den Surfermatratzen gleich, durch die Luft. Die Köstlichkeit landete im Dünensand. Die Erfahrung hätte sie eigentlich lehren müssen, dass so etwas passieren konnte. Spontan erinnerte sie sich an Ameland, als sie einen Becher Chocomel mit Sahne bei ähnlicher Wetterlage auf die Terrasse transportiert hatte und das Sahnehäubchen von der seitlichen

Windschutzscheibe aufgefangen wurde und sich in weißen Schlieren dem Boden genähert hatte.
Greta nahm es ebenso gelassen wie damals und betrachtete dieses kleine Malheur als Wink mit dem Zaunpfahl, endlich mit dem Verzehr von leckerem Süßzeug aufzuhören. Als sich dann eine Dame näherte, die drei große Pudel an drei Leinen an einer Hand führte, musste sie über diese skurrilen Hundeerscheinungen lachen. Sie trugen Ganzkörperoveralls zum Schutz vor Regen und Sturm. Dass zwei Pudel schwarzes Fell hatten und einer beigefarben war, konnte sie nur daran erkennen, weil die Pfoten und der Schwanz, Staubwedeln gleich, sowie die Hälfte des Kopfes aus den schwarzen Pellen hervortraten. Die Schnauzen wurden dem Wetter ausgesetzt, und die Ohren blieben in einer Art Kapuze stecken. Diese Hunde sahen wahnsinnig lächerlich aus. In erhabener vornehmer Haltung kamen sie auf Greta zu wie Außerirdische in einem Fantasyfilm. Aber als diese kuriosen Gestalten ihren Apfelkuchen im Sand erschnupperten, vergaßen sie ihre guten Manieren und stürzten sich wie gemeine Köter auf die Kalorien. Die Kommandos von Frauchen, von der unverhofften Beute abzulassen, wurden vom Pfeifen und Heulen des Windes geschluckt.

Es war so ein Tag, an dem Greta, egal was sie tat und wo sie sich aufhielt, an Max denken musste. Vielleicht, weil sich der Jahrestag seines Todes näherte, vielleicht aber auch, weil ihr bewusst wurde, dass sie alles, was mit Baltrum zu tun hatte, immer nur ihre Erlebnisse bleiben würden, egal, wie viele Steine und Muscheln sie sammelte und ihm mitbrachte. Am rauen herbstlichen Nordseestrand konnte sie mit ihm damals stundenlang laufen, nicht sprechen und doch eins sein. Sie vermisste ihn sehr. Manchmal, wenn sie über den Strand durch den nassen Sand lief, hatte sie das Gefühl, Max ginge neben ihr her. Es kam vor, dass sie sich nach ihm umsah Für kurze Momente war er ihr dann so nah wie früher. Dies war so ein Tag. Schon am Morgen, als sie das Für und Wider Norderneys überdachte, schlich er sich in ihre Gedanken. Ob er Norderney ebenso empfunden hätte wie sie? Kann es sein, dass es Baltrum als Urlaubsinsel für sie nie gegeben hätte? An welcher Kreuzung ihres gemeinsamen Lebens wären sie abgebogen und auf Baltrum gelandet? Wahrscheinlicher wäre, dass sie ihre Urlaubszeit mehr und mehr in den Bergen verbracht hätten. Vals in Südtirol wäre jedes Jahr zu unterschiedlichen Jahreszeiten ihr Ziel gewesen. Den Ort in Italien hatten sie sich gemeinsam ausgesucht. Er bot die nötige Ruhe und eine überwältigende Natur und war gleichzeitig Ausgangspunkt für viele Unternehmungen. Max fuhr Rad, mal Rennrad und dann wieder Mountainbike. Greta verbrachte viel Zeit auf den unterschiedlichsten Gipfelstationen, schrieb und oder las und wartete auf ihn. Ob sie es wagen und wieder einmal nach Vals fahren sollte? Konnte sie ohne ihn wandern? Sie hatte sich vorgenommen, nur an Orten ihren Urlaub zu verbringen, an denen sie mit Max bisher nicht war. Die Angst vor Erinnerungen sollte sie nicht beherrschen. Sie wollte ihm die Welt zeigen, an Orte reisen, die er nicht kannte – und er reiste immer mit ihr. Ihren ersten Urlaub allein verbrachte sie in Portugal, in Nasaré an der Atlantikküste. Auf dem Flug von Düsseldorf nach Lissabon war der Platz im Flieger neben ihr leer. Sie bildete sich ein, es sei Max‘ Platz. Sie war schon so weit Realist, zu wissen, dass es nur Zufall war. Aber sie nahm es für sich als Zeichen. Wenn sie Urlaub plante, reiste sie in Gedanken in die Länder, in denen sie glücklich waren. Doch sie buchte jedes Mal ein Land, einen Ort, mit dem sie keine gemeinsamen Erinnerungen verband. Auch in diesem Urlaub hatte sie einen interessanten Stein in der Baltrumer Brandung gefunden und in die Tasche ihrer Regenjacke gesteckt.

Greta fehlte auf der Welt niemand mehr als Max. Den Grad der Intensität ihrer Gedanken, die sich um ihn drehten, war auf einer fiktiven Messlatte der Liebe hoch angesiedelt. Aber sie stellte fest, sie näherte sich der Grenze, an der schöne Erinnerungen nicht mehr allzu schmerzlich waren, sondern in eine Zufriedenheit führten, und die sie weiterleben ließe, ohne sich negativ auf ihre neue Welt auszuwirken.

In der Nacht hatte es gestürmt. Greta liebte dieses Wetter. Das klassische Sommer-Strand-Wetter war nicht das ihre. Sie musste das Raue der See spüren, musste sich dem Wind stellen. Dieser Urlaub mitten in den Sommerferien hatte ihr zwei Dinge aufgezeigt: Sie musste nicht unbedingt im Sommer auf Baltrum Urlaub machen und maximal zwei Wochen waren ausreichend. Es sei denn, sie fuhr auf die Insel, um zu arbeiten, also sich ausschließlich ihrer Schreiberei zu widmen.
An diesem Tag gab sie ihrer Wanderung durch die Dünen und über den Strand eine neue Ausrichtung. Sie suchte die Restaurants der Insel auf und studierte die Speisekarten. Auf Kochen hatte sie keine Lust. Ihr guter Vorsatz, auf Süßes zu verzichten, stand außerdem.
Ihren ersten Stopp legte sie am großen Schaukasten des Restaurants "Zum Seehund" ein. Eine Vielzahl leckerer Speisen war dort aufgeführt. Aber ihr Augenmerk richtete sich auf vegetarische Speisen. Sie war keine militante Vegetarierin, aber wenn es möglich war, aß sie kein Fleisch. Das Essen für Vegetarier erinnerte an Tiefkühlgemüse. Wer Pommes mit Majo und Ketchup als vegetarisches Gericht auf eine Speisekarte setzte, wollte eigentlich keine Menüs für die Außenseiter der kulinarischen Gesellschaft – der Fleischverzichter– bereithalten und hatte sich nie mit vegetarischer Küche auseinandergesetzt. Musste aber auch nicht sein. Ihr Vater hatte immer gesagt: „Wir sind ein freies Land, jeder kann auf seiner Speisekarte anbieten, was er will, und ich habe die Freiheit, es zu essen oder es zu lassen." Meistens bezog sich dieses Statement auf ihren Bruder und sie, wenn sie nörgelnd in der Speisekarte blätterten und nichts fanden, was ihnen zusagte. Ihre Kinderfreiheit wurde eingeschränkt, weil Pommes mit Majo und Ketchup nicht erlaubt waren und vom Vater als ungesund eingestuft wurden.

Am "Strandcafé" kannte Greta die Speisekarte sehr gut, weil sie dort, allein wegen der schönen Terrasse, oft saß. Die vegetarischen Gerichte, die da angeboten wurden, waren megalecker. Auf ihre Lieblings-Rote-Linsensuppe hatte Greta keinen Appetit. Sie hatte sie in diesen Tagen mehrfach gegessen. Sie ging zum "Sturm-Eck". Schon auf dem Weg dorthin freute sie sich auf die knackigen und ausgefallenen Salate, die dort angeboten wurden. Aber leider konnte sie nur die Speisekarte lesen, die außen an der Wand in einem Schaukasten hing. Das "Sturm-Eck" hatte Ruhetag.
Es waren nur wenige Urlauber im Westdorf unterwegs, denn der Wind hatte stark zugenommen und erschwerte das normale Vorankommen. Greta entschied sich, ins "Fellini" zu gehen, die Pizzeria an der Ecke. Es gab höchstens ein oder zwei Restaurants auf der Insel, in denen sie in diesem Urlaub bisher nicht gegessen hatte. Ihre Ferien neigten sich dem Ende zu und sie musste ihr Urlaubsbudget im Auge behalten. Außerdem sollte es diesmal schnell gehen. Hinsetzen, bestellen, vegetarisch essen und gesättigt sein. Mehr erwartet sie an diesem Tag nicht von ihrer Nahrungsaufnahme. Die Anzahl der Plätze war knapp, da die windgeschützte Terrasse hinter Glas bei diesem Wind eben nicht windgeschützt war. Draußen konnte man also nicht sitzen. Sie bekam einen Platz zugewiesen und genoss Tomate-Mozzarella mit Basilikum, Olivenöl und Balsamico-Essig und eine Pasta mit Knoblauch. Da war sie wieder, die Verbindung zu Max. Früher hätte sie nie im Leben ein Knoblauchgericht bestellt. Sie konnte den Geruch dieser Knolle nicht ertragen. Aber Max liebte Knoblauch über alles. Nein, sie hatte nicht dem Keller nur die Nummern bei der Bestellung genannt, hinter der sich eine Speise verbarg und so zufällig eine Verwechslung des Gerichts provoziert. Sie hatte die Speise mit vollem Namen benannt, die sie bestellt hatte. Vielleicht hatte sie im Unterbewusstsein für Max bestellt. Wer weiß das schon? Es schmeckte super – trotz oder gerade wegen dieser verdammten Knolle. Ihre Geruchsnerven in Sachen Knoblauch schienen sich verändert zu haben.

Eine mollige Gemütlichkeit herrschte in dem Restaurant. Die Wärme, die die rauschenden Heizkörper ausgestrahlten, vermengte sich mit den Düften aus der offenen Küche. Greta war klar, dass später alles, was sie am Körper trug und auch ihre Haare nach einem Potpourri italienischer Küchendüfte riechen würden.

Der Kampf gegen den Wind machte müde, und sie zog sich in ihr Appartement zurück. Wellness würde ihr guttun, wenn das Essen etwas gesackt war. Sie legte sich auf das Bett, schaltete den Fernseher ein mit der Absicht, die Nachrichten des Tages anzuschauen. Sie musste auf der Stelle in einen komatösen Tiefschlag gefallen sein. Als sie aufwachte, war es stockdunkel in ihrem Zimmer. Nur das Geflimmer der Fernsehbilder erhellte spärlich den Raum. Zuerst konnte sie kein klares Bild fassen. Sie rieb sich verschlafen die Augen. So nach und nach nahm sie wahr, was gerade ausgestrahlt wurde. Ein interessanter Beitrag, der sie sofort fesselte. Zwei junge Burschen aus Berlin auf dem Weg nach Shanghai und das auf Fahrrädern. Ein einzigartiger Reisebericht. Die beiden jungen Männer, Zwillinge, starteten an ihrem dreißigsten Geburtstag mit den Rädern in Berlin und fuhren mehr als dreizehntausend Kilometer bis Shanghai. Greta konnte sich von dem Bericht nicht lösen. Es wurde eine lange Nacht. Den Zeitpunkt für Wellness hatte sie ohnehin verpasst. Die Sauna war sicher schon eiskalt. Sie bereitete sich einige kleine Snacks zu, starrte stundenlang gebannt auf den Fernsehbeitrag und durchlebte die Höhen und Tiefen, die Qualen und Glücksmomente der beiden jungen Radfahrer hautnah mit.

***

Der Versuch, bei "Störtebeker" zu frühstücken, scheiterte daran, dass die Frühstückszeit seit einer halben Stunde vorbei war, als sie ausgeschlafen hatte. Aber ihr Kaffeepulver war zur Neige gegangen, und sie wollte sich für einen Tag keine neue Packung mehr kaufen.

In dem Bäckerladen gab es auch andere leckere Sachen zu bestellen, die einem Frühstück ähnlich kamen, nur nicht den Namen Frühstück trugen. Die freundliche junge Dame hinter dem Tresen sprach einen fränkischen Dialekt. Greta wunderte sich immer wieder, aus welchen Regionen Deutschlands sich die Saisonkräfte auf den Weg machten, um auf Baltrum zu arbeiten.

Dann hatte sie das gewünschte Nordseewetter. Die Windgeschwindigkeit war von knapp fünfzig Stundenkilometern auf fünfundzwanzig gesunken. Die Möwen lagen in der Luft, ohne sich zu bewegen, sie segelten beziehungsweise schwebten über der Landschaft. Die tropischen Temperaturen waren Geschichte. Während der Regen am Wegrand viele kleine Blümchen hatte sprießen lassen, bot sich am Strand ein etwas anderes Bild. Das Sturmtief hatte Strandgut angespült. Es wunderte Greta, was das Meer wieder ausgespuckt hatte. Sie fand eine lilafarbene Salatschüssel, eine gelbe Trinkflasche aus Plastik und eine Spülmittelflasche. Aufgeblähte Plastiktüten in unterschiedlichen Farben, halb von Sand besetzt, flatterten im Wind. Auch eine Europalette war angespült worden. Am Strand stand ein Korb aus Metallgeflecht. Dort konnte man all diesen Müll hineinwerfen. Aktiver Umweltschutz.
Sie nahm sich vor, später ins Naturkundehaus zu gehen. Dort gab es eine Tafel, auf der stand, wie lange die einzelnen Teile des Wohlstandmülls brauchten, um sich abzubauen. Sie erinnerte sich daran: Plastikflaschen benötigen 450 Jahre und Zigarettenkippen 5 Jahre. Dass die Vermüllung unserer Meere stattfand, zeigte sich auch auf Baltrum ganz deutlich. Es machte sie traurig. Der Anblick des Strandes bestärkten ihre guten Vorsätze der Müllvermeidung.
Greta ging nach Westen, nein, nach Osten. Gerade schien West und Ost sich in ihrem Kopf zu verhalten wie Rechts und Links, das sie zeitlebens spontan verwechselte.
Am Sängerpodest versammelten sich viele Menschen, und die Anzahl der Musiker war auch gestiegen. Die Gruppe bestand aus drei

Schifferklavieren, einer Geige und einem Saxophon, die den Chor der Urlauber unterstützten. Je näher sie kam, umso sentimentaler wirkte die Musik auf sie. Sie blieb in der Ferne stehen und sang diesmal nicht mit. Wie ein Film kam ihr die Situation vor. Sie stand nur da und sah zu, und der Wind trug die Stimmen zu ihr herüber. Die fröhliche Musik verdrängte die eindeutigen Abschiedsmomente nicht.

Sie wollte noch einmal ins "Café Kluntje". Vorgenommen hatte sie sich, Kuchen zu meiden, auch ein Zeichen für den Abschied von der Insel. Sie schaffte es und bestellte sich eine Scheibe Schwarzbrot mit Rührei und Schnittlauch, dazu einen Insel-Rosen-Tee. Als ihr Essen kam, setzte sich eine kleine Familie zu ihr an den Tisch. Sympathische Menschen. Plötzlich sprang die Frau auf. Ein kleiner Spatz hüpfte unter dem Tisch durch auf der Suche nach Krümeln. Ihre Vogelphobie schien ausgeprägter zu sein als Gretas.
„Lass uns innen einen Platz suchen", schlug die Frau vor.
„Ich möchte lieber draußen sitzen", antwortete ihr Begleiter.
„Gut, dann gehe ich mit dem Kleinen in den Sandkasten."
„Da gibt es aber auch Spatzen."
Sie stand auf, nahm ihren Sohn auf den Arm und setzte ihn im Sandkasten ab. Greta aß ihr Rühreibrot. Der junge Mann blieb schweigsam ihr gegenüber sitzen. Die Familie bestellte sich Waffeln mit Vanilleeis und Schokoladensoße, dazu Kaffee. Zuerst brachte die Bedienung den Kaffee an den Tisch. Die junge Frau ließ sich den Kaffeebecher von ihrem Mann an den Sandkasten bringen. Er setzte sich wieder zu Greta. Als die Waffeln serviert wurden, brachte er den Teller seiner Frau ebenfalls zum Sandkasten. Er kehrte wieder an den Tisch zurück. Ein Gespräch bahnte sich an. Seine Frau sah immer Mal wieder zur Terrasse herüber, blieb aber wie angewachsen auf der hölzernen Sandkastenumrandung sitzen.
Greta verbrachte eine Stunde mit einem fremden jungen Familienvater auf der Terrasse des "Café Kluntje" und unterhielt sich. Dann

stand die junge Frau plötzlich auf, stülpte ihrem Sprössling einen Helm über seine blonden Locken und setzte den Kleinen in den Fahrradsitz. Sie fuhr davon – ohne ein Wort des Grußes ohne eine Bemerkung für ihren Mann.

Er blieb sitzen.

Warum geht er nicht mit ihr? Warum wechseln sie sich nicht mit dem Kind ab? Sie schien sauer zu sein. Ihre Züge waren verhärtet und nicht einmal das zarteste Lächeln huschte über ihr Gesicht. Ihr Mann saß mit einer Fremden an einem Tisch – und das über eine Stunde lang – und unterhielt sich. Als sie ihre Zelte im "Café Kluntje" abbrechen wollte, machte er keine Anstalten ihr zu folgen, sondern bestellte sich einen weiteren Kaffee. Ein Hauch von Unverständnis zog durch Gretas Gedanken.

Er war Musiklehrer und kam ebenfalls aus dem Ruhrgebiet. Seine Liebe zur Musik war anfangs das Hauptthema ihrer Unterhaltung. Dann erzählte er über die Schule, an der er unterrichtete, über sein Leben und über die verpasste Chance, eine Karriere als Musiker zu machen. Er hatte Verantwortung übernommen, weil er einen Sohn hatte, und entschied sich für den Beruf als Musiklehrer. Er schien seiner Karrieremöglichkeit hinterherzutrauern, gab sich hin und wieder mit kleinen Auftritten in Kneipen und Bars zufrieden. Greta hörte aufmerksam zu. Was sollte sie ihm raten? Eine Lösung hatte sie nicht parat, aber sie wusste, Kompromisse waren immer möglich. Doch verpasste Chancen blieben verpasste Chancen. Jeder nicht genutzte Kompromiss hinterlässt einen bitteren Beigeschmack. Sie erzählte ihm auch einiges von sich, und es schien ihn zu interessieren. Es machte ihr echt Freude, sich mit ihm zu unterhalten. Auch er konnte zuhören, stellte sich nicht während des Gesprächs in den Vordergrund. Greta hatte sich lange nicht so gut, jenseits der Oberflächigkeit, mit einem völlig fremden Menschen unterhalten. Sie wies ihren Gesprächspartner immer wieder diskret darauf hin, dass die Möglichkeit bestand, seiner Frau könnte es nicht gefallen, wenn er bei ihr saß, während sie ein Sandeimerchen

nach dem anderen füllte und für ihren Sohn Sandkuchen backte. Dass sie mit der Vermutung recht hatte, las sie eindeutig am Gesicht der jungen Frau ab.
„Kein Problem", antwortete er. „Meine Freundin ist wie das Wetter an der Nordsee. Mehr gibt es dazu nicht zu sagen."
Er sah Greta lange an. Dann fuhr er fort: „Ich bin gerade dabei, mich in das Nordseewetter zu verlieben."
Eine schöne Liebeserklärung, dachte Greta, aber er sollte es nicht ihr erzählen, sondern der Mutter seines Sohnes.
„Ich bekomme nicht oft die Gelegenheit, dass mir jemand zuhört", sagte er. „Die kleinen Geschichten aus Ihrem Leben, haben mir weitergeholfen. Ich glaube, es gefällt mir immer besser auf der Insel."
Er bedankte sich für das Gespräch und fuhr los.
Ob die beiden Aussicht auf ein langes gemeinsames Leben hatten? Greta wünschte es ihnen.

Auch sie bezahlte. Ihre Nachmittagspause war beendet. Das Team des "Café Kluntje" konnte also mehr als nur leckere Torten. Das Gespräch mit dem fremden Musiklehrer hatte ihr gefallen. Ihr Weg führt sie zum zweiten Mal an diesem Tag zum Hafen. Ein Autorenkollege, den sie zufällig auf der Insel getroffen hatte, reiste mit der nächsten Fähre ab. Sie würde klassisch am Hafenkai stehen und ihm und seiner Frau nachwinken. Der Steg, den die Passagiere nutzten, um an Bord zu gehen, wurde gerade von der Insel aus auf das Schiff geschoben. Alle Mann an Bord, dachte Greta, da bin ich leider etwas zu spät dran. Sie nahm ihre Winkposition ein. Das ohrenbetäubende Schiffshorn erklang, es ließ sie zusammenzucken. Automatisch hob sie ihren Arm und verquirlte die Baltrumer Luft zum Abschiedsgruß, in der Hoffnung, ihr Kollege würde sie wahrnehmen. Sie sah ihn nicht mehr. Leise Musik ertönte von Bord. Ein Evergreen, der sie in die Fünfzigerjahre katapultierte. Es unterstrich den Abschiedsschmerz, den einige abreisende Passagiere durchlebten. Greta glaubte, dass junge Menschen diesen

Abschiedsschmerz nicht nachvollziehen konnten. Sie träumte sich in die Situation hinein. Es musste die Originalfassung von dem Lied “Auf Wiedersehen“ sein, das in den Fünfzigerjahren aufgenommen wurde. Spätestens, als die Kinderstimmen einsetzten, rollten bei einigen älteren Passagieren die Tränchen, da war sie sich sicher. Greta berührte das Lied in diesem Moment auch, denn es drückte aus, was sie jedes Mal dachte, wenn sie auf der Rückfähre saß. Baltrum, ich komme bald wieder.

Rockige und karibische Klänge schwollen aus den Boxen des Hafenrestaurants. Der Touch Karibik passte an diesem Tag nicht mehr, denn das Wetter war echtes Nordseewetter. Mit einem Milchkaffee erhöhte sie den Umsatz nur geringfügig.
Ihre Nachbarn neben ihr auf der Bank lieferten eine Steilvorlage für Gretas Dialogsammlung. Das Pärchen beobachtete einen Insulaner, der mit seinen beiden Jagdhunden eine Gassirunde über die Insel fuhr. Also, er benutzte das Rad, und seine beiden gut erzogenen Hunde liefen ohne Leine neben ihm her. An der Hauswand der Reederei stellte er sein Fahrrad ab, befahl den Hunden, dort liegen zu bleiben, und ging ins Büro der Schifffahrtsgesellschaft.
„Geh mal hin und streichle die Tölen. Bist doch sonst immer so verrückt nach Kötern“, sagte sie schnippisch zu ihrem Mann.
„Glaubst du, ich lass mich von denen abschlecken und lass mir an den Knochen knabbern? Willst du mich loswerden?“, konterte er.
„Das könnte dir so passen!“
„Na, geh schon.“
„Auch ein schöner Tod“, antwortete er, stand auf und ging auf die Hunde zu.
Dieser Dialog signalisierte Greta, dass die beiden sich partnerschaftlich in einer Schieflage befanden und er immer das Gefühl hatte, sie wolle ihn umbringen. Aber solche Gedanken gingen sicher nur einer Krimiautorin durch den Kopf. Diese Worte nahmen Einzug in ihre Dialog-Sammlung.

Zügig machte sie sich auf den Weg zum Westdorf zurück. Das Naturkundemuseum hatte geöffnet, und sie schaffte es nicht, daran vorbeigehen. Jeder Besuch dort gefiel ihr, und sie hatte lange nicht alle Informationen gelesen und alle Schaukästen bis ins Detail betrachtet. Jeder Besuch barg wieder neue Informationen in sich.
Dass die Sonne ungeheure Kraft hatte, wenn sie durch die Wolken lugte, musste sie feststellen, als sie in den Spiegel sah. Sie hatte einen leichten Sonnenbrand. Eincremen war Pflicht, aber sie hatte es vergessen.
Müde ließ sie sich in den Strandkorb im Hausgarten fallen und versuchte zu lesen. Aber die Müdigkeit der langen Fernsehnacht saß ihr in den Knochen. Bevor sie wie ein Fragezeichen im Strandkorb einschlafen würde, schleppte sie sich in ihr Appartement. Sie wusste, was sie dort erwarten würde. Packen. Doch darauf hatte sie keine große Lust. Aber am nächsten Tag war ihr Abreisetag. Greta ging zu ihren Vermietern, die sie während der üblichen Öffnungszeiten in ihrem Modeladen antreffen konnte, bezahlte ihre Rechnung, kaufte sich ein Erinnerungskleidungsstück für zuhause und fragte, ob sie im Herbst wiederkommen könne. Sofort lag der Belegungsplan vor ihr. Sie musste staunen, wie viel rote Balken sie sah, die für ihre gewünschte Reisezeit ein *Ausgebucht* signalisierten. Greta sah sich ein Zimmer an, das im Oktober frei war. Nach einer kurzen Bedenkzeit buchte sie.
Zuhause dauerte das Packen immer so lange, aber in einer Ferienwohnung galt die Erkenntnis: Wenn die Schränke leer sind, ist alles im Koffer. Dann gönnte sie sich ein Schläfchen, denn die musikalische Veranstaltung am Abend wollte sie genießen und nicht übernächtigt gähnend auf das Ende warten.
Eine irische Band, "The Stokes" spielte in der Mehrzweckhalle. Den zurückliegenden Auftritt dieser Gruppe auf der Insel hatte sie verpasst. Sie liebte irische Musik. Kurz stöberte sie auf der Webseite der Band und stellte fest, dass sie vergleichbar mit "The Dubliners"

war und Max war ein Fan dieser Gruppe gewesen. Zuhause im Plattenschrank standen alle Vinyl-LPs, mit denen die Band einst den Musikhimmel bestückt hatte. Greta fand zwar die Ausrichtung der irischen Musik etwas besser, wenn sie einen Rock- oder Punk-Charakter hatte. Aber an diesem Tag wollte sie sich auf die klassischen Weisen einlassen.

Eine halbe Stunde vor Konzertbeginn ging sie los. Ihr Weg führte sie am "Capp&Ccino" vorbei. Auch wenn sie das Kaloriensparen beschlossen hatte, gönnte sie sich dort eine Portion Softeis im Hörnchen, das leckerste Eis aus einem Automaten unter dem Himmelsgewölbe gab es nur auf Baltrum, an diesem Eisausgabeschalter.

Vor der Mehrzweckhalle auf der Bank saßen zwei Personen. Greta trat in die Vorhalle, die beiden folgten ihr. Es waren Mitarbeiterinnen der Kurverwaltung. Eine Dame öffnete die Kassenschatulle und verkaufte Greta eine Karte. Zwölf Euro kassierte sie von ihr. Die andere Dame stellte sich hinter den kleinen Tresen und wartete auf eine Getränkebestellung.

„Wir haben heute keine Platzkarten", sagte die Kassiererin. Im Vorverkauf wurden nur zwanzig Karten verkauft. Wir haben uns heute für Reihenkarten entschieden."

Okay, dachte Greta und betrat mit meinem Mineralwasser in der Hand die Halle. Da die Bühne recht hoch war, hatte sie sich für die dritte Reihe entschieden, so wäre eine Genickstarre ausgeschlossen. Die Mehrzweckhalle, die auch als Turnhalle genutzt wurde, war mit der vollen Bestuhlung versehen, da werden einundzwanzig Zuhörer sich aber einsam und verlassen vorkommen, dachte sie. Hoffentlich können sich spontan einige Urlaubsgäste und Insulaner für diese Veranstaltung entscheiden.

Sie steuerte ihre gewählte Reihe an, hatte sich überlegt, der mittlere Platz müsste der Beste sein. Einige wenige Gäste hatten in der ersten und der zweiten Reihe Platz genommen. Aber, oh Wunder! Der mittlere Platz in der dritten Reihe, und die beiden rechts und links daneben, waren reserviert. Sie glaubte, ihren Augen nicht zu

trauen. Nach gutem deutschen Urlauberverhalten waren die obligatorischen Badetücher hier ausgelegt worden. Auf dem linken Stuhl stand ein lilagemusterter Rucksack. Daran verknotet ein lilafarbener Softschal mit orientalischem Muster. Auf dem rechten Platz von der Mitte aus hatten die Platzreservierer eine Ledertasche abgestellt, um deren Gurte die Fransen des Schals verknotet waren. Drei Plätze reserviert. Drei Plätze in Beschlag genommen. Während sie sprachlos und fassungslos vor den rot gepolsterten reservierten Stühlen stand, kamen einige Gäste in die Halle. Drei setzten sich auf die rechte Seite der peinlichen Stuhlblockade. Greta wurde in ihrer Platzwahl in Reihe drei dermaßen eingeschränkt, dass sie sich schnell auf den vierten Platz von der Mitte links setzte, weil sie nicht noch mehr an den Rand gedrängt werden wollte, sollten doch noch die Massen in die Halle stürmen. Gespannt wartete sie auf die Konzertbesucher, die sich auf ihre reservierten Plätze in Reihe drei niederlassen würden. Sie war sich zu einhundert Prozent sicher, dass es Frauen sein mussten und hatte gerade keine Ahnung, um welche Frauentypen es sich handeln würde. Auf jeden Fall würden es keine sein, zu denen sie Kontakt suchen würde. Warum sich unterschiedliche Klischeemerkmale oftmals paarten, wusste sie nicht. Sie müssen sich anziehen wie Magneten, dachte sie. Greta behielt die Eingangstür im Auge und wartete.
Aus den Boxen wurden mit extremer Lautstärke die wenigen Besucher mit der Musik der Band beschallt, die bald auf die Bühne treten würde. Die Frage nach dem Sinn dieser Beschallung drängte sich auf. Wo blieb denn da die Vorfreude und Spannung auf das Konzert? Sie kannte es aus Erfahrung, dass leise ähnliche Klänge anderer Bands eine Geräuschkulisse boten, und für die Gäste die Möglichkeit bestand, sich vor Konzertbeginn zu unterhalten. Aber man legte nicht die CD der Band ein, dessen Musik später live vorgetragen wurde, überlegte sie.
Dann kamen sie, ihre Sitznachbarn. Drei Fregatten, deren Gesichtszüge eine besitzergreifende Selbstverständlichkeit ausstrahlten,

die bei Greta einen Kotzreiz verursachte. Sie traten ihr auf die Füße, als sie sich an ihr vorbeidrängten. Alle jede einmal. Sie entschuldigten sich nicht. Alle nicht. Sie erwiderten Gretas Gruß nicht. Alle nicht. Sie drehten und wendeten sich in der Reihe drei, vor ihrer Nase, zählen die Sitzplätze ab und diskutierten die Sitzverteilung. Wer bekam den besten Platz in der Mitte? Greta sehnte das Ende dieser Findungsphase herbei, wollte ihre Tasche wieder auf dem Boden abstellen und eine entspannte Sitzposition einnehmen. Hey, können die sich nicht hinsetzen, dachte sie. Ihre Toleranzgrenze war bald erreicht. Konten sie nicht. NEIN.

Madam zu ihrer Rechten saß zwar auf dem Stuhl, drehte sich aber komplett um und präsentierte ihr einen megabreiten Rücken. Die unterschiedlich wallenden Gewänder, die sie übereinander trug, hingen auf dem Boden vor ihren Füßen und Greta musste aufpassen, nicht auf diesen edlen Flatterstoff zu treten. Ökostoffe. Ständig fuhr sich ihre Stuhlnachbarin mit ihren Händen durch die kinnlangen Haare und wuschelte ihre Frisur zurecht. Eine Geste, die darauf schließen ließ, dass sie jung und dynamisch rüberkommen wollte. Mehrfach berührte sie Greta bei dieser Haarwuschelaktion. Der oberste wallende Überwurf war senfgelb. Dazu trug sie Sneakers, auch senffarben, mit weißer Kappe und weißen Sohlen, ein weiteres Relikt, ihre Jugendlichkeit zu demonstrieren. Bisher hatte Greta einmal kurz das Profil ihrer Sitznachbarin gesehen, als diese lässig ihre Minimähne nach hinter schleuderte und dabei den Kopf drehte.

Zu der Dame in der Mitte: Sie war sehr groß und alt. Das Gesicht verhärmt. Es strahlte eindeutig eine Spur von Nörgeligkeit und Unzufriedenheit mit der ganzen Welt aus. Ihre rückenlangen Haare waren in einem früheren Leben sicher einmal blond gewesen. Inzwischen waren sie aschgrau mit einigen blonden Strähnen, die aber schon ein gutes Stück herausgewachsen waren. Über schwarzen Leggings und einem schwarzen Langarm-Shirt trug sie eine Jeansweste und einen wadenlangen Jeansrock, der aus einzelnen nach unten glockig werdenden Bahnen bestand. Sie sah aus wie ein Aussteiger-Modell der Siebzigerjahre. Die Dritte im Bund hatte etwas Blaues, Weites an. Kurz geschnittene graue Haare, nicht modern, eher bieder. Die Mittlere legte sorgsam den Schal wieder zusammen. Irgendwie komisch, dachte Greta. Sie spielt die lässige lockere Aussteigertussi und legt ein Badetuch auf die Konzertstühle. Das passte doch nicht.

Plötzlich drehte die Senffarbene sich zu Greta um. Diese zuckte zusammen, wich etwas auf ihrem Stuhl zurück.

„Nicht, dass Sie meinen, ich würde Sie diskriminieren, weil ich Ihnen meinen Rücken zukehre. So eine bin ich nicht. Aber ich möchte mich schließlich mit meinen Damen unterhalten." Dann drehte sie sich wieder weg und kehrte Greta breiter als vorher, fast behindernd ihren Rücken zu.

Was sollte sie dazu sagen? „Ist schon okay", murmelte Greta kaum hörbar. „Ich bin hier, weil ich das Konzert hören möchte. Kurz bevor Sie mich vom Stuhl gedrängt haben, sage ich Ihnen Bescheid." Blöde Kuh, hätte sie gerne hinterhergeschoben, beherrschte sich aber.

Die Musiker betraten die Bühne. Drei Männer. Ein Banjospieler mit Backenbart und hauchdünnem Haarkranz, zu einem Zöpfchen zusammengebunden. Er strahlte mit den Scheinwerfern um die Wette und demonstrierte Freude an dem bevorstehenden Auftritt. Der Flötist, bieder, mit Goldrandbrille, sah überhaupt nicht wie ein Musiker aus, eher wie ein Büroangestellter, wie ein Schreibtischtäter. War er vielleicht auch. Keine Ahnung. Dann folgte der einzige Ire in der Band. Er spielte Gitarre. Sein Musikinstrument lag echt oben auf seinem stattlichen Bauch, fast in der Waagerechten. Alle drei waren komplett in Schwarz gekleidet. Sie stimmten ihre Instrumente, spielten einige kurze Passagen. Der Saal war bereits zu einem Drittel gefüllt. Greta freute sich über die Spontanität der Baltrumer und der Baltrum-Touristen. Der Ire begrüßte die Zuhörer und fragte, ob mit der Lautstärke alles okay sei. Ob die Flöten gut zu hören seien.

Alle nickten und riefen ein „Ja“ in den Raum. Nur die Aussteigerin brüllte laut: „Nein, das ist mir viel zu laut.“ Sie wurde von den anderen Konzertbesuchern niedergeschrien. „Das ist doch nicht zu laut! Auf keinen Fall! Lauter, lauter, lauter“, schrie die Masse, die sich einen Spaß daraus zu machen schien, der Alternativen Paroli zu bieten. Daraufhin erhob sie sich von ihrem Sitz, wandte sich in voller Größe den Konzertbesuchern hinter sich zu und protestierte weiter.

„Nimm deine Hörgeräte raus!“, vernahm Greta einen Ruf aus der letzten Sitzreihe.

Beleidigt setzte sich die Protestlerin wieder hin.

Der Banjospieler gab ein Zeichen an die Mitarbeiter, die hinten im Saal den Tisch mit Technik, Reglern und Schiebern aufgebaut hatten. Er signalisierte eindeutig ein Okay. Soundcheck. Einige Töne erklangen, Saiten wurden gezupft und kräftig in die Tin Whistle gepustet. Die Musiker nickten sich alle zu, was so viel hieß, dass sie bereit waren.

Wieder meldete sich die Aussteigerin. „Mir ist das aber zu laut.“

Ihr Einwand blieb ungehört und das Konzert begann.

Die Urlauber saßen in spannungsgeladener Erwartung auf ihren Stühlen.

„Ich hol mir jetzt was zu trinken“, hörte ich. Madam in der Mitte stand auf und wollte an mir vorbei. Drehte sich zu ihren Freundinnen noch einmal um.

„Hinsetzen“, rief jemand hinter der dritten Reihe.

Die Musiker stellen sich auf Englisch vor. Greta konnte nur hören, nichts sehen, weil dieser beknackte Jeansrock sich vor ihren Augen hin- und herbewegt.

„Bringst du uns auch was mit?“

„Ich trinke ein Bier.“

„Ich auch.“

„Ich glaube, ich trinke lieber einen Saft.“

„Ich weiß nicht, lieber kein Bier. Was haben die denn da für Säfte?“

In Reihe vier und fünf wurden unflätige Bemerkungen zur Reihe drei herübergerufen. Die Damen wurden unruhig, kramten in ihren Taschen nach Geld.
„Lasst mal stecken. Ich gebe einen aus", sagte die Alternative. Das erste Musikstück begann. Auch Greta klatschte, weil alle klatschten, aber sie wusste nicht so genau, warum. Greta war so was von genervt.
„Darf ich bitte mal?", fragte die Alternative und quetschte sich schließlich ganz an ihr vorbei.
Schnell griff Greta nach ihrer Tasche, die sie vor sich auf dem Boden abgestellt hatte und hielt ihre Mineralwasserflasche fest. Diese blöde Frau wäre sicher gnadenlos auf allem herumgetrampelt, was ihr unter die Füße kam. Außerdem musste Greta ihr Smartphone schützen, das in der Handtasche steckte. Das Ehepaar neben Greta musste aufstehen, um die Alternative passieren zu lassen. Beide schüttelten den Kopf.
„Ich gehöre nicht zu den drei Damen", sage Greta vorsichtshalber. Sie kassierte mitleidige Blicke.
Das erste Musikstück war vorbei. Applaus. Der zweite Song begann, und Greta sah die Alternative wieder auf ihren Platz zustreben. Sie war schnell wieder da, denn sie musste ja nicht in der Schlange für Getränke anstehen. Alle anderen hatten vor Beginn der Veranstaltung für ein Getränk gesorgt.
„Entschuldigung, darf ich mal bitte?"
Echt ätzend diese Frau. Sie blieb tatsächlich vor Greta stehen und verteilte ihre Getränke an die Damen. Dann setzte sie sich. Halleluja. Greta versuche, die drei Fregatten auszublenden. Drei Wochen Baltrum müssten mich eigentlich soweit entspannt haben, dass ich das schaffe, dachte sie. Zuhause wäre sie bei so geballter Unverschämtheit sicher auf Konfrontationskurs gegangen.

Nachtrag eins: Die drei kamen aus dem Schuldienst einer niedersächsischen Kleinstadt, ausgepowert, gestresst, von ihrer Rektorin missverstanden, alle drei kurz vor einem Burnout. Sie fänden es mehr als gerecht, wenn die Regierung ihnen den Baltrum-Aufenthalt finanzieren würde, hatte Greta staunen lassen. Zwischendurch verplapperten sich die Senffarbene und die Aussteigerin. Sie waren beide schon Rentnerinnen oder besser Pensionärinnen. Scheinbar kosteten sie die Nachwehen ihrer schulischen Karriere aus. Die Dritte im Bunde war Schulsekretärin.

Greta blieb bei diesem Konzert nichts erspart. Ihre Stuhlnachbarin fing tatsächlich an zu schunkeln. Ab da kehrte Greta ihr den Rücken zu. Schunkeln war für sie ein absolutes No-Go. Sie schunkelte nie, nicht in der Karnevalszeit, nicht auf irische Musik und erst recht nicht mit einer senffarbenen Fregatte. Die Massen klatschten im Takt, standen kurz von ihren Stühlen auf, als die Musik an Schnelligkeit rasend zunahm und die Besucher mitriss. Auf Schunkeln hatten Gott sei Dank alle anderen in Reihe drei verzichtet.
Das Konzert war richtig gut, auch wenn Greta die rockigen Klänge fehlten. Übrigens hieß der einzige Ire in der Gruppe Kevin – und er durfte den Namen auch tragen. Er besaß eine gewaltige Stimme.
Nach der Pause setzten sich alle wieder auf ihre Plätze. Nach der Pause waren einige Stühle leer. Diese Besucher hatten in der Halbzeit das Weite gesucht. Irische Musik schien nicht jedermanns Sache zu sein. Zwei der drei Damen aus der Mitte der Reihe drei standen am Rand. Als dann die Musiker wieder auf die Bühne kamen und das Licht gedimmt wurde, setzten sich Greta und auch das Ehepaar, das lange gezögert hatte seine Plätze wieder einzunehmen.
In dem Moment, als es auf der Bühne wieder musikalisch zur Sache ging, machten die beiden Damen Anstalten ihre Plätze wieder einzunehmen. Warum warteten sie auf dem Gang vor ihrer Sitzreihe? Warum setzten sie sich nicht, bevor die Musiker wieder auf die Bühne traten? Fragen, auf die sie keine Antwort bekam.
„Darf ich mal bitte?“, hörte Greta erneut.

Sie zog krampfhaft ihre Knie hoch und hielt ihre Tasche fest an den Körper gedrückt. Dann stand die Alternative am Rand, winkte ihren Freundinnen und kündigte ihr Kommen an.
„Darf ich mal bitte?"
Greta hätte jetzt gerne mit Nein geantwortet, aber sie ließ dieses Weib genervt passieren.
„Und hast du was erreicht?", fragte die Senffarbene.
„Ja, wir sollen uns weiter nach hinten setzen, weiter von den Lautsprechern weg. Hinten sei genug Platz. Dort soll es angeblich leiser sein."
Die Bandmitglieder wurden erneut mit Applaus empfangen.
„Meinst du, wir sollen uns wirklich nach hinten hinsetzen?"
„Wir können es ja mal ausprobieren."
Alle drei erhoben sich. Es wurde diskutiert. Die Musiker spielten das erste Musikstück. Die Damen setzten ununterbrochen ihre Diskussionen fort. Schließlich nahmen sie wieder Platz, redeten aber weiter. Mitten im Song schienen sie eine Entscheidung getroffen zu haben.
„Darf ich mal bitte?" Sie quetschten sich wieder an Greta und den Rest der Reihe drei vorbei.
Dann waren sie endlich verschwunden. Endlich. Die drei Plätze rechts neben Greta waren frei. Welche Wohltat.

Nachtrag zwei: Nicht nur die Raucher standen in der Pause vor der Tür und frönten ihrem Laster. Auch die Frischluftfanatiker traten ins Freie und sogen die Luft ein, als wären sie monatelang in einem stickigen Raum eingesperrt gewesen. Es wurden neue Getränke geordert. Alle knabberten an den bereitgestellten Salzstangen. Einige Multitasking-Urlauber liefen schnell den Deich hoch, um einen Blick auf den Sonnenuntergang zu erhaschen.
Die Fregatten unterhielten sich.
„Magst du ein Glas Champagner?"
„Was? Hier gibt es Champagner?"

„War nur Spaß, hier gibt es nur Prosecco."
„Meinst du die lauwarme Plörre von Rotkäppchen-Sekt, die da vorne serviert wird?"
„Zu einem gepflegten Glas Champagner würde ich nicht Nein sagen."
Greta bestellte sich ein Glas Rotkäppchen-Sekt. Das Getränk war gut gekühlt, schmeckte lecker und kostete nur zwei Euro. Ob die drei Damen in ihrem Leben schon einmal zufrieden waren? Was musste passieren, dass man so rücksichtslos, unzufrieden und meckerig wurde? Welche Wirkung hatte Baltrum auf die drei Frauen, fragte sie sich. Würde Baltrum Einfluss auf die Psyche der Damen haben und deren Weltbild wenigstens etwas korrigieren? Greta setzte auf die therapeutische Kraft, die von Baltrum ausging. Vielleicht waren die drei für die Gesellschaft nicht verloren. Es kam darauf an, wie sie Baltrum begegneten und ob sie es zuließen, von der Insel aufgenommen zu werden.

***

Greta trat ans Fenster, sah durch die salzverkrusteten und vom Regen verschmierten Scheiben den blauen Himmel. Ihr Abreisetag würde ein schöner Tag werden. Wehmut schwang mit. Im Oktober würde sie wieder auf Baltrum sein. Ein Abschied, mit dem geplanten Ziel, bald wieder da zu sein, war kein richtiger Abschied. Aber sie freute sich auch auf zuhause, auf Anne und Lola. Wann sie Lutz sehen würde, wusste sie nicht genau. Er hatte ab Anfang August Urlaub und würde sie in der Zeit ein paar Tage zuhause besuchen. Nach Baltrum im Oktober stand eine Woche Berlin auf ihrem Programm.
Als Letztes fuhr Greta ihren Computer herunter und packte ihn ein. Sie duschte und war abreisefertig. Ihr Gepäck konnte sie unten in der Diele vor dem Spiegel deponieren. So waren die letzten

Stunden auf der Insel Urlaubsstunden und nicht überschattet vom Warten und Abreisegefühlen.
Frühstück bei "Störtebeker". Auch an diesem Tag gefiel es ihr wieder, wie freundlich die Verkäuferinnen dort zu ihren kleinsten Kunden waren. Kein Erwachsener hatte die Chance, sich vorzudrängen und über den Köpfen der kleinen Brötchenkunden hinweg vorrangig bedient zu werden. Eine Kindergarten-Urlauberin kam mit ihrem Roller vorgefahren, ein Umweltbeutel baumelte am Lenkrad.
„Und, was möchtest du haben?", fragte die Verkäuferin die Kleine.
„Ein Schokobrötchen", sagte sie mit piepsiger Stimme.
„Und sonst noch was?"
Selbstbewusst bewegte das Mädchen ihren Kopf einmal nach rechts und einmal nach links und die langen blonden Zöpfe fielen nach hinten auf ihren Rücken. Sie öffnete ihre Tasche und hielt sie der Verkäuferin entgegen. „Da ist von Mama ein Zettel drin", sagte sie.
Die Verkäuferin packte alle gewünschten Sachen zusammen.
„Dann bekomme ich jetzt 6,10 Euro von dir."
Das Mädchen kramte aus ihrer Jackentasche eine kleine Blechdose hervor, in der vormals Pfefferminzbonbons aufbewahrt wurden. Ein fein sauber zusammengefalteter Zehn-Euro-Schein kam um Vorschein. Die Dose mit dem Wechselgeld ließ sie in den Umweltbeutel rutschen und rannte zur Tür.
„Du kannst aber schon gut alleine einkaufen!", rief eine Kundin hinter ihr her. Aber der Roller des Mädchens hatte bereits wieder Fahrt aufgenommen, und sie lenkte ihn in den nächsten Weg ein.
Kurz dachte Greta an Anne, als sie ihren ersten Einkauf als Kindergartenkind getätigt hatte.

Auf einem letzten Spaziergang ließ Greta das Konzert vom Vorabend Revue passieren. Max hatte Irland geliebt. Sie liebte es immer noch. Die meisten Musikstücke hatten Emotionen freigesetzt, die ihr während des Konzerts immer wieder die Tränen in die

Augen getrieben hatten. Zweimal hatten Max und Greta das Land für mehrere Wochen bereist, einmal vor der Geburt ihrer Kinder und später mit Anne und Lutz. Irland war für Greta ein sehr emotionales Land. Sie spürte stets die Traurigkeit, die sich für sie wie ein Schleier über das Land legte. Genau diese Melancholie spiegelte sich meistens in der irischen Musik. Es griff zudem die Trauer über Max´ Tod nach ihr. So sehr sie sich auch am Abend über die drei Fregatten geärgert hatte, inzwischen glaubte sie sogar, dass es gut war, neben so skurrilen Menschen gesessen zu haben. Mit ihrem unkonventionellen Verhalten hatten sie sie irgendwie abgelenkt. Ihre Traurigkeit hatte sich in Grenzen gehalten. Alles hatte einen Sinn, auch wenn ihr dieses erst einen Tag danach klar wurde.

Im "Knusperhuuske" bestellte sie sich ein kleines bescheidenes Stückchen Apfelkuchen ohne Sahne und einen Kaffee. Es würde vermutlich das Letzte sein, das sie bis zum nächsten Frühstück essen würde. An Autobahnraststätten kaufte sie meistens nie etwas Essbares, und der Kühlschrank zuhause war sicher leer. Leider war draußen kein Platz mehr frei. Es gab nur zwei Tische. Hm, nach innen konnte sie nicht ausweichen, da gab es gar keine Verzehrmöglichkeit im Sitzen. Greta fragte also den Typen, der im Außenbereich mit seinem Sohn an einem Dreiertisch Platz genommen hatte, ob sie sich dazusetzen dürfe. Die beiden waren ihr auf dem Norderney-Ausflug aufgefallen. Sie hatte gehört, wie er zu einem Freund gesagt hatte, dass sein Norderney-Ausflug mit einem Kulturschock zu vergleichen sei. Es schien ihm ähnlich ergangen zu sein wie Greta. Sein Sohn hatte einen kleinen Regenschirm bei sich, den er stets geöffnet durch die Luft wirbelte unabhängig vom Regen. Sein Vater machte ständig Fotos. Greta stellte ihren Kuchenteller ab und setzte sich.

„Ich bin Luis. Wir können ruhig Du zueinander sagen, oder?" Sie hatte keine Einwände. Längere Haare, grau meliert, Brille. Er würde gut an die französische Mittelmeerküste passen, dachte Greta. Aber er machte Urlaub auf Baltrum.

„Das ist Juri, mein Sohn. Er geht in dritte Klasse der Grundschule." Greta fragte sich, warum es oftmals so völlig unkompliziert war, mit Menschen in Kontakt zu treten. Luis war Fotograf, wie sie vermutet hatte. Die Suche in seiner Hosentasche blieb erfolglos, er konnte seine Visitenkarte nicht finden.
„Also merken Sie sich Luis Adam, wie Adam und Eva", sagte er.
Eine leichte Eselsbrücke, dachte Greta. Das Gespräch mit Vater und Sohn verkürzte ihr die Wartezeit auf die Fährabfahrt auf sehr angenehme Art und Weise. Sie redeten über Gott und die Welt. Was sie sehr freute, sie lachten zusammen über die gleichen skurrilen Dinge, die sie unabhängig voneinander auf der Insel erlebt hatten.

Die Fähre schien sehr voll zu werden. Großabreisetag, dachte Greta und ging gleich durch zum Schiff, legte ihre Quittung der geleisteten Kurabgabe und das Ticket vor und betrat als einer der ersten Passagiere die Baltrum I. Was gab es Schöneres, als auf dem Sonnendeck zu sitzen und die abreisende Gesellschaft von oben zu beobachten? Warum so viele Menschen genau an diesem Tag die Fähre benutzten, hörte sie aus Gesprächen, sehen konnte sie es am Matsch. Eine sehr große Gruppe hatte an diesem Samstag eine Wattwanderung von Neßmersiel nach Baltrum gemacht und sie fuhren mit der Fähre wieder zurück. Dazu kamen viele Tagesgäste und eine große Zahl Urlauber, die ihre Ferien leider hinter sich hatten, so wie Greta. Zwischendurch zog sie das Internet zurate. Wie viele Passagiere darf dieses Schiff überhaupt befördern? Wikipedia erzählte ihr etwas von eintausend Passagieren. Greta hatte immer mal wieder gehört, dass Fähren auf Sand aufliefen, feststeckten und auf die nächste Flut warten mussten, ähnlich wie der alte Kapitän, der im Dünengrab beigesetzt wurde. Sie hoffte, dass es mit dieser übervollen Baltrum I nicht passieren würde.
Es war knallheiß, keine Wolke am Himmel. Kein Lüftchen regte sich. Selbst der Fahrtwind brachte kaum Erfrischung.

An Land ging alles sehr schnell. Dort zeigte sich der Vorteil der geänderten Kontrollen. Da beim Einchecken auf der Insel die Transportberechtigung geprüft wurde, konnten die Urlauber zügig das Schiff in Neßmersiel verlassen. Ihr Auto stand bereit in der ersten Parkreihe, direkt am Hafen. Sie brauchte nur zwanzig Minuten, bis sie auf dem Weg nach Hause war.
Greta hatte extra diese Samstagsfähre gebucht, weil sie bei einem Taucherkollegen zum Geburtstag eingeladen war. Achim wurde sechzig Jahre alt. Gerne hätte sie all ihre Taucherfreunde, die auch Freunde von Max waren, einmal wiedergesehen. Aber je näher sie dem Ruhrgebiet kam, umso müder wurde sie. Als sie zuhause war, konnte sie sich nicht mehr aufraffen, nach Duisburg zu fahren. Sie war total erledigt. Anne, ihr Schwiegersohn und Lola erwarteten sie im Garten. Anne erzählte Greta, dass mit Oma alles in Ordnung sei und Oma wegen der Wärme früh schlafen gehen wolle. Sie solle nicht mehr anrufen, wenn es später als acht Uhr werden würde. Greta rief also an diesem Abend ihre Mutter nicht mehr an. Greta freute sich auf den Oktober. Nach zweiundachtzig Tagen wäre sie wieder an ihrem Sehnsuchtsort, auf Baltrum, ihrer Insel.

Was der Sonntagmorgen kurz nach sieben für sie bereithielt, war eine andere Sache. Mutter rief an, bevor Greta sich den ersten Kaffee des Tages in den Becher gegossen hatte. Ihre Mutter teilte ihr ohne Begrüßung mit, dass sie ihre Tasche gepackt habe und sie sie sofort ins Krankenhaus bringen müsse. Sie diagnostizierte bei sich einen Darmverschluss. Die Entspannung und Freude, mit der sie ihre neue Woche beginnen wollte, war schlagartig verflogen.
„Von wegen Oma geht es gut“, sagte sie zu ihrer Tochter.
Aber ihr Bruder und Anne hatten bei vielen Besuchen in den letzten Wochen keine Krankheitssymptome entdeckt. Ihre Mutter war nur bei ihr krank, wie sie zuerst glaubte, denn die Beschwerden, die sie spürte, hatten keine organische Ursache. Die Merkwürdigkeiten überschlugen sich und am Ende der Woche bekamen sie eine

Diagnose: starke demenzielle Veränderungen in Kombination mit Alzheimer.

Vom Funkeln in der Nacht, von konkurrierenden Patchwork-Großeltern und Wetterkapriolen

Die Strecke vom Ruhrgebiet nach Neßmersiel kam Greta jedes Mal kürzer vor, obwohl sie diesmal im Raum Aurich eine große Umleitung fahren musste. Sie bildete sich ein, auf dem Weg durch die endlosen Wiesen, die sie kurzzeitig in einem Niemandsland wähnten, den ersten Raureif der bevorstehenden Jahreszeit gesehen zu haben.

Dann endlich! Ihr Navi befahl ihr, von der Hauptstraße aus rechts abzubiegen. Sie fuhr auf den Deich zu. Noch bevor Greta das Wattenmeer sehen konnte, stellten sich heimatliche Gefühle ein. Ein Druck auf die Knöpfe und auf beiden Seiten senkten sich die Fensterscheiben ab. Der Fahrtwind strömte in das Wageninnere. Er wirbelte die wohlige Heizungswärme aus dem Auto heraus und wühlte in ihren Haaren. Allein diese Frische und der Geruch vom Meer führten zu erhöhtem Herzschlag. Es war wirklich nur der Fahrtwind, denn die Fahnen am Hafen hingen schlaff herab.

Das Prozedere der Einschiffung hatte Greta im Griff. Es war ihr zur Routine geworden. Während der Fahrt hatte sie supergute Laune, und den größten Teil der Strecke hoffte sie auf goldene Herbsttage. Es war noch Zeit bis zur angekündigten Abfahrt, zudem lag keine Fähre im Hafen. Langsam ging die Sonne über der nebelverhangenen Küste auf. Dann entdeckte Greta das Fährschiff. Es kam von der Insel und schnitt seicht durch das spiegelglatte Meer, mit Kurs auf den Anleger. Der Himmel, die Sonne, das Watt, im Hintergrund die Insel Baltrum, die immer mehr Konturen annahm, und sich aus dem Nebel löste, waren auf einen gemeinsamen Nenner zu bringen: Urlaub.

Sehr untypisch für die Küstenregion erschien Greta jedoch das Fehlen des Windes. Nichts regte sich. Sie setzte sich auf das Sonnendeck und sah Baltrum näher und näher kommen. Nur wenige

Urlauber reisten mit ihr gleichzeitig an. Aber die nächste Fähre würde sicher ausgebucht sein. Denn am Mittag begannen in Nordrhein-Westfalen offiziell die Herbstferien. Dass nicht nur Eltern ihre Kinder unerlaubterweise und auf eigene Verantwortung am letzten Schultag vor den Ferien beurlaubten, bestätigte das Lehrerehepaar, das Greta gegenübersaß. Sie beglückwünschten sich gegenseitig und klatschten sich ab, es geschickt angestellt zu haben, sich diesen Freitag als Ferientag freigeschaufelt zu haben. Sie fühlten sich nämlich um den folgenden Feiertag betrogen, weil der Tag der Deutschen Einheit auf einen Samstag fiel – und an Samstagen war kein Unterricht. Sie glaubten, ihre Schulleiterin ausgetrickst zu haben. Die negativen Äußerungen über ihre Kinder, wobei sie mit *ihre Kinder* eindeutig die Schulkinder meinten, die sie täglich unterrichteten, ließen Greta aufhorchen. Sie waren sich einig, dass der Lehrerberuf auch nicht mehr das sei, was er einmal war und äußerten sich extrem negativ. Auf *das Zähmen der Brut fremder Leute* hatten sie keine Lust mehr. Greta wechselte ihren Sitzplatz. Die Lautstärke zwang sie dennoch zuzuhören. Sie befürchtete, diese Unterhaltung würde sich auf ihre gute Laune auswirken.
Auf dem Hinweg hatte ein fantastisches Hörbuch, über die Vorfreude auf Baltrum hinaus, ihre Stimmung beeinflusst. "Das Rosie-Projekt" verleitete sie zwischendurch, laut zu lachen. Drei der sechs CDs hatte sie bis Neßmersiel geschafft. Die restlichen drei hatte sie leider nicht im Handschuhfach des Autos für die Rückfahrt zurücklassen können. Die CDs mussten mit auf die Insel. Das Rosie-Projekt musste sie zeitnah fortsetzen. Somit hatte sie die CDs in ihrem Rucksack verstaut. Vielleicht ergab sich auf der Insel eine Abspielmöglichkeit. Zur Not benutzte sie ihren Computer.

"Funkeln im Dunkel" hieß die Veranstaltung am Abend, auf die sie sich freute. Alleine der Titel reizte sie. Treffen war um halb acht am Naturkundehaus. Greta wäre in fünf Minuten von ihrem Appartement aus am Treffpunkt gewesen, aber sie musste unbedingt früher

los, denn der bevorstehende Sonnenuntergang versprach alle Sonnenuntergänge, die sie je erlebt hatte, zu übertreffen. Das Farbschauspiel der Extraklasse fungierte als Stimmungsbarometer.
Fünfundzwanzig Urlauber fanden sich schließlich ein, die alle wie Greta gespannt auf die geheimnisvolle Reise durch die Dunkelheit warteten. Eine junge Diplom-Biologin, die auf Baltrum tätig war, begrüßte die kleine Gruppe und nahm sie mit auf den Weg um die Westspitze der Insel herum bis hin zum Badestrand. Die Sonne hatte sich fast zurückgezogen. Die junge Frau führte alle Gäste in die Abenddämmerung hinein. Viele Fragen schwirrten Greta durch den Kopf, auf die sie im Verlauf der Exkursion Antworten erwartete. Die Bedeutung des Mondes für das Wattenmeer kannte sie. Ob sie heute auch etwas über den Mythos *Meeresleuchten* erfahren würde?
Der erste Stopp war am Fährhafen. Dort erklärte die Leiterin der Gruppe die Lichter der Fahrwassermarkierungen, die des Festlandes und die Lichtpunkte der kleinen Schiffe und Boote, die zwischen Insel und Festland zu sehen waren. Die junge Dame spulte keine sachlichen Informationen ab, trocken und nüchtern, wie manch einer erwartet hatte. Äußerst humorvoll, gespickt mit Anekdoten erzählte sie Wissenswertes und brachte alle Teilnehmer immer wieder zum Staunen und zum Schmunzeln.
Der Weg ging weiter um das Westkap herum. Oft blieb die Gruppe stehen und alle blinzelten in die Ferne, um die weißen, roten und grünen Lichter zu erkennen. Greta erfuhr etwas über die Leuchttürme der Nachbarinseln, und dass es auch Inseln gab, die nicht über ein Leuchtzeichen dieser Art verfügten. Dann stand die Bedeutung der Leuchttürme in der heutigen Zeit im Fokus. Aber vielmehr interessierte sie die Notwendigkeit eines Leuchtturms in längst vergangener Zeit. Umfangreiche und spannende Abenteuergeschichten rankten sich schon seit jeher um die Leuchttürme. Sie erkannten den Lichtschein des Leuchtturms auf Norderney.

Ein Stück weiter war der Blick in die Dunkelheit auf das offene Meer gerichtet. Sie entdeckte viele Lichtquellen, die Fragen aufwarfen. Die junge Dame erklärte die Kennzeichnung der großen Schiffe, die alle auf dem Weg in die weite Welt waren oder aus der Ferne zurückkamen und die Fahrwasserrinne an Baltrum vorbei Richtung Hamburger Hafen nutzen. Manche Leuchten kennzeichneten Zonen für Schiffe, die auf Reede lagen. Auch, dass ständig ein Schiff draußen auf dem Meer vor der Insel lag und für einen Notfall zum Schutz der Inseln jederzeit einsatzbereit war, wusste Greta bis zu der Zeit auch nicht. Sie dachte immer, diese Positionslichter gehörten zu einer Bohrinsel. Das Schiff war zum Einsatz gekommen, als ein Containerschiff Ladung verloren hatte.
„Dieses Rettungsschiff kann innerhalb von zwei Stunden jeden Ort in der Deutschen Bucht erreichen, wenn seine Hilfe angefordert wird", sagte die Dame.
Das regelmäßig blinkende Licht am Horizont in Richtung Nord-Ost war Greta aufgefallen, aber sie konnte sich keinen Reim darauf machen.
„Das ist der Lichtschein des Leuchtturms, der auf der Insel Sylt steht", erklärte die Naturkundlerin.
Greta beeindruckte die Leuchtkraft, denn die Lichtquelle reichte über eine Distanz von achtzig Kilometern. So weit ist Baltrum von Sylt in direkter Linie über das Wasser entfernt. Sie übertrug gedanklich diese achtzig Kilometer auf das Ruhrgebiet. Von ihrem Wohnstandort würde eine vergleichbare Lichtquelle nach Norden hin in Münster stehen und nach Süden ausgerichtet, müsste das Licht in Köln leuchten.
Mittlerweile war es fast neun Uhr und dunkel genug, um sich mit dem Sternenhimmel zu befassen. Die allbekannten Sternbilder glaubte Greta erkennen zu können. Ihre Schwiegermutter war eine begeisterte Sternenguckerin gewesen. Oft hatte sie am Abend auf dem Balkon mit ihrem Teleskop gesessen und hatte ihren Enkelkindern, die noch in den Kindergarten gingen, den Sternenhimmel

erklärt. Etwas Wissen war auch bei Greta hängengeblieben. So erkannte sie den Großen und den Kleinen Wagen sowie den Großen und den Kleinen Bären. Das war es auch schon, zu mehr reichte ihr Vorstellungsvermögen nicht. Bei anderen Sternbildern ging eher ihre Fantasie mit ihr durch.
Viel interessanter war die Entstehungsgeschichte des Firmaments, abenteuerlich und spannend von der jungen Dame vorgetragen. Es waren schließlich auch Kinder unter den Gästen.
„Ein kleiner Kolibri hatte sich zur Sonne emporgeschwungen und mit seinem langen spitzen Schnabel Löcher in das schwarze Tuch gepickt, mit dem sich die Sonne nachts zugedeckt hatte. Durch diese Löcher fielen winzige Sonnenstrahlen auf die Erde. Und für uns sehen sie aus wie Sterne."
Eine anschauliche Geschichte für die Kleinen, die die Erwachsenen zum Schmunzeln verleitete. Es soll sich dabei um eine indische Sage handeln.
Dann wurde die Exkursion etwas wissenschaftlicher. Schließlich wurde der Abend von einer Diplom-Biologin geleitet.
„Beim klassische Meeresleuchten scheint das Wasser blau bis grün. Dieses Schimmern wird von Lebewesen abgegeben, die die Fähigkeit haben, mithilfe von Wirten, Licht zu erzeugen", erzählte sie. „Es ist also nicht das Meer, das leuchtet." Die Erklärungen waren um ein Vielfaches ausführlicher. Keine Frage blieb unbeantwortet.

Der Tag der Deutschen Einheit wurde sicher auch auf Baltrum gefeiert, aber Greta bemerkte nichts davon. Die Geschäfte und die Bäckereien hatten geöffnet und das touristische Leben nahm den gewohnten Lauf. Allerdings, das Wetter symbolisierte Feiertag, denn ein strahlend blauer Himmel, klare Luft und leichter Morgentau auf den Salzwiesen versprachen zumindest Feiertagswetter.
Mit einem Frühstück bei "Störtebeker" begann Greta ihren Tag.
Die erste Inselbegehung führte sie über den Sandstrand in den Osten, Richtung Langeoog. In Höhe des Vereinssportheims, das letzte

Haus in diesem Teil der Insel, verließ sie den Strand und ging durch die Dünengürtel bis zur Aussichtsdüne. Weiter lief sie durch das Ostdorf. Zum Tee kehrte sie ins "Café Kluntje" ein. Eine heimische Gemütlichkeit empfing sie dort. Zudem war es ein guter Tag, denn die Urlauber, die später angereist waren, waren damit beschäftigt, ihren Ferienhaushalt zu organisieren und einzukaufen. So hatte Greta das Glück, kein überfülltes Café anzutreffen. Greta bestellte sich einen Inselrosentee und ein Stück Quark-Mandarinen-Kuchen. Dann nahm sie ihr Buch "Der Junge, der Gedanken lesen konnte" von Kirsten Boje, heraus. Ein Friedhofskrimi ab 10 Jahren. Kirsten Boje war in diesem Jahr "Poet in Residenz" an der Uni-Essen. Dort war Greta als Senioren-Gasthörer eingeschrieben und mit der Hamburger Autorin und ihren Büchern konfrontiert worden. An diesem Traumort konzentriert lesen zu können, war das, was sie an Baltrum so liebte.

Später setzte sich ein Ehepaar an ihren Tisch. Denn so nach und nach kamen weitere Inselwanderer an. Gretas Tischnachbarn beobachteten sie und fragen nach dem Buch. Es begann ein interessantes Gespräch über Kinder- und Jugendbücher, im Moment genau das Thema, das sie interessierte.

Ihr Weg führte später an den Salzwiesen und dem kleinen Flugplatz entlang zum Hafen, immer den Wolken entgegen. Einkehrschwung ins Hafencafé. Ihre Lieblingsbedienung war nicht da. Greta wurde gefragt, ob sie einen Milchkaffee wünschte, wie immer. Ob es Zufall war, dass sie sich daran erinnerten, was Greta im letzten Urlaub hauptsächlich Milchkaffee bestellt hatte, keine Ahnung. Eine Fünfzig-fünfzig-Chance bestand zumindest. Vielleicht war sie auch nur ein Milchkaffee-Typ im Erfahrungsschatz der Damen in Sachen Touristinnen. Greta ging davon aus, dass sie sich erinnerten. Das erzeugte ein besseres Gefühl. Ihr war jedoch nicht nach Kaffee. Sie bestätigte die Bestellung nicht und trug ein frisches alkoholfreies Jever nach draußen zu der Bierzeltgarnitur. Die Sonne war

mittlerweile hinter den Wolken verschwunden, und es wurde merklich kühler. Durfte es auch, denn schließlich war Herbst.
Lange verweilte sie nicht, die Musik war ihr zu laut, besonders für Soul. Sie nervte etwas. Zwischendurch klingelte ihr Handy. Sie hatte vergessen, es auf stumm zu schalten. Die Neugier siegte und sie nahm das Gespräch mit dem Ergebnis an, dass sie sich in ihrer Urlaubsidylle mit elektronischen Ablesegeräte für Heizkörper beschäftigen musste. Erst als Gretas Telefonpartner, der in Hamburg wohnte, irritiert fragte, ob sie in Hamburg sei, klärte sie ihn auf, dass das Geräusch, das er vernommen hatte, das Signalhorn einer Baltrum-Fähre war und sie nicht an den Landungsbrücken in Hamburg stehen würde. Er hatte vergessen, dass sie schon in Sachen Baltrum unterwegs war und entschuldigte sich. Aber Greta hätte das Gespräch ja auch nicht annehmen müssen.

Im Westdorf, schräg gegenüber der Bäckerei "Störtebeker" kaufte sie ein paar Kleinigkeiten für ihren Kühlschrank und begab sich ans Arbeiten.
Am Krimi weiterzuschreiben, scheiterte nach kurzer Zeit. Sie fertigte den Klappentext für ihr Weihnachtsbuch an und beantwortete einige Mails.
Da sie immer wieder Bewegungspausen brauchte, wenn sie über längere Zeit am Computer gesessen hatte, machte sie einen weiteren kleinen Spaziergang. Sie lief über den Strand bis zum Strandabschnitt D, von dort durch die Dünen am Rosengarten vorbei und kehrte in das Restaurant des Schwimmbads "Die Welle" ein. Der Name war weit über die Dünen lesbar. Ihr vegetarisches Menü bestand aus einer Portion Pommes frites mit Mayonnaise und einem kleinen gemischten Beilagensalat. Beides schmeckte sehr gut – und einmal im Urlaub aß sie auch diese frittierten Kartoffelstäbchen. Aber in Sachen vegetarisches Essen musste der Koch sich weiterbilden.

***

Ihr Kühlschrank war gut gefüllt, aber das Frühstück fiel dennoch aus. Sie kochte sich einen Kaffee. Ihre ersten Gedanken gehörten dem Wetter. Es war leicht diesig, aber es regnete nicht, das war die positive Nachricht, den ihr der Blick aus dem Fenster bescherte. Ein schwacher Wind wehte vom Meer. Die Wolken würden sicher nicht den ganzen Tag die Insel einlullen. Auf dem Weg zur Kirche kaufte sie sich eine Laugenbrezel.

An diesem Tag war Erntedank. Erwartungsvoll betrat sie die kleine riedgedeckte Kirche. Erstaunt betrachtete sie den Altar. Schmucklos präsentierte er sich. Kein Obst, kein Gemüse, kein Brot. Keine Produkte aus eigener Ernte, die als Synonym für einen stets reichlich gedeckten Tisch von Gemeindemitgliedern dargebracht wurden. So kannte sie es aus ihrer Heimatgemeinde zu diesem Kirchenfesttag.

Sie setzte sich in die erste Bank. Kurz überlegte sie, weiter hinten Platz zu nehmen. Sie wusste aus eigener Erfahrung, dass die Superfrommen, die das meiste auf dem Kerbholz hatten, immer sonntags in der ersten Reihe saßen, wie bei ARD und ZDF. Insgeheim musste sie lachen. Ja, sie kannte da so einige alte Damen und Herren aus ihrer Jugend und auch aus ihrer jetzigen Gemeinde, regelrechte Heuchler waren das. Vorsichtig sah sie sich um. Sie war alleine in dem Gotteshaus. Sie stand wieder auf und setzte sich weiter nach hinten. Die Kirche füllte sich langsam. Immer wieder erwischte sie ein kalter Luftzug und die Tür fiel schwer ins Schloss. Die Menschen, die hier zusammenkamen, gehörten meistens nicht dieser Gemeinde an, sie kamen aus vielen unterschiedlichen Bistümern der Nation in dieser Urlaubsgemeinde zusammen. Doch warum kommen sie alle im Urlaub hierher? Jeder hatte sicher einen anderen Grund. Warum hat es mich heute hierhergeführt, überlegte Greta. Am Ende ihrer Grübelei kam sie zu dem Ergebnis, dass sie diesen Ort besuchte, um sich daran zu erinnern, dass sie auch gegen alle Ungereimtheiten und negativen Dinge, die die Presse ständig aufdeckte und thematisierte, sich trotzdem zu der christlichen Gemeinschaft zählte. Vieles war ihr unerklärlich, und sie akzeptierte es nicht, ja, verurteilte es sogar. Aber sie war Christin und stand dazu.

Ein unheimliches Gefühl ergriff Greta, als der pensionierte Pastor aus Osnabrück vor den Altar trat. Statt eines Grußes sagte er: „Entschuldigen Sie die fehlende Ausschmückung der Kirche, aber wir können auch ohne eine landwirtschaftliche Produktshow Erntedank feiern."

Der Satz gefiel ihr. Hätte sie ihm gar nicht zugetraut. Doch dann beherrschte ein Thema die Messe, und dieses war Greta eine Spur unheimlich. Alles drehte sich um die Frage: Warum bin ich heute hier? Genau diese Frage hatte sie sich kurz vorher gestellt. Es passierten weitere Dinge während der Messe, über die sie, bevor sie diesen Kirchenraum betrat, nachgedacht hatte.

Interessant war auch seine Aussage, in der es um Kirchenaustritte ging: „Einige Menschen sind nur aus der Kirche ausgetreten, weil sie daran denken, dass in Lüneburg eine goldene Badewanne steht", sagte der Pastor.

Ein weiterer Satz, der Greta gefiel und ihrer Meinung einer dieser vorgeschobenen Gründe sei, die kirchliche Gemeinschaft zu verlassen.

Ihr Fazit dieser Stunde: Es hatte sich gelohnt, dorthin zu kommen. Sie glaubte, an diesem Tag waren keine Heuchler unter den Kirchenbesuchern.

Sie steckte für Max ein schwimmendes Teelicht an und trat ins Freie.

Zufrieden machte sie sich auf den Weg.

Im "Strandcafé" mit Pflaumenstreuselkuchen und Milchkaffee ließ sie es sich gut gehen und sich die Sonne auf den Pelz scheinen. Die Sonnenstunden würden stetig weniger werden. Daher musste sie Licht tanken, um gut über den Winter zu kommen. Ihr fiel Frederick ein, die kleine graue Maus, Protagonistin im Lieblingsbuch ihrer Kinder. Diese sammelte Sonnenstrahlen und Farben, um in trüben Wintertage darauf zurückgreifen zu können. Die Wolken hatten sich erinnert, dass es Sonntag war, und gaben die Sonnenstrahlen frei. Greta begann mit dem Sammeln.

Zum Frühstück ein Brötchen wäre nicht schlecht, dachte sie und machte sich auf den Weg zur Bäckerei. Allerdings ging sie nicht die kürzeste Strecke, sondern begrüßte erst das Meer.

Die Schlange derer, die an diesem Morgen alle auf Baltrum für Brötchen zum Urlaubsfrühstück anstanden, war lang.

Baltrum war für sie die Insel der kurzen Querverbindungen, also ging sie zum Deich, lehnte sich an die Deichmauer, stützte die Arme auf, schaute in die Ferne und gab sich ihren Gedanken hin. Ab und zu ein Blick zurück auf das Westdorf. Zwischen den roten Backsteinhäusern tauchten immer wieder Feriengäste auf, die eine Brötchentüte in ihr Ferien-Zuhause trugen. Auch viele Kinder zählten zu den Einkäufern. Sie fuhren mit Umwelttaschen, die an den Lenkstangen hingen oder kleinen Rucksäcken fest an den Körper gezurrt mit ihren Kickboards, Rollern oder Fahrrädchen nach erfolgreichem Einkauf zu ihren Ferienhäusern zurück. Auch Kleine im Kindergartenalter waren dabei. Sie wurden von ihren Eltern auf Einkaufstour geschickt, sicher um ihre Verantwortung und Selbstständigkeit zu fördern. Das autofreie Baltrum machte es möglich. In ihren Heimatstädten wäre es unverantwortlich, so kleine Menschen allein loszuschicken.

Greta erinnerte sich an ihre Tochter, die daheim auch einmal ohne Begleitung zum Bäcker gegangen war: Ihr Einkauf war mit der Bäckereiverkäuferin vorher verabredet. Daher wurde sie erwartet. Damals besuchte sie den Kindergarten. Vier Brötchen zu kaufen, lautete ihr Auftrag. Greta und Max verharrten damals in Lauerstellung und atmeten auf, als sie ihre Kleine an der Haustür hörten. Sie legte ihre Einkaufstasche auf einen Küchenstuhl und fischte die

Brötchen und eine kleine weiße Papiertüte heraus. Mit Spannung, die man ihr ansah, beförderte sie zwei Weingummidelfine ans Tageslicht. Zuerst hatte Greta angenommen, dass die Verkäuferin ihr diesen Einkaufsbonus eingepackt hatte. Aber als sie das Wechselgeld betrachtete, stellte sie fest, dass das nicht der Fall gewesen war.

Freudig überreichte sie Lutz, ihrem kleinen Bruder, der im Hochstuhl am Tisch saß und auf sein Frühstück wartete, einen Delfin.

„Schön, dass du auch für deinen Bruder etwas mitgebracht hast", hatte Greta gesagt. Erst das Lob, erinnerte sie sich, dann die Ermahnung. „Wenn du etwas von Mamas Geld ausgibst, solltest du mich vorher fragen", hatte sie freundlich hinzugefügt.

„Aber, Mama", hatte ihre Tochter damals entrüstet geantwortet, „die habe ich nicht von deinem Geld gekauft, sondern von dem, das die Verkäuferin mir zurückgegeben hat."

Schöne Erinnerungen.

Greta atmete tief die frische herbstliche Luft ein. Das Meer kam stetig näher. Sie beobachtete, wie jede Welle, die seicht auf den Strand lief, sich ein kleines Stückchen weiter vorarbeitete. Brötchen werden später nicht ausverkauft sein, dachte sie und machte sich auf den Weg rund um das Westkap.

Die Buhnen streckten sich ins Meer und brachen die Wellen als Uferschutzwerke, die die Strömung des Wassers und die Wucht der Wellen vom Ufer abhalten. An dieser Seite Baltrums Richtung Norderney war die Strömung sehr stark. Aber dank der Wellenbrecher konnten sich die Seevögel bequem auf der Wasseroberfläche zwischen den Buhnen bewegen und sich ihr Frühstück besorgen.

Vogelformationen flogen über den Himmel. Zugvögel auf ihrem Weg, den sie im Herbst einleiteten, weil der Befehl des Aufbruchs in ihren Genen steckte.

Sie beobachtet die Enten, die sich auf den seichten Wellen verabredet hatten. Sie tauchten immer wieder ab und streckten ihr Hinterteil in die Höhe. Dann sah sie einen schwarzen kleinen Punkt, der

sich gleichmäßig hin und her bewegte. Plötzlich war er verschwunden. Ihr Interesse war geweckt, als sie ihn, am anderen Ende der begrenzten Wasserfläche, wieder auftauchen sah. Je näher der kleine schwarze Punkt dem Ufer kam, umso problemloser konnte sie an der Wasserverwirbelung beobachten, wo der Punkt wieder auftauchen würde. Es war eine kleine Robbe. Sie musste sich beim Ausflug mit ihrer Familie verschwommen haben und versuchte, diese Region wieder zu verlassen. Die Buhnen bildeten für sie Abgrenzungen und hinderten sie daran, ins offene Meer zurückzufinden.
Greta wusste nicht, wie lange sie auf das Meer geschaut und nur den Miniseehund beobachtet hatte. Auf jeden Fall tränten ihr später die Augen.
Auf der Wattseite von Baltrum liegen die Robbensandbänke. Die Ausflugsboote, auf denen man eine Tour rund um Baltrum buchen konnte, verharrten dort meistens eine Zeit lang und ermöglichten den Urlaubern ein Fotoshooting. Auch die Fähre fuhr an den Seehund-Bänken vorbei. Aber nicht immer lagen dort die dicken Meeressäuger in der Sonne. Hoffentlich schaffte es der kleine Schwimmer und würde bei Flut seine Gruppe wiederfinden. Sie beschloss, später am Tag noch einmal Ausschau nach ihm zu halten. Doch vorher aber gab es erst einmal Frühstück.

Herbst auf Baltrum bedeutete für Greta nicht nur volle rote Hagebutten und prall mit orangegelben Beeren gefüllte Sanddornstauden. Auch der frische Wind, der durchaus auch stürmisch sein durfte, gehörte dazu, ebenso mit Tau bedeckte Wiesen, frühe Sonnenuntergänge und lange Abende. Weitere sichtbare Zeichen waren die Hinweise auf ein abnehmendes gastronomisches Angebot. Am "Strandcafé" stand auf der Tafel, die sonst auf Spezialitäten hinwies: *Endspurt*. Diese Woche noch geöffnet von 10:00 bis 17:00 Uhr.

Die Anzahl der Strandkörbe war reduziert worden. Sie lagerten bereits hinter dem Deich in einer Halle.
Am Samstag waren die Kite-Surfer am Strand. Der Besitzer war damit beschäftigt, seine Station abzubauen. Ein Trecker mit Anhänger stand bereit. Als dieser sich später durch den weichen Strand kämpfte, ließ er tiefe Furchen im Sand zurück. Die Badesaison war beendet. Klar konnte jeder ins Meer springen, aber die Strandaufsicht der DLRG zog sich zurück. Die Beobachtung des Badegeschehens wurde eingestellt. Auch dort waren fleißige Hände am Werk und bauten den Stützpunkt ab. Einige Tage lang sah man die Fundamente, aber Wind und Sand würden nicht lange brauchen und hätten diese Stelle bedeckt und wieder eingeebnet.
Viele Hotels kündigten das Saisonende an und wiesen darauf hin, dass sie über die Wintersaison geschlossen haben würden. Allerdings gab es Vermieter auf Baltrum, die vermieteten ihre Häuser und Appartements das ganze Jahr über an Touristen. Greta war sich sicher, einmal eine Woche im Winter auf Baltrum zu verbringen, würde ihr gefallen. Aber dann brauchte sie ein etwas größeres Zimmer oder auch zwei.
In dieser Woche bewohnte sie ein Appartement, das sehr klein war. Der Platz reichte aus, weil sie die meiste Zeit draußen unterwegs war. Solange die Möglichkeit bestand, einzukehren oder draußen zu sitzen und zu lesen, war alles gut. Aber im Winter konnte es durchaus Tage geben, an denen sie sich nicht so viele Stunden vor die Tür traute. Da wären zwei Zimmer schon besser. Etwas Gemütliches, am besten mit einem Kamin, dachte sie.

Auf ihrem Spaziergang am Morgen hatte sich Greta für einen Blaubeerpfannkuchen am Abend entschieden. Sie liebte Blaubeerpfannkuchen, wenn sie ihn nicht selbst backen musste. Eigentlich war es nicht die Zubereitung an sich, sondern sie hatte nur Probleme mit dem Wenden. Eisern verzichtete sie mittags auf eine Mahlzeit und steigerte die Vorfreude auf den Blaubeerpfannkuchen. Sie hatte in

den letzten Tagen in Sachen Naschen etwas übertrieben. Aber ein Eis auf dem Hörnchen schmeckt halt auf Baltrum jeden Tag. Auch ein Tag ohne ein Stück Kuchen im "Café Kluntje" oder eines im Café des "Knusperhuuske" schien ihr ein No-Go zu sein. Am "Capp&Ccino" konnte sie auch nicht vorbeigehen. Solche Köstlichkeiten gab es daheim nicht. Vielleicht ist auch eine Portion Einbildung dabei. Der Obstler schmeckt in den Bergen auf einer Skihütte auch unvergleichlich gut. Zuhause bleibt die mitgebrachte Flasche meistens ungeöffnet bis zum nächsten Skiurlaub im Schrank stehen. Es ist die Verliebtheit in den Ferienort in Kombination mit der speziellen Köstlichkeit, egal, ob flüssig oder fest, die das Gesamtpaket Urlaub in der Erinnerung ausmachen. Aber in diesem Moment war Verzicht angesagt zur Einstimmung auf zuhause.
Als sie sich dann am Abend den Blaubeerpfannkuchen bestellen wollte, war er von der Karte gestrichen, da keine Blaubeeren mehr vorrätig waren. Sie musste mit einem Pflaumenpfannkuchen vorliebnehmen. Dieser schmeckte zwar auch gigantisch lecker, war aber eben kein Blaubeerpfannkuchen. Sie setzte sich draußen auf die Terrasse in einen Strandkorb, in der Hoffnung, die Riesenmöwe, die dort ihr Revier hatte und sich skrupellos und unverschämt auf Pommesstäbchen -ach, eigentlich auf alles, was auf den Tellern der Touristen lag - stürzte, wäre schon auf dem Weg in den Süden. Trotzdem warf Greta sorgenvoll einen Blick zum Dach hoch. Die Möwe war nicht zu sehen.
Greta hätte bis zum Sonnenuntergang sitzen können, aber ihre Strandkorbnachbarn vermiesten es ihr. Zwei ältere Herrschaften und zwei Enkel. Sie grüßten freundlich und machten auf sie einen ersten netten Eindruck. Die Redensart, dass *nett" die kleine Schwester vom Scheiße ist,* bestätigte sich und revidierte ihren ersten Eindruck. Sie unterhielten sich im Sinne von: mein Enkel und dein Enkel. Patchwork-Großeltern im Konkurrenzkampf. So eine Konstellation kannte Greta bis dato nicht. Wenn es nicht um die Enkel ging, ließen sie durchblicken, dass sie sich für privilegiert hielten,

Sonderbehandlungen für sich in Anspruch nehmen zu dürfen. Sie glaubten, sie hätten das Recht dazu und würden es im Zweifelsfall auch einklagen. Sie hielten sich für bessere Menschen, für die Creme der Gesellschaft.
Greta nahm ihr Buch zur Tarnung in die Hand. Lesen konnte sie nicht mehr. Entferne dich am besten, dachte sie, nicht, dass sie gleich ein Gespräch mit mir suchen. Auf Diskussionen und unschöne Bemerkungen hatte sie keine Lust. Aber vielleicht sah sie auch nicht standesgemäß aus, vielleicht würden sie sich auch gar nicht herablassen, mit ihr zu sprechen, denn Greta trug keine Designer-Markenklamotten. Sie packte ihre sieben Sachen in den Rucksack.
Der Kellner kam, um das Geschirr abzuräumen. Er fragte Greta freundlich, ob die Alternative Pflaumenpfannkuchen geschmeckt habe und entschuldigte sich nochmals. Selbst, wenn es Greta gar nicht geschmeckt hätte, sie hätte es in diesem Moment nicht gesagt. Sie musste sich abgrenzen von diesen bornierten meckernden Großelter, die in ihrer Vorstellung so ganz und gar nicht nach Baltrum passten. Da gab es andere Urlaubsorte, wo sie unter sich sein konnten. Während Greta sich bedankte, dass der junge Mann ihren Teller entgegennahm, schoben ihre Strandkorbnachbarn ihm ihr schmutziges Geschirr wie selbstverständlich entgegen. Sogar eine Kuchengabel fiel vom Teller. Aber sie machten keine Anstalten, diese aufzuheben.
„Sie sprechen aber gut Deutsch“, hörte Greta von nebenan.
„Ja, ich bin auch Deutscher und schon lange hier auf der Insel“, antwortete der Kellner, dessen Wurzeln in Bulgarien lagen.
„Da müssen Sie aber einsam sein, hier auf der kleinen Insel.“
„Nein, es sehr schön hier“, antworte der Mann freundlich.
„Am besten, Sie gehen mal in eines der größeren Hotels, die gibt es ja hier auch, da arbeiten viele junge Ausländerinnen.“
„Hm, ja, das wusste ich gar nicht“, sagte er verlegen.

„Treffen Sie sich denn nicht mit Ihren Landsleuten so fern von der Heimat und so einsam? In unserem Hotel sind sehr hübsche junge Mädchen beschäftigt. Vielleicht finden Sie dort eine Ihresgleichen."
Greta verschlug es fast die Sprache.
Der junge Mann schaute leicht verwirrt.
„Ich suche keine jungen Zimmermädchen", sagte er.
„Ist Ihnen die Auswahl nicht groß genug?", fragte der alte Herr und sah ihn mit schräg gehaltenem Kopf sehr provokant an.
„Ich bin mit meiner Frau gemeinsam nach Baltrum gekommen. Wie leben hier und wir arbeiten hier und wir haben uns diese Insel ausgesucht, weil sie uns gefällt. Meine Frau spricht übrigens auch gut Deutsch und ist Deutsche."
Dann drehte er sich um und ging.
Greta wollte nur weg von diesen Menschen und entfernte sich, ohne einen Gruß. So viel, von Rassismus geprägter Doofheit auf einmal, war nicht zu ertragen. Ihr taten die Enkel leid.

Es war mittlerweile neunzehn Uhr. Um halb acht sollte eine Veranstaltung auf der kleinen Bühne im "Kinderspöölhus" beginnen, für die sie sich eine Eintrittskarte gekauft hatte. Als sie dann vor dem Eingang stand, musste sie lesen, dass die Veranstaltung erst um halb neun begann. Auf dem Plakat und auf ihrer Karte standen unterschiedliche Zeitangaben. Sie ging wieder zu ihrem Appartement zurück. Irgendwie blöd. Ihre Laune war nicht so gut, denn das Gespräch dieser schrecklichen Großeltern geisterte weiterhin durch ihre Gedanken. Diese fehlerhafte Zeitangabe auf ihrem Ticket war nicht dramatisch, aber ärgerlich.

Am liebsten hätte sie die Vorstellung ausfallen lassen. Hin- und Rückweg in der Dunkelheit war nicht in ihrem Sinne. Viele Orte der Insel machten in der Dunkelheit auf Greta einen leicht gruseligen Eindruck. Dafür war aber ihre eigene Krimifantasie verantwortlich.

Die Dunkelheit war in hohem Maße geeignet, sie in Gedanken an schaurige Handlungen und Krimischauplätze zu führen.
Niemandem schien an diesem Herbstabend unterwegs zu sein. Es kam Greta unheimlich vor, an den Dünen entlangzugehen. Die Schwärze der Nacht und die nicht identifizierbaren Geräusche aus den Dünen bündelten sich. Immer wieder blieb sie stehen und lauschte, aber verräterische Schritte hinter sich nahm sie keine wahr. Sie entspannte sich erst, als die Tür des Veranstaltungshause hinter ihr zufiel.
Insgesamt saßen im Raum des Geschehens nur fünfzehn Gäste. Alle murmelten leise und nichts passierte. Dann fing die Vorstellung abrupt an. Keine Begrüßung, keine Einweisung, keine Vorstellung. Kein Mitglied der Gemeinde oder jemand von der Kurverwaltung war anwesend. Niemand kündigte die Damen an. Man hatte ihnen nur den Raum aufgeschlossen und überlassen. Es sollte eine musikalische Comedyshow präsentiert werden. Die beiden durchaus sympathischen Frauen zogen ihr Programm durch. Doch sie merkte, dass es ihnen keinen besonderen Spaß machte, zumindest zu Beginn der Show. Nach circa zwanzig Minuten schien sich auf beiden Seiten der Unmut etwas gelegt zu haben. Zumindest war nichts mehr von der Missstimmung der Künstlerinnen zu spüren. Nach einem holprigen Start war es dennoch eine erwähnenswerte amüsante Veranstaltung, bei der zum Ende hin viel gelacht wurde.

Greta stand draußen vor dem Veranstaltungshaus, das im Tagesgeschehen ein Kindergarten war. Die Dunkelheit fiel über sie her. Die Gäste waren verschwunden, bevor Greta den Reißverschluss ihrer Jacke zugezogen hatte. Sie stand nicht nur in völliger Dunkelheit, sondern auch noch alleine vor dem Haus. Der Weg zurück ohne Taschenlampe würde schwierig werden. Eine Beleuchtung gab es nicht. Sie konnte sich nicht daran erinnern, überhaupt Straßenlaternen gesehen zu haben. Dass sie an ihrem Handy auch eine lichtspendende Funktion hatte, fiel ihr in diesem Augenblick nicht ein, also tapste sie Schritt für Schritt den Weg entlang. Vorsichtig setzte sie einen Fuß vor den anderen, um nur ja nicht zu stolpern. Greta konzentrierte sich auf die Geräusche der Nacht und war alles andere als entspannt.

***

An den letzten beiden Tagen schrieb sie viel an ihrem eigenen Krimi. Es erging ihr wie zuhause. Wenn das Wetter nicht nach draußen lockte, schaffte sie meisten viel mehr ihres Arbeitspensums, als sie sich vorgenommen hatte. Gut war es, dass es an der Küste nie durchgehend regnete. So gab es immer wieder Unterbrechungen und damit die Chance auf einen schönen Spaziergang. Aber Greta liebte es auch, durch den Regen zu laufen. Regenkleidung ist dann von Vorteil. Wenn sie durchgefroren und nass wieder in ihrem Apparthaus ankam, empfingen sie duftende Aromastoffe, und die Freude auf Sauna und Wellness setzte spontan ein.
Wenn der Blick nicht in die malerische Ferne gerichtet war, dann suchte sie an den Gestaden etwas Interessantes zu finden. Sie sammelte rote abgeschliffene Tonscherben für ihre Herbstdekoration daheim. Außerdem hatte sie so viele Kilometer auf der Insel gelaufen, dass sie es sich gönnen konnte, die nächsten Tage etwas langsamer angehen zu lassen.

Am Tag vor der Abreise schmerzte ihr linkes Knie. Der alte Meniskusschaden? Oder eine Zerrung? Oder Arthrose? Sie wusste es nicht. Aber sie malte sich so einige Horrorszenarien aus, die in ihren Gedanken alle in einer Knieoperation endeten. Sie googelte nicht, um sich nicht rückwirkend die schöne Urlaubswoche zu verderben. Wer weiß, welch mega Krankheiten sich in ihrem Kopf festsetzten würden, wenn sie Dr. Google fragte? Sie schonte sich einen Tag und bemerkte erst am Abreisetag auf dem Weg zur Fähre, dass

sie kein Ziehen und Zerren mehr verspürte. Der Schmerz war wie weggeflogen.
Erleichterung stellte sich ein, denn sie würde nur kurz zuhause sein, einmal tief die vertraute Ruhrgebietsluft einatmen, Mutter und Tochter besuchen und erneut die Koffer packen. Denn bereits zwei Tage später im Oktober fuhr sie nach Berlin, ihren Sohn besuchen. Lutz und Charlottenburg warteten auf sie.

Von Waldmeisterwackelpudding im "Dünenschlösschen", einem Pinguin, der von der Brücke fällt und politisch unkorrekten Liedtexten und von einem Kippendampfer

Ihre Freude auf Baltrum war immens groß. Sie stellte sich wieder die Frage, warum diese Vorfreude sich stets so stark einstellte. Sie kannte Baltrum fast in- und auswendig. Es musste so eine Art Sehnsucht sein, die sie nach dieser kleinen Insel verspürte. Genau beschreiben konnte sie dieses Phänomen nicht. Es war nur so ein Gefühl. Was ihrer Vorfreude immer wieder einen Dämpfer gab, war die Krankheit ihrer Mutter. Es bestand die Möglichkeit, nicht fahren zu können. Dieses ständige Auf und Ab nervte. Während der kompletten Sommerferien zuhause bleiben zu müssen, war eine grausige Vorstellung. Greta arbeitete in einer Grundschule und war auf die Ferien angewiesen, wenn es um Urlaub ging. Urlaubsreif, ein schreckliches Wort, aber diesmal traf es auf sie zu wie nie zuvor. Die Krankheit ihrer Mutter stresste sie aufs Äußerste. In erster Linie machte sie das Befinden ihrer Mutter sehr traurig. Der ungeheure Zeitaufwand, der Greta abrupt traf, die Begleitumstände, die Auseinandersetzung mit Krankenkassen, medizinischen Diensten und Seniorenheimen potenzierte das Problem. Sie schaffte es nicht, sich auf eine Art und Weise mit all dem auseinanderzusetzen, um dieses mit ihren Lebensumständen in Einklang zu bringen. Am besten, sie beendete das Grübeln über diese Thematik, denn sonst setzten sich die Demenz-Alzheimer-Erfahrungen zu sehr in ihren Gedanken fest.

Sie wollte weg, denn Max` Todestag jährte sich zum fünften Mal. Ihr mühsam wiedergewonnenes Leben schien sich in Luft aufzulösen. Baltrum würde in diesem Sommer für sie eine Flucht- oder auch

Therapieinsel sein. Aber sie wusste, nur auf dieser kleinen Insel schaffte sie es, sich selbst wieder im Leben einzunorden.
Vorfreude soll angeblich die schönste Freude sein. Aber Greta kam nur kurze Zeit in den Genuss dieser Freude, denn sie buchte nur wenige Tage vor ihrer Abreise. Ihre Recherchen führten dazu, dass sie glücklicherweise ein Einzelzimmer in der Hochsaison entdeckte, überlegte nicht lange und buchte es. Es war ein riesiges Doppelzimmer zur Alleinbenutzung im "Dünenschlösschen", das einzige Hotel auf Baltrum mit einem Schwimmbad.
Ein bisschen plagte sie ihr schlechtes Gewissen, weil ihr erster Urlaubstag gleichzeitig Geburtstag ihres Bruders war. Sie wusste, dass Mutter bei ihm in dieser Zeit oben auf der Agenda stand wie sonst bei ihr. Sie hatten es arrangiert, dass ihre Mutter an jedem Werktag der Woche in die Tagespflege ging. Ihre Testtage ließen die Hoffnung zu, dass sie sich dort während Gretas Urlaub sehr wohl fühlen würde. Ihre Mutter war ein sehr geselliger Mensch und dachte, das Seniorenheim sei ein Urlaubshotel. Sie genoss die perfekte Animation. Zum Schlafen wurde sie allerdings wieder in ihre Wohnung gebracht. Das war das eigentliche Problem.
Aber ihr Bruder hatte Greta gedrängt, zu fahren.
Sie entschied sich für die zweite Fähre an ihrem Anreisetag, die sie über das Wattenmeer auf die Insel bringen sollte. Die Neun-Uhr-fünfzehn-Fähre war ihr zu früh. Seit Tagen musste sie mit nur wenig Schlaf auskommen, da wollte sie sich an ihrem ersten Urlaubstag keinen Wecker stellen müssen. Um die Fahrt bereits als Urlaub zu genießen, gab sie sich Zeit. So wählte sie die Überfahrt um halb sechs am späten Nachmittag. Als sie am Vorabend um halb sechs mit Mutter immer noch beim Arzt saß und bisher nichts gepackt hatte, war sie froh, sich für die späte Anreise entschieden zu haben. Ihre Tochter hatte gekocht und sie zum Abendessen eingeladen, als Einstimmung auf einen schönen Urlaub.

Max` Todestag fiel in die Baltrum-Woche. Sie ging am Abreisetag auf den Friedhof, brachte ihm seine Lieblingsrosen und stecke eine Kerze an, bevor sie auf die Autobahn auffuhr.
Die ersten Stunden fuhr sie problemlos immer nur geradeaus. Gemütlich tuckerte sie gen Norden. Kurz vor Leer in Ostfriesland begann ein Stau, den fast das Ruhrgebiet hätte eifersüchtig machen können. Wie es schien, waren wieder die absoluten Stauexperten unterwegs, die ihr Verhalten mit und in einem Stau nach eigenen Regeln demonstrierten. Sie fuhren mit Wohnanhängern über den Randstreifen. Schließlich wurde sie von einem Reisebus angehupt, der eine eigene dritte Spur einrichten wollte und sie rechts überholte. Es war also erhöhte Aufmerksamkeit geboten.
Trotz des hochsommerlichen Wetters fing es kurz vor Dornumersiel, heftig an zu regnen. Die Gischt spritze von der Fahrbahn hoch, in den Pfützen stand das Wasser. Aber so schnell, wie der Regen gekommen war, verschwand er auch wieder. Trotz Stau war sie gut in der Zeit. Um Viertel nach vier bog sie von der Störtebekerstraße rechts ab. Die Strandstraße schlängelte sich den Deich hoch. Als sie das Deichschart durchfahren hatte, lag der kleine Hafen von Neßmersiel vor ihr.
Die Abwicklung war Routine. Schließlich betrachtete sie sich als alten Hasen, was das Einchecken betraf. Kurz Parken, Fährticket im Automaten ziehen, Koffer in den Container stellen und das Auto auf der großen Parkwiese abstellen. Dann den Autoschlüssel überreichen und angeben, in welcher Parkreihe ihr Auto stand, fertig.
Als sie zum Anleger schlenderte, die erste WhatsApp nach Hause schicke, die den Kindern ein gutes *Angekommen* bestätigte, näherte sich gerade die Baltrum-Fähre. Die Touristen standen an Deck und winkten. Man konnte an ihren traurigen Gesichtern sehen, dass sie gerne länger geblieben wären. Das Schiff dreht immer kurz vor der Ankunft im Hafenbereich und legt dann erst an der Kaimauer an.
Die Fähre war proppenvoll. Kurze Zeit später beherrschte ein hektisches Gewusel den Anleger. Bei einigen Urlaubern schien sich ein

Schalter umgelegt zu haben. Die Ruhe der Insel hatte sie verlassen. Sie demonstrierten sofort den alten Stress: Drängeln, Schubsen, Eilen war angesagt. Es tröpfelte wieder. Als die Kette ausgeharkt wurde und den Weg auf das Schiff freigab, ging Greta die Rampe hoch, überquerte das Außendeck und setzte sich nach innen an einen Tisch. Die Fähre nahm Kurs auf Baltrum. Der Blick aus dem Fenster erfüllte sie mit Freude: blauer Himmel über der Insel. Je näher die Fähre Baltrum kam, um so postkartengleicher wurde das Bild.

Der Mann, der das Schild des Dünenschlösschens hochhielt und in seiner Funktion als Kofferträger auf die Gäste wartete, begrüßte sie freundlich. Er lud ihren Koffer auf seine Fahrradwippe und transportierte diesen mit dem Gepäck anderer Gäste zum Hotel. Sie konnte entspannt die gut eineinhalb Kilometer unbeschwert zum Ostdorf laufen. Auf Baltrum musste es am Vormittag auch geregnet haben. Das erkannte Greta später an den Spuren ihres Koffers. Michael war sicher mit Fahrradhöchstgeschwindigkeit, mit Unterstützung eines Elektromotors und Rückenwind durch die regenaufgeweichten Pferdeäpfel gerast. Sie hatten zu allen Seiten gestoben und gespritzt und ihren kompletten Koffer mit matschigem Pferdeapfel-Design besprenkelt. Gut, dass sie ihren Rucksack aufbehalten hatte und ihn nicht, wie angeboten, auch auf die Wippe gestellt hatte.

Die Hausgäste saßen beim Abendessen. Greta plante, sich kurz frisch zu machen und dann ab ins Restaurant. Essen. Leider hielt die Küche für sie nichts mehr bereit. Der Koch hatte sie nicht eingeplant. Außerdem hatte sie nur ein Zimmer mit Frühstück gebucht. Wie unflexibel, dachte sie. Hätten sie ihr ein Butterbrot oder eine Suppe angeboten, wäre sie auch zufrieden gewesen. Sonst knurrte Gretas Magen nie. Aber in diesem Augenblick grummelte er laut. Sie glaubte, der Kellner, der neben ihr stand, müsse ihre Magengeräusche hören. Sie wanderte später zum Westdorf hinüber, begrüßte kurz das Meer und ging ins "Strandcafé". Dort war die Hölle los. Alle

Reisenden, die mit ihr auf der Fähre gewesen waren, schienen an diesem Abend im "Strandcafé" essen zu wollen. Knallvoll die Bude, jeder Strandkorb belegt und auf den Bänken quetschten sich die hungrigen Gäste. Dieser Anblick erstickte jegliches Urlaubsgefühl und spiegelte keine Gemütlichkeit. Greta ergatterte im Innenraum einen Sitzplatz an einem Tisch, an dem ein Stuhl frei war. Man gestattete ihr, sich dazuzusetzen. Sie verspeiste schnell eine türkische rote Linsensuppe. Dazu trank sie eine frische kühle Apfelschorle. Zügig machte sie sich wieder auf den Weg zurück zum Hotel. Erst mal ankommen auf der Insel und den Koffer auspacken, vorher von dem Hartschalenkoffer die Pferdeäpfel entfernen und vor allem alles in Ruhe einräumen. Der Magen war zufrieden und hatte sein Rumoren eingestellt.

Der Fernseher auf der Kommode war ein Witz. Aber um ab und zu die aktuellen Olympiaergebnisse abzufragen, reichte das Modell aus. Er war aus der Zeit, als der Deutsche sprichwörtlich noch in die Röhre schaute. Versöhnlich stimmte sie der Matratzentest. Er fiel sehr gut aus. Darüber hinaus begeisterte Greta die perfekte Leselampe am Bett. Es war keine Funzel, die gerade mal so viel Licht spendete, dass man bei Nacht seine Hausschuhe vor dem Bett mehr erahnen als sehen konnte. Greta war zufrieden. Sie hatte fürs Erste alles, was sie brauchte.

Als sie am nächsten Morgen realisierte, dass ihr Bett, in dem sie aufwachte, auf Baltrum stand und sie supergut geschlafen hatte, kuschelte sie sich wieder gemütlich ein. Ihre Gedanken kreisten um den bevorstehenden Tag. Sie entschloss sich, ihn später sportlich zu beginnen.
Über den schwarzen Badeanzug zog sie den flauschigen dunkelblauen Bademantel, schlüpfte in die Badeschlappen und fuhr mit dem Aufzug nach unten. Wenn es schon so unkompliziert war, vor

dem Frühstück ein paar Bahnen zu schwimmen, musste sie diese Chance auch nutzen.
Ein tolles, gepflegtes Schwimmbad erwartete sie. Zu ihrem Erstaunen schien es auf sie alleine zu warten. Vierundzwanzig Bahnen schaffte sie in einer halben Stunde. Mal schwamm sie durch Waldmeisterwackelpudding, mal glaubte sie, durch Erdbeerwackelpudding zu kraulen. Die Unterwasserscheinwerfer wechselten ständig ihre Farben. Am besten gefiel ihr lila. Aber Blaubeerwackelpudding hatte sie bisher in keinem Supermarkt entdeckt. Die Schwimmerei hatte durch das Farbspiel und die Ruhe in diesem Raum etwas Mystisches. Das Wasser war unheimlich warm. Zu Höchstleistungen reichte es an diesem Morgen nicht. Sie freute sich auf das Frühstück, das sie in sehr guter Erinnerung hatte. Schließlich war sie dort schon einmal zu Gast.
Es ging ihr gut. Wie es schien, reichte ihr eine Nacht Tiefschlaf, um von Alltag auf Urlaub umzustellen.
Es war Sonntag. Für den Weg zur Kirche musste sie ein paar Minuten mehr einplanen, weil das "Dünenschlösschen" im Ostdorf und die St. Nikolauskirche im Westdorf lag. Sie ging an der "Teestube" im Westdorf vorbei, bog am "Hotel Strandburg" links ab und immer der Nase nach würde schon bald die riedgedeckte Kirche auf der rechten Seite, kurz vor der Schule, auftauchen.
Es war angenehm warm, leichte Bewölkung, die besten Voraussetzungen für einen schönen Spätsommertag. Aber leider war es in der Kirche etwas zugig und kühl. Ein Nierenwärmer wäre gut gewesen. Lustig bei dieser heiligen Messe, die gefeiert wurde, war, dass der Pastor aus Osnabrück kam und der Organist aus dem Saarland. Auf der Suche nach Messdienern wurde die Gemeindesekretärin auch fündig und konnte drei Kinder motivieren, die brav neben ihren Eltern in der zweiten Reihe saßen, als Messdiener einzuspringen. Sie kamen aus dem Kreis Borken, im Münsterland. Der Pastor hatte keine Erfahrung mit Jugendlichen, denn er reichte den Messdienern zur Wandlung den Kelch mit dem Wein. Alle drei tranken und

schielten zu ihren Eltern herüber. Die drei kamen aus dem Grinsen gar nicht mehr heraus. Es war sicherlich der erste Wein ihres Lebens. Zum Schluss vergaß der Pastor den Segen und wunderte sich, dass alle stehenblieben und nur zögerlich und irritiert die Kirche verließen.
Nach dieser Urlaubsmesse mit Touristen und wenigen Insulanern zündete Greta zum Urlaubsbeginn eine Kerze für Max an. Baltrum hatte nur circa fünfhundert Einwohner und lediglich fünfzig davon gehörten der katholischen Kirche an.

Die erste Spazierrunde führte über den Weg am Deich entlang, rund um das Kap im Westen und zurück bis zum Naturkundehaus. Von dort aus ging es zum Hafen und zum ersten Einkehrschwung ins Hafencafé gegenüber der "Rederei Baltrum Linie". Ein leises Surren erfüllte die Luft. Greta entdeckte, dass eine kleine Propellermaschine im Landeanflug auf Baltrum war. Es kamen nicht alle Gäste mit der Fähre oder einem Segelboot auf die Insel. Seitlich auf dem Rollfeld, direkt vor dem Flugkontrollturm, parkten acht kleine Flugzeuge. Sie lief an den kräftigen zotteligen Pferden vorbei und passierte die großen Schaukästen, die mit bunten Flyern, Plakaten und Prospekten gespickt waren. Das kulturelle Angebot auf der Insel war echt groß. Langweilen musste sich niemand, das stand auf jeden Fall fest. Dort bekam der Feriengast echt etwas geboten, wenn er es denn zuließ.
Eine freundliche Bedienung des Hafencafés räumte draußen das Geschirr von den Bierzelttischen. Sie sah herüber, winkte und begrüßte Greta mit ihrem Vornamen, ein Indiz dafür, dass man sich an sie erinnerte. Schon bemerkenswert bei so vielen Gästen, die ihr Jahr für Jahr in diesem Job begegneten. Greta hatte sie auf den ersten Blick nicht erkannt, denn sie hatte sich optisch verändert. Aber die Stimme war unverkennbar.

Die Ebbe übernahm die Verantwortung für das Geschehen am sonntäglichen Hafen. Es war nichts los. Die Fähren lagen fest. So konnte sie bei einem leckeren Milchkaffee ihre Lektüre und die gute Musik genießen, die aus den Lautsprechern drang.
Später entdeckte sie im Schaufenster der „Schatzinsel", dass es einen neuen Baltrum-Krimi gab.
Als Krimifan und als Fan dieser Insel-Krimis konnte Greta nicht widerstehen und das Buch wurde ihr erstes Baltrum-Souvenir in diesem Urlaub, das in ihrem Rucksack verschwand. Dort fand auch der Kartenvorverkauf für "Tough Guys", das neue Theaterstück der Inselbühne, statt. Ohne zu überlegen, nahm sie eine Karte mit.

Soll ich ein Mittagsschläfchen machen?, überlegte Greta. Ich muss ja nicht schlafen, aber etwas lesen in entspannter Position wäre sicher gut. Sie ging zum Hotel zurück. Auf einer weich gepolsterten Sonnenliege, die auf der hoteleigenen windgeschützten Liegewiese am "Dünenschlösschen" stand, ließ sie sich nieder. Ihr war klar, dass sie nicht lange in dieser Ruhephase verharren konnte. Sie musste laufen und ständig in Bewegung sein. Herumliegen war für sie Stillstand. Aber erneut stellte sie sich dem Versuch, eine Mittagspause zu machen. Es dauerte nicht lange, da fiel ihr das Buch aus der Hand und lag auf der Wiese. Greta war eingeschlafen.
Geweckt wurde sie von seltsamen Geräuschen, die Einzug in ihren Traum genommen hatten. Kratzende, schabende und röchelnde Töne drangen an ihr Ohr. Krimiszenen huschten durch ihren Kopf. Sie riss ihre Augen auf, bevor der Täter in ihrem Traum zustach und blickte in das Gesicht eines älteren Herrn, der sich in der Zwischenzeit neben ihr niedergelassen hatte. Dieser schnarchte selig vor sich hin. Erleichtert, dem Tod im Schlaf entkommen zu sein, griff Greta wieder ihr Buch und versuchte zu lesen. Aber schließlich beendete sie abrupt ihre erste Mittagspause auf Baltrum, weil die Geräusche, die aus dem offenstehenden Mund ihres Liegennachbarn strömten, fürchterlich an ihren Nerven zerrten.

Sie machte sich auf den Weg zum Strand, lief am Wasser entlang bis zum Naturschutzgebiet im Osten der Insel und dann wieder zurück. In der Höhe des Hundestrands ging sie Richtung Dünen. Da erwartete sie eine Strandbude, die eine Köstlichkeit auf der Speisekarte hatte, die manch einen den Kopf schütteln lässt. Löffel für Löffel genoss sie Milchreis mit Zucker und Zimt. Manchmal gehörte sie auch zu den Menschen, die ihr Essen fotografierten. Das Foto vom Milchreis schickte sie ihrer Tochter.
Sie würde das Bild sehen und sofort wissen, wo ihre Mutter sich auf Baltrum befand. Ihr würde bei diesem Anblick auch das Wasser im Munde zusammenlaufen. Mutter und Tochter hatten da so seltsame Gemeinsamkeiten – und dazu gehörte halt Milchreis mit Zucker und Zimt. Das zweite Fotozeigte die Kulisse mit Sonne, Strand und Meer, was die Delikatesse geschmacklich unterstrich.
In den Dünen entdeckte sie eine Bank und ließ sich dort mit ihrer Urlaubslektüre nieder. Viele Bänke trugen kleine Messingschildchen, auf denen die Namen von Baltrumer Gästen eingraviert waren. Sie hatten die Bänke der Gemeinde geschenkt. War das auch ein Ausdruck von Sehnsucht, von Identifikation mit Baltrum? Diese Art, sich zu verewigen, gefiel Greta. Früher schnitzte man seinen Namen in die Rinde von Bäumen. Inzwischen krakelten Jugendliche mit dicken Filzstiften ihre Initialen auf freie Flächen im öffentlichen Raum. Ob es auch Sprayer auf der Insel gab? Auf jeden Fall fand sie diese Messingschildchen als ein gelungenes Merkmal für zufriedene Urlauber.

Das Geschnarche bei ihrer Leseeinheit hatte sie so sehr gestört, dass sie sich gar nicht an das am Mittag Gelesene erinnern konnte. Sie blätterte viele Seiten wieder zurück.

Die nächste Teilstrecke führte sie ins "Café Kluntje". Urig und gemütlich begrüßte sie dieser Ort . Die Kuchenvielfalt begeisterte wie immer. Viele unterschiedliche Kuchen hatte sie bereits probiert, aber lange nicht von allen dieser süßen Köstlichkeiten genascht. Auch die Antikuchenfans sollten auf jeden Fall einmal während ihres Baltrum-Aufenthaltes da ein Stück Kuchen essen. Sie würden es nicht bereuen. Greta verspeiste ein Stück Rhabarber-Apfelkuchen und trank dazu einen Ostfriesentee. Die Sonne stand hoch am Himmel und warf lange Schatten, während sie sich ihrem Krimi widmete. Auf dem Rückweg konnte sie nicht widerstehen und genehmigte sich im "Inselcafé" ein Eis im Hörnchen. Eine Kugel Apfeleis und eine Kugel Rhabarbereis passend zum vorher verspeisten Kuchen. An diesem kalorienreichen Tag verzichtete sie auf das Abendessen und war froh, dass sie sich so viel bewegt hatte. Ihr neues Buch war spannend und ließ sie tatsächlich nicht los. Nachdem sie kurz die bescheidenen Olympiaergebnisse der Deutschen abgerufen hatte, ging sie mit ihrem mit ihrer Lektüre ins Bett.

Den kleinen Luxus vor dem Frühstück in "Nixes Nass" zu schwimmen, genehmigte sie sich auch am nächsten Urlaubstag. Wieder war sie alleine in dem großen Pool, mit einer Wassertemperatur von mehr als dreißig Grad.
Nach einer halben Stunde machte sie eine kleine Verschnaufpause und fand die Knöpfe, mit der die Gegenstromanlage eingeschaltet werden konnte. Aber Strömungen und Wasser passten für sie grundsätzlich nicht zusammen. Als ehemalige Taucherin hatte sie vor Strömung immer größten Respekt gehabt und wollte keine unliebsamen Erinnerungen an alte Abenteuer wecken.
Sie fand am Beckenrand einen weiteren Knopf, drückte zaghaft darauf. Das große Blubbern setzte ein. So ruhte sie sich auf einer der Unterwassersitzbänke aus und genoss die Massage der Wasserstrahlen und das Sprudeln des Poolwassers.

Ach, übrigens, den Grund für das einsame Ziehen ihrer Bahnen vermutete sie in der dauergewellten Altersstruktur der Hotelgäste. Dieses Mal schaffte sie dreißig Bahnen, bevor sie sich an den Frühstückstisch setzte. Auf weißen Dammastdecken wurde Kaffee in schweren silbernen Kaffeekännchen serviert. Sie hatte mal gelesen, dass in diesen dickwandigen Kännchen der Kaffee heißer bleiben würde als in jeder Thermoskanne. Für die erste Tasse traf dieses auch zu. Aber der Hauptunterschied bestand zudem in der Optik. Das kleine Kännchen mit dem Klappdeckel und unzähligen Putzkratzern erinnerte an eine längst vergangene Zeit. Dazu das winzig kleine Kännchen, gefüllt mit Kondensmilch. Das Potpourri hatte schon etwas Nostalgisches.

Greta stand auf der Terrasse vor dem Haus, in inniger Gesellschaft mit den Rauchern und suchte, als passionierter Nichtraucher, den Windschatten. Die riesige Fläche der Salzwiesen lag vor ihr. Bei diesem Anblick ging einem das Herz auf. Unermüdlich schrien und kreischten die Vögel, die in großen Kolonien die weite Landschaft bis zum Watt bevölkerten. In der Ferne sah sie den Hafen. Die gelben Aufbauten zeigten an, dass eine Fähre am Kai lag. Am Horizont entdeckte sie das Festland mit unzähligen Windkraftanlagen, die den kompletten Küstenstreifen säumten. Schon nach wenigen Minuten musste sie feststellen, dass Sommer war – nicht nur auf dem Kalender – und sie sich viel zu warm angezogen hatte.
Ein Blick auf die Uhr signalisierte Beeilung. Sie würde hetzen müssen, um pünktlich bei der Strandgymnastik anzukommen. Greta entschied sich, den Tag entspannt anzugehen, und machte sich in Ruhe auf den Weg.
Später marschierte sie gemütlich am Meer entlang und sah sich das Gezappel der Frühsportler aus sicherer Entfernung an. Der Physiotherapeut stand auf seinem Podest und mimte den Vorturner. Greta verschob ihre Teilnahme auf den nächsten Tag. Eines konnte sie mit Sicherheit sagen, und damit ihre Nichtteilnahme an der

Standgymnastik vor sich rechtfertigen: Niemand der Turnbegeisterten war an diesem Tag schon dreißig Bahnen durch Zitronenwackelpeter geschwommen.

Direkt gegenüber dem weißen Container, in dem das Büro der Strandkorbvermietung untergebracht war, stand eine Bank. In Lauerstellung verharrte Greta in der Nähe und wartete darauf, dass die drei älteren Herrschaften sich langsam wieder erheben würden, die diese aussichtsträchtige und strategische und unkompliziert zu erreichende Sitzgelegenheit belagerten. Die Bank war sicherlich nicht zur Dauerbenutzung gedacht. Darauf durfte man kurz innehalten und sich die Füße vom Sand befreien, wenn man anschließend in Straßenschuhen weiter über die Insel pilgern wollte. Diese drei Sommerfrischler hatten jedoch Sitzfleisch. Aber wie es schien, warteten sie auch auf die nächste Strandbelustigung, das Strandsingen.

Greta konnte es sich immer noch nicht vorstellen, dass sie es selbst war und keine Doppelgängerin, die da wieder einmal im weichen warmen Sand stand und befreit Seemannslieder von Liebe und Sehnsucht in den strahlend blauen Baltrumer Himmel schallerte. Dieses täglich stattfindende musikalische Treffen hatte etwas von Tradition. Es erinnerte sie an Urlaube am Meer in den Fünfzigerjahren. Fotos in dem alten abgegriffenen Fotoalbum ihrer Eltern spiegelten diese Zeit. Damals war das Reisen nach langen zerstörerischen Jahren erstmals wieder möglich geworden. Sie stufte dieses Singen als absolutes Freiheitsgefühl ein.
Ein Anflug von Wehmut ergriff sie, als sie sich nach Jahrzehnten wieder einmal fragte, wer die Kokosnuss geklaut hatte. Sie beteiligte sich bei der Verfolgung der Affenbande, die durch den Wald hetzte. Ihre Sonnenbrille diente als Schutz vor der Sonne, aber auch als Tarnkappe, weil sie nicht sofort erkannt werden wollte. Aber vor wem sie ihre Identität in diesem Moment verborgen hielt,

konnte sie nicht einmal sagen. Dann sang die Sängergemeinschaft über „Drei Chinesen mit dem Kontrabass".
Alle Sänger kannten das Lied, selbst die coolen Öko-Eltern, die neben ihr standen, waren textsicher. Es scherte sich niemand darum, seinen Kindern einen Liedertext vorzusingen oder sogar beizubringen, in dem den Chinesen Kulturferne unterstellt wird und damit diskriminierende Verhaltensweisen verbunden waren. Bereits im Mai wurde, vom wem auch immer, der Text als *politisch nicht korrekt* eingestuft, hatte sie in einem Online-Magazin gelesen. Aber daran dachte oder wusste niemand von den Sängern, die Lebenslust verspürten und denen es völlig egal war, was sie da trällerten. Bei dem Lied „Über den Wolken" von Reinhard Mey verfielen alle in eine absolut sentimentale Stimmung. Begleitet wurde diese Veranstaltung von Musikern, die auf dem Podest Platz genommen hatten, nachdem die sportliche Einheit beendet war. Zwei Gitarren, ein Schifferklavier und eine Querflöte sorgten für die musikalische Begleitung. Auch eine Klarinette wurde zwischendurch herausgeholt. Es gab Wiederholungsurlauber auf Baltrum, die ihre Musikinstrumente mitbrachten, um bei der Jamsession mitzumachen.
Einige Urlauber standen auch abseits und beäugten das Strandsingen von Weitem. Gerne hätte Greta mit ihnen gesprochen und nach den Gründen ihrer Skepsis gefragt, denn diese strahlten sie aus. Sie hatte vormals auch am Rand gestanden und nicht so recht gewusst, was sie von dieser musikalischen Aktion im Sinne von Touristenbespaßung halten sollte. Aber das war es definitiv nicht. Das Strandsingen war ein Puzzleteil im Gefüge der Insel, das Wohlbefinden vermittelte.
Mit einem Male wurde ihre Aufmerksamkeit umgelenkt. Ein Menschenstrom ergoss sich von Westen über den Strand. Wie ein blaues Band bewegte sich dieser auf das Strandkorbareal zu. Mehr und mehr Menschen in Blau liefen die Treppe am "Strandhotel Wietjes" hinab auf den Strand. Das muss eine komplette Fährladung sein, dachte Greta. Je näher sie kamen, umso deutlicher

konnte man feststellen, dass es sich um junge Menschen handelte, Schüler. Sie waren aber nicht auf Klassenfahrt, es musste mindestens eine Schulfahrt sein. Mit dieser Vermutung behielt Greta recht. Auf den blauen T-Shirts stand: *NIGE -EST -50.*

Bevor sie sich das Gehirn zermarterte, was das heißen konnte, fragte sie eine Schülerin. Sie übersetze bereitwillig. Es war die Abkürzung für: Niedersächsisches Internatsgymnasium Esens und die Schule wurde fünfzig Jahre alt. Die Inselkinder besuchten sie, wenn sie die Qualifikation für ein Gymnasium erhielten. Auf Baltrum gab es eine Schule. Bis Klasse zehn konnten die Kinder und Jugendlichen dort unterrichtet werden. Leider gab es keinen gymnasialen Zweig.

Greta hatte insofern auch recht, dass sie mit einer Sonderfähre nach Baltrum gekommen waren. Die letzte Flut hatte sie anreisen lassen. Später liefen die Schüler bei Ebbe durch das Watt wieder nach Neßmersiel zurück.

Greta hatte sich in einem Strandkorb mitten im Ort der Insel gegenüber von "Stadtlander" niedergelassen und beobachtete das Treiben. Die Farbe Blau beherrschte die Insel. Neben ihr auf einer Bank hatten einige Jugendliche Platz genommen und vertrieben sich die Zeit bis zur Wattwanderung zurück zum Festland.

„Scheiß Mücken hier auf Baltrum", hörte Greta. Ein junger Bursche klatschte sich mit der flachen Hand auf den Arm. „Aber seit ich eine Beinbehaarung habe, hält sich das Problem in Grenzen. Da kommen sie nicht mehr durch", fuhr er fort. Zwei schlanke muskulöse Jungmännerbeine schnellten in die Höhe. Anschließend griff er sich in den Schritt und ließ die Hände über seinen Körper nach oben gleiten. „Von hier aus ist alles blank. Aber dafür habe ich jetzt Stoppeln."

Die drei Burschen waren circa fünfzehn Jahre alt. Greta konnte sich ein Grinsen nicht verkneifen. Die Jungen weiteten das Gespräch über Behaarungen weiter aus und ergänzten es um Piercings an

delikaten Stellen. Ihre Sprache war klassisches Hochdeutsch. Hätte die Bank im Ruhrgebiet gestanden, wäre sie sicher Zeuge einer verstümmelten Sprache geworden, da war sie sich sicher. Aber an diesem Ort schien die Sprache der Jugendlichen keinen negativen Einflüssen ausgesetzt zu sein. Ihre Unterhaltung war sehr laut. So zogen sie die Aufmerksamkeit einiger Urlauber auf sich.
Greta suchte das Gespräch. In ihrer Stadt wäre sie mit den Jugendlichen nicht so leicht in Kontakt gekommen. Sie hätten es uncool gefunden, von einer älteren Dame angesprochen zu werden. Vielleicht gehe ich zuhause auch immer nur an den falschen Bänken vorbei, dachte Greta. Die jungen Ostfriesen teilten ihr mit, warum sie so uniformiert auftraten. Sie trugen alle blauen Hemden und später auch ausnahmslos blaue Kappen. Auf dem Weg zurück würden sie im Watt eine kleine Pause machen und durch die Choreografen der Schule alle so positioniert werden, dass der Schriftzug der auf ihren T-Shirts aus der Vogelperspektive zu lesen sei. Ein Kamerateam des NDR war auf der Insel und dokumentierte das Event. Drohnen folgen durch die Lüfte und filmten von oben.

Sie ging zum Hafen, um sich die Karawane anzusehen, die gemeinsam ins Wattenmeer zog. Das Hafencafé war zwischendurch überfüllt. Selbst die Hafenanlage kam einem Belagerungszustand gleich. Aber schließlich war die Insel wieder von blauen T-Shirts befreit.
Anmerkung: Später hat sich Greta den Bericht im Fernsehen angeschaut. Beeindruckend.

Auf dem Rückweg ins Westdorf kam sie bei "Störtebeker" vorbei. In diesem Ladenlokal vereinten sich mehrere Dienstleister. Bäckerei, die örtliche Poststelle und ein kleines Café waren dort angesiedelt. Heute, so hatte sie beschlossen, werden Kalorien gespart. Aber da das Mittagessen ausgefallen war, entschied sie sich für eine Kleinigkeit, die sie unterwegs essen wollte. Sie betrachtete versonnen die Leckereien in der Glastheke. Ihre Konzentration bei der Auswahl

nahm ab, als sie folgenden Dialog zwischen zwei Insulanerinnen hörte:
„Moin!"
„Moin!"
„Was kann ich für dich tun?"
„Ich nehme ein halbes Brot von dem da."
„Gut"
„Kannste es mir schneiden?"
„Ja, kostet nichts extra."
„Kannste dünne Scheiben schneiden?"
„Ja klar, ich kann es dir auch hochkant schneiden oder längs oder auch diagonal. Oder auch in kleine Würfel. Kostet nichts extra."
„Okay."
„Und bei dir alles schick?"
„Ja, alles schick."
„Und bei dir?"
„Hat gutgetan, mal wieder ein paar Tage am Festland zu sein, weg von der Insel."
„Wars schön in der alten Heimat? Ja, bei mir ist auch alles schick."
„Und bei dir? Alles schick?"
„Hab ich dir doch gerade gesagt."
„Ja, stimmt. Ich nehme noch `nen halben Stuten."
„Auch geschnitten?"
„Auch geschnitten."
„Auch hochkant?"
„Wenn du das kannst."
„Ist schon schwierig, normale Schnitten zu schneiden. Nee, kann ich nicht."
„Macht nix."
„Ich weiß. Musste die erste Schnitte dann so essen."
„Gut. Wie denn?"
„Ja, so halt. Extra."
„Ist gut."

„Grüß Sonja von mir."
„Ja, kann ich machen, bis dann."
„Ja, bis dann."
Abrupt drehte sich die Dame hinter der Kasse zu Greta. „Und was darfs sein?"
Greta zögerte. Sie war in diesem Moment dabei, den Dialog in ihren Gehirnwindungen abzuspeichern. Zudem musste sie ihren Kuchen-Auswahl-Prozess erst wieder in Gang bringen.
„Na, Ihnen dürfte die Wahl jetzt nicht schwerfallen? Oder? Sie hatten ja lange genug Zeit, sich was auszusuchen. Also, was darf ich Ihnen einpacken?"
Das zu Anfang auferlegte Süßverbot hatte sie durch das Gespräch völlig verdrängt. Durch die kleine Überrumplung sagte sie spontan: „Eine Nussecke bitte, hochkant geschnitten und ein Stück von dem da, nicht geschnitten." Sie zeigte auf einen Kuchen, dem niemand widerstehen konnte. Irritiert packte die Verkäuferin das Bestelle in eine Tüte.

Es war der Tag des Jahres, an dem die Ablenkung am größten sein musste. Möglichkeiten, die ihr Raum zum Grübeln ließen, wollte sie aus dem Weg gehen. Der gigantische Muskelkater, den sie verspürte, als sie sich aus dem Bett quälte, lieferte ihr in gekrümmter Körperhaltung die perfekte Ausrede, nicht schwimmen zu gehen. Eine Bahn nach der anderen, immer die gleiche Bewegung ausführend, machte ihr sonst den Kopf frei zum Nachdenken. Aber an diesem Tag wollte sie nicht nachdenken. Jeder Gedanke würde sie unweigerlich zu Max führen. Laufen musste sie schon, aber nicht laufen, um nachzudenken. Greta dachte oft an Max. Aber an diesem Datum würden sich ihre Gedanken nur um die schlimmen Ereignisse im Zusammenhang mit seinem Tod drehen, und das konnte sie nur schwer steuern. Der Kopf machte, was er wollte. Die Gedanken sind zwar frei, aber bei Greta unterlagen sie einer eigenen Gesetzmäßigkeit, die mit dem Kalender verbunden war.

Logisch wäre gewesen, wenn sie schon nicht Schwimmen ging, wenigstens zur Strandgymnastik zu gehen. Aber warum sollte sie der Logik folgen? Die Strandgymnastik ließ sie ausfallen, ebenso wie das Schwimmen.

Beim Frühstück legte sie ihre Kladde neben den Teller und begann zu schreiben. Schreiben war stets Gretas Steuerungselement. Sie schrieb und schrieb, aß ohne aufzusehen ein Brötchen, ohne nachher sagen zu können, welche Marmelade sie auf die Brötchenhälften gestrichen hatte. Sie trank den Kaffee und schütte sich aus der schweren silbernen Kanne nach. Sie sah aus dem Fenster und schrieb weiter. Das Schlüpfen in die Welt ihrer Protagonisten half ihr, die reale Welt auszublenden. Wieder in ihrem Zimmer öffnete sie weit das Fenster, setzte sich an ihren Arbeitsplatz, fuhr den Computer hoch und widmete sich dem neuen Plot, den sie zuhause vorbereitet hatte. Arbeit ist die beste Medizin, die uns die Natur gegeben hat, dachte sie. Der Name des alten römischen Arztes, der das schon gewusst hatte, fiel ihr jedoch nicht ein. Das Sprichwort heißt eigentlich: *Lachen ist die beste Medizin*, aber der Begriff Arbeiten half bei ihr an diesem Tag besser. Es gab für einen längeren Zeitraum nur ihren Computer und ihre fiktiven Handlungen.

Leise Geräusche der Insel drangen immer mehr aus der Ferne zu ihr herüber. Das Signalhorn der Fähre, am Hotelfenster nur gedämpft zu hören, kündigte das Auslaufen des Schiffes an. Hartes Pferdegetrappel drang von dem rot gepflasterten Weg zu ihr herauf. Die Hufe trafen auf den Straßenbelag, rhythmisch und hohl klingend. Die Insel war autofrei. So mussten Pferdegespanne die Lasten, die mit der Fähre ankamen, zu den Empfängern transportieren. Greta nahm die zunehmende Geräuschkulisse auf, die die Wirkung eines Weckers hatte, der leise begann und stetig zunahm. Sie reckte sich, fühlte sich verspannt. Der Zimmerstuhl war nicht die optimalste Sitzgelegenheit, um längere Zeit vor dem Computer zu hocken. Sitzen ist das neue Rauchen, hatte sie gelesen. So kamen zu ihrem Muskelkater Rückenschmerzen hinzu. Bevor ihre Beine anfingen zu kribbeln, musste sie los. Raus an die Luft, in die Dünen, an den Strand. Die Bekämpfung ihrer Melancholie, die sie eigentlich gar nicht hatte und immer nur befürchtete, dass sie irgendwann einsetzen würde, schien erfolgreich im Keim erstickt. Sie war nicht traurig. Sie dachte an Max. Vier Jahre war er inzwischen nicht mehr bei ihr. Sie hatte es sich in ihrem Leben neu eingerichtet und lebte ihr Leben, selbstständig und mit einer positiven Einstellung, meistens wenigstens. Max war immer dabei, wenn sie die Welt neu eroberte, und sie brachte ihm auch stets etwas aus dem Urlaub mit, meistens einen kleinen besonderen Stein. Diesmal kaufte sie einen Stein. Sie hatte ihn in einer Auslage auf der Insel entdeckt. Es war eine blaue Steinkugel, etwa so groß wie eine Walnuss, mit grauen Farbeinschlüssen gesprenkelt. Greta erinnerte sie an eine Weltkugel. Diese kaufte sie zur Erinnerung an den fünften Jahrestag. Sie wollte sich diese Kugel, die von Pol zu Pol durchbohrt war, ab und zu von Max ausleihen und sie zuhause an einem Lederband zu besonderen Anlässen tragen.

Ihr Buch im Rucksack trabte sie los und eröffnete eine Baltrum-Lese-Runde. Das Inselflair, welches sie einhüllte war die passende Leseumgebung.
Eines ihrer Ziele war an diesem Tag der Rosengarten. Liebevoll wurde er auch Kurpark genannt. Er lag im Osten des Westdorfes, aber nicht im Ostdorf und war winzig klein. Ihr Weg führte Richtung "Teestube". Kurz vorher bog sie rechts ab und sofort wieder links. Versteckt zwischen Hagebuttensträuchern stand eine windgeschützte Bank. Das Panorama Richtung Wattenmeer war von dort aus unvergleichlich schön. Nach einem Lesekapitel auf dieser Bank ging sie weiter zum Rosengarten, der inmitten eines kleinen Kiefernwaldes lag.
Es war zwar nicht mehr früh am Tag, aber niemand hielt sich an diesem idyllischen Plätzchen auf. Das Wetter schien perfekt für einen Strandtag zu sein. Strand und Meer wirkten auf die meisten

Urlauber wie ein Magnet. Aber vorerst saß sie windgeschützt, in der Sonne auf einer Parkbank , pumpte ihre Lunge mit frischer reiner Nordseeluft voll. Es umschwebte sie der betörende Duft einer gigantischen Rosenfülle. Rosen der unterschiedlichsten Arten hatten an diesem Ort eine Heimat gefunden. Liebevoll waren sie zu einem wahren Garten-Kunstwerk arrangiert. Zum Lesen wechselte sie zu einer Bank, die auf der Schattenseite stand und widmete sich dem Buch. Nur das leise Plätschern des Wassers, das ein kleiner Frosch mit Krone in hohem Bogen auf einen Stein spie, begleitete das Lesekapitel. Ein Ort der Stille. Diese Erkenntnis hatte aber nur solange Bestand, wie sie sich alleine dort aufhielt.
Zwei weißhaarige ältere Damen standen auf einmal jenseits des metallenen Tores, das Einlass in diese duftende Oase ermöglichte. Es war ein schmiedeeisernes Kunstwerk in das die Inselglocke, ein Baltrum-Symbol, eingearbeitet war. Das Tor ließ sich nicht so leicht öffnen. Nicht die Schwere des Materials war dafür verantwortlich, sondern der Mechanismus hatte die gewollte Tendenz, immer dafür zu sorgen, dass das Tor wieder zufiel, sollte ein Besucher es aus Versehen nicht richtig geschlossen haben. Damit wurde verhindert, dass die Kaninchen in den Rosengarten Einzug hielten und ungestört die Blumenpracht mit ihrem schier unendlichen Appetit vernichteten. Die beiden alten Damen mit ihren Rollatoren hatten ebenso Schwierigkeiten wie die Kaninchen, die Schwelle zu überschreiten. Eine kurze Zeit beobachtete Greta die beiden, dann stand sie auf, um ihnen behilflich zu sein.
Sie grüßten auf ihr freundliches „Moin" nicht, passierten sie, die ihnen das Tor sperrangelweit aufhielt, ohne jegliche Reaktion. Greta schüttelte den Kopf und ging zu ihrer Bank zurück, auf der ihr Rucksack und das aufgeschlagene Buch lagen. Glaubten die beiden, sie wäre der Türsteher des Rosengartens? Sie nahm das Knirschen der Räder von Gehhilfen auf dem mit Muschelsplitt übersäten Rundweg wahr. Die Damen bezogen ihr Quartier schräg gegenüber von Gretas Bank.

Die Idylle der Leseoase veränderte sich. Die beiden saßen nebeneinander und begannen, sich zu räuspern. Mal im Einklang, dann wieder in unharmonischem Takt. Das eklige Räuspern verlangte Greta viel Toleranz ab. Es hörte sich rotzig und krächzend an wie nach fünfzig Jahren täglich zwei Schachteln gequalmter Zigaretten. Widerlich. Nachdem die beiden Alten ihre Schleimhäute so einigermaßen befreit hatten, begannen sie mit der Kommunikation Stufe 2. Worte mischten sich in das Räuspern, Rotzen und Husten. Ihre Stimmen waren schrill, quäkend bis quietschend. Sie erinnerten an Kermit, den Frosch, im Stimmbruch mit Erkältung. Der Anblick der beiden alten Damen hatte etwas Skurriles.
Sie würden eine gute Vorlage bieten für ein Comedy-Programm, dachte Greta und klemmte das Lesezeichen in ihr Buch und verließ die ehemalige Oase der Ruhe. An anderen Orten der Insel fand sie andere fantastische, in die Natur eingebundene Bänke und jede Menge Gelegenheiten, konzentriert zu lesen.

Am Abend auf dem Weg zurück zum "Dünenschlösschen" ging sie an der St. Nikolauskirche vorbei, die dem Schutzpatron der Seefahrer geweiht war und zündete für Max ein zweites Licht an. Ihr gefiel es sehr gut, dass dort die Lichter nicht auf Kerzenständern abgestellt wurden. Ein großer Glasbottich, gefüllt mit Sand vom Baltrumer Strand nahm die Lichter auf. Er ähnelte einem mit Sand gefüllten Aquarium. Für sie symbolisierte dieser besondere Kerzenständer das Meer und die darin abgestellten Lichter kleine Schiffe.

Es war Sommer, richtiger Sommer und das Thermometer würde sehr hochklettern. Darum entschied sich Greta an den Strand zu gehen. Sie reihte sich in die Karawane der Urlauber ein, die mit Strandutensilien beladen, Kinder in freudiger Erwartung auf Sand und Wasser im Schlepptau, den Weg durch die Dünen hochzogen. Sie nahm sich vor, einen Strandkorb zu mieten, und hoffte auf Erfolg. Viele Urlauber, die nur aus diesem Grund auf die Insel kamen,

weil sie die Tage von morgens bis abends am Strand verbringen wollten, buchten in der Regel online von zuhause einen Strandkorb. Als Tipp galt, lieber vorzeitig reservieren, um später nicht ohne Strandkorb dazustehen. Denn je besser das Wetter zu erwarten war, umso eher musste man davon ausgehen, dass alle Strandkörbe vermietet sein würden. Greta wusste nie, wann sie Lust auf einen Strandtag hatte. So kam Vorbuchen für sie nicht infrage.
An diesem Tag befürchtete sie, kein Glück zu haben, einen der beliebten Korbstühle zu bekommen und schon gar nicht einen, der in vorderster Reihe zum Wasser stand. Doch das Glück war ihr hold. Wo ihr Strandkorb mit der Nummer 312 stand, war ihr egal. Sie war froh, überhaupt einen ergattert zu haben. Sie würde jemanden finden, der ihr behilflich sein würde, dieses schwere Monstrum von Strandkorb so zu drehen, dass sie nicht die volle Ladung der Baltrumer Sonne abbekam. Blau-weiß-gestreift und sauber nahm Greta dieses Sitz- und Ruhemöbel mit bester Aussicht in der ersten Reihe in Besitz. Da hier vorher keine Tiefbauarbeiten von Kindern vorgenommen wurden und der Sand recht plan war, konnte sie den Strandkorb auch leicht selbst hin- und herbewegen.
Sie war sich nicht sicher, ob sie sich an diesem Sommertag in die Fluten der Nordsee stürzen würde. Je mehr Haut sie der Sonne präsentierte, umso intensiver musste sie sich eincremen. Greta verabscheute Eincremen, das mit einer anschließenden Panade einhergehen würde. Den Sonnenhut, im Mai an der Algarve gekauft, setzte sie auf, um einem Sonnenstich vorzubeugen.
Puh, es ging ihr richtig gut. Sie schaute verträumt auf das Meer, über das sich ein wolkenloser blauer Himmel wölbte und war sich wieder einmal sicher, dass sie nicht zum letzten Mal auf dieser Insel Urlaub machen würde. Selbst der Griff zum Buch ließ auf sich warten. Sie genoss eine lange Zeit nur die Aussicht.
Sie gesellte sich zu den wartenden Sportbegeisterten und nahm an der Strandgymnastik teil. Danach blieb sie vor Ort im Sand sitzen und wartete auf das nachfolgende Strandsingen. Ein Griff in die Box

mit den Liederbüchern, um keine Textschwächen zu haben, und sie war bereit. Mutig setzte sie ihre Lesesonnenbrille auf, mit der sie keinen einzigen sicheren Schritt über den Sand würde laufen können. Sie schützte weder vor scharfkantigen Muscheln, spitzen Steinchen und Löchern, die von kleinen begeisterten Baumeistern, bewaffnet mit Schüppen und Schaufeln wie im Akkord gegraben wurden. Aber diese Brille schützte ihre Augen vor der Sonne und präsentierte lesbare Texte.
Ihre Strandkorbnachbarn auf allen drei Seiten gefielen ihr gut. Sie waren freundlich. Man traf sich über den ganzen Tag verteilt immer mal wieder kurz zum Austausch wie bei einem Plausch am Gartenzaun, ohne gleich ihre Lebensgeschichten zu erfahren. Greta passte kurz auf deren Besitztümer auf, wenn sie sich in familiärer Gemeinsamkeit in die Wellen stürzen wollten.
Sie wagte es dann schließlich auch, als die Hitze so groß war, dass sie sich nur noch nach einem schattigen kühlen Platz sehnte, und tauchte in die Nordsee ein.
Der Tag am Strand war perfekt, aber dieses Strandleben jeden Tag in Folge wäre ihr etwas zu viel.
Am Nachmittag, als Greta der Meinung war, das Licht sei optimal für Fotos, ging sie nach einer Portion Milchreis mit Zucker und Zimt und einem leckeren Cappuccino zum Hotel und entfernte Sonnencreme und Sand, bevor sie eine spätnachmittägliche Wanderung unternahm. Dabei richtete sie ihr Augenmerk auf die Farbe Gelb. Es entstand eine gelbe Fotostrecke. Eigentlich drängten sich rote Elemente der Insel mehr in ihren Fokus. Aber die rote Foto-Motive-Tour hatte sie in einer anderen Baltrum-Woche bereits gemacht.
Auf dem ersten gelben Schild, das sie fotografierte stand:
Wegen starker Strömungen nutzen Sie bitte zu Ihrer eigenen Sicherheit nur den bewachten Badebereich. Achten Sie bitte auch auf Kinder. Vielen Dank. Kurverwaltung Baltrum. Die Werkleitung.

Was eine Werkleitung war, wusste sie nicht, aber die Empfehlung auf dem Schild machte Sinne. Sie ging ohnehin immer nur dort schwimmen, wo es erlaubt war und auch nur, wenn am DLRG-Stand die entsprechenden Erlaubnisfahnen flatterten. Baltrum hatte selbstverständlich eine Wasserrettung. Mit rot-weiß-gestreiften Pfählen war der Schwimmbereich im Wasser genau gekennzeichnet. Einen Baywatch-Aussichtsposten gab es auch. Und die Baltrumer-Baywatcher trugen auch eine rote Boje an einem langen gelben Band mit sich, wie die knackig gebräunten Retter am Strand von Malibu. Auf einem Treckeranhänger stand erhöht ein rot-weißer Container. Die jungen Leute der Rettung bezogen dort ihre Posten. Am Strand lag das rote Schlauchboot, jederzeit einsatzbereit.
Auf einem anderen gelben Schild wurde der Urlauber mit, *Lieber Gast* angeredet und darauf hingewiesen, was Hunde, Drachen und Strandkorbbesitzer zu beachten hatten. Ein Appell an die gegenseitige Toleranz.
Von Weitem entdeckte sie einen gelben Postkasten und kramte in ihrem Rucksack nach den geschriebenen Urlaubspostkarten. Sie hatte unter ihren Freundinnen begeisterte Postkartensammlerinnen. WhatsApp ist ja sehr bequem, aber auch sie liebte es, Postkarten zu schreiben.
Bei genauerem Hinsehen stellte sie fest, dass es nur ein Briefkasten für Insulaner war. *Hier nur Sendungen für Baltrum einwerfen*, las sie.
Wunderschöne gelbe Motive lieferte auch der Löwenzahn, der nicht nur die Ränder der Wiesen säumte, sondern auch an gepflasterten und betonierten Stellen sich seine Lücken suchte und auch an windigen Ecken die Chance nutze, seine Blüten stolz der Sonne entgegenzustecken.
Dann streifte ihr Blick einen *Kippendampfer*: Ein Holzschiff zum Teil aus Strandgut gebastelt, erweckte Gretas Aufmerksamkeit. Das Holz, der Rumpf des Schiffes, war ausgelaugt und spröde. Beladen war es mit Containern, die aus bauklötzchengroßen Holzquadern

bestanden. Einer der Holzklötzchen war knatschgelb angestrichen und enthielt die Aufschrift Nummer 5. Diese Farbe war der Eyecatcher des gesamten Objektes. Die Ladung wurde ergänzt durch zwei leere pinkfarbene Getränkedose, auf die mit schwarzem Filzstift geschrieben stand: *Zigarettenkippen hier rein.* Sie symbolisierten die Schornsteine des Schiffs. Eine gute Idee, fand sie, sehr originell. Die Dosen mussten sicher täglich ausgewechselt werden. Aber die roten Pflastersteine rund um dieses Geländer und dem angrenzenden Kunstgewerbeladen waren kippenfrei. Gelungene Müllvermeidung.
Auf ihrem Weg durchs Ostdorf entdeckte sie das Werbeschild der Gärtnerei. Der lebensgroßen Gärtner aus Holz war bekleidet mit einem gelben Pullover und einer grünen Schürze und wies darauf hin, dass nicht nur Blumen und Pflanzen gekauft werden konnten, sondern auch Schafsmilchseife in verschiedenen Duftnoten zum Repertoire der Gärtnerei gehörten.
Im Ostdorf stand eine gelbe Telefonzelle. Für die meisten jungen Menschen war es ein Relikt aus der Vergangenheit. Sicher wussten einige Jugendliche gar nicht, welchen Zweck diese gelbe Kabäuschen einst hatte. Auch auf Baltrum gab es kaum Jungen und Mädchen, die kein Handy vor sich hertrugen. Die Funktionstüchtigkeit dieses nostalgischen Münzfernsprechers prüfte Greta nicht. Sie fotografierte ihn nur.
So erschloss sich ihr die Insel von einer neuen Seite, nur weil sie ihr Augenmerk auf die Farbe Gelb gerichtet hielt.

Der Abend gehörte dem Theater. Die Karte hatte sich Greta am ersten Urlaubstag gekauft. Während ihr Aufführungen, wie der "Schimmelreiter" auf der Baltrumer Bühne aufgeführt, extrem gut gefallen hatte und sie sogar zweimal in der Vorstellung war, in unterschiedlichen Urlauben, war "Tough Guys!", ganze Kerle, nicht so ihr Fall. Die Vorstellung war auch nur mäßig besucht. An den schauspielerischen Leistungen war nichts auszusetzen. Aber vielleicht

hielt sich auch Gretas Begeisterung in Grenzen, weil es eine Komödie war. Lustige Stücke dieser Art gefielen ihr nicht so gut. Klar war das Stück amüsant. Aber die Aufführung strotzte im ersten Teil nur so von platten Witzen und Klischees. Nach der Pause relativierte sich die Sache, aber ein Highlight war es für sie nicht. Viele Besucher hatten aber Spaß. Die Geschmäcker sind eben verschieden, und das ist auch gut so.
Greta machte sich auf den Heimweg. Erst als sie kurz vor der weißen Brücke stand, die den Übergang vom Schwimmbad zu den Dünen ermöglichte, stellte sie fest, dass sie, in Gedanken an das Stück vertieft, die falsche Richtung eingeschlagen hatte. Das schien daran zu liegen, dass sie zu unterschiedlichen Zeiten mal hier und mal dort gewohnt hatte. Greta blieb abrupt stehen, denn in der Dunkelheit passierte sie diese Brücke nie. Sie hatte ständig vor Augen, wie ein Pinguin von einer weißen Brück herabstürzte und ihr ermordet vor die Füße fiel. Das hört sich vielleicht etwas abgedreht an, aber Baltrum-Krimis regen die Fantasie an. Vom Meer erreichte sie ein dumpfes Geräusch und ließ sie erschaudern. Mag sein, dass die Einbildung ihre Finger im Spiel hatte. Schnell machte sie kehrt und ging in großen Schritten in einem Bogen um den Insel-Markt herum und stand wieder vor der Mehrzweckhalle. Aber alle Zuschauer waren verschwunden. Mutig schlug sie den Weg Richtung "Dünenschlösschen" ein. Gut, dass sie auf dem Weg entlang der Hellerwiesen die Straßenlaternen begleiteten.

***

Die Woche neigte sich dem Ende zu.
Es gab kaum einen Weg auf der Insel, über den sie nicht wenigstens einmal gelaufen war. An diesem Tag nahm sie sich "Das Dornröschen der Nordsee" aus sportlicher Sicht vor. Ihren Krimi hatte sie beendet, und ein ausgelesenes Buch hinterließ bei ihr immer ein nicht genau definierbares Gefühl der Leere. Sie begann den Tag

wieder mit Schwimmen. Diesmal staunte sie, nicht der einzige Badegast zu sein. Eine ältere Dame gesellte sich zu ihr. Sie schwamm vorsichtig, ohne zu platschen, und trug wahrhaftig das Modell Badehaube mit Blüten der Siebzigerjahre. Greta stellte von Kraul auf Brustschwimmen um, das spritzte nicht so doll. Sie wollte die Dame nicht unnötig nasser machen, als sie es in einem Schwimmbad ohnehin wurde.
Beim Frühstück boten sich wieder zwei interessante Beobachtungen. Sie glaubte, sie gäbe eine gute Detektivin ab.
Zwei neu angereiste Paare nahmen an zwei unterschiedlichen Tischen Platz. Das junge Pärchen zu beobachten, war fast peinlich. Sie aßen ihre Frühstückscerealien schweigsam und gewissenhaft auf und redeten nicht miteinander. Kein einziges Wort kam über ihre Lippen. Kein Blickkontakt. Greta konnte echt nicht mehr hinsehen. Zwei traurige verhärmte Gesichter, als wären sie nie richtig jung gewesen, obwohl sie höchstens zwanzig waren. Ob ihr gemeinsamer Urlaub zu einer Zweckgemeinschaft mutiert war, weil gebucht und bezahlt war? Oder wollten sie Baltrum zum Kitten ihrer Beziehung nutzen und fanden keinen Anfang?
Das andere Paar musste etwa vierzig Jahre alt sein. Sie hatten sich so viel zu erzählen, dass sie kaum dazu kamen zu frühstücken. Sie lachten und strahlten Freude aus. Er war bemüht, ihr ständig ein Lächeln auf das Gesicht zu zaubern und berührte immer wieder zärtlich ihre Hände. Entweder sind sie frisch verliebt oder er befand sich in der Phase, seinen ganzen Charme einsetzen zu müssen, um sie zu erobern. Greta machte sich jede Menge Notizen, beide Paare gaben gute Protagonisten ab. Wer weiß, in welchem meiner Krimi-Texte sie einmal erscheinen werden, dachte sie.
Eine weitere Familie war neu angereist. Greta kannte sie aus einem anderen Urlaub auf der Insel. Eine Verwechselung war nicht möglich. Sie waren damals schon alle vier adipös und inzwischen sogar noch adipöser. Aber die Mengen, die sie vom Büfett auf ihren Tisch transportierten, sprachen für sich. Die Kinder waren damals schon

kaum erzogen. Greta konnte sich nicht vorstellen, dass dieses Verhalten steigerungsfähig sein konnte. Mit dieser Annahme lag sie falsch. Das laute und rücksichtslose Auftreten war beispiellos. Es gibt halt Nationalitäten im europäischen Raum, die betrachten alles als das Ihre, ohne Rücksicht auf andere Menschen. Jede Urlaubsnation scheint in den Ferien ihre Eigenarten zu haben. Klischees. Klar. Aber jeder kennt sie. Die Deutschen sind bekannt dafür, ihre Reservierungen immer mit Badetüchern zu organisieren, die Engländer vergessen gerne, sich einzucremen und tragen ihre krebsroten Körper zur Schau, und die Russen beeindrucken mit bis an den Rand vollgeladenen Tellern. Alles Klischees, aber sie haben einen wahren Kern.

Greta frühstückte gelassen weiter und kritzelte Seite um Seite ihrer Kladde voll. Wenn man nach einigen Urlaubstagen zwar unangenehme Dinge wahrnahm, aber sie jederzeit ausblenden konnte, dann musste die Erholung begonnen haben. Diesen Status hatte sie erreicht.

Ihr Ziel war der Osten des Ostdorfs. Zuerst peilte sie die Aussichtsdüne an. Über rot gepflasterte Wege stieg sie einen leicht steilen Pfad hinauf. Aber die Puste ging ihr beim Erklimmen der Düne nicht aus. Oben angekommen hatte sie, bei so fantastischem Wetter, einen Rundumblick über die komplette Insel.

Bänke luden zum Ausruhen und Verweilen ein und sie machte es sich auf Baltrums höchster Erhebung gemütlich.

Eigentlich könnte man hier ruhig ein Gipfelkreuz aufstellen, dachte sie. Die kleine Inselwelt lag ihr zu Füßen. Sie nahm sich vor, wenn sie demnächst wieder nach Baltrum kam, einmal früh aufzustehen, um den Sonnenaufgang aus dieser exponierten Lage zu genießen. Sie zweifelte nicht daran, dass sie das als Frühaufsteherin schaffte. Diese Idee reihte sie in ihre Sammlung der Gründe ein, warum sie wieder nach Baltrum zurückkehren musste. Sie verdrängte die Vorstellung, dass es vor Sonnenaufgang stockdunkel sein würde. Auch

wie sie sich fühlte, wenn sie sich im Dunkeln über die Insel bewegte, blendete sie in diesem Moment aus.
Der Abstieg war schnell geschafft. Nicht weit von der Aussichtsdüne entfernt lag "Feldmanns Fischecke". Dort wartete das weltbeste Krabbenbrötchen auf sie. Im Vorgarten stand ein Strandkorb. Greta ließ sich dort mit einem gekühlten Jever und einem Krabbenbrötchen nieder. Aber der Backfisch, den ihre Nachbarn am Nebentisch vor sich stehen hatten, sah auch sehr appetitlich aus.
Gesättigt lief sie zum "Dünenschlösschen" zurück und nutzte die bequemen Sonnenliegen in der windgeschützten Grasmulde vor dem Hotel zum Relaxen. Ein seichter Wind streifte sie ab und zu trotz der exponierten Lage. Aber ohne einen kleinen Luftzug war es auch kaum auszuhalten.

Im Baltrum-Kalender online hatte sie zuhause nach Veranstaltungen gesucht. Die Abendveranstaltung, die sie unbedingt besuchen wollte, war der Auftritt der "Eiländer". Greta erinnerte sich gern an einen Gig von ihnen im "Haus des Gastes". Die Begeisterung, die dieses Konzert bei ihr ausgelöst hatte, konnte sie immer noch abrufen. Eine Eintrittskarte war ein unbedingtes Muss. Inselrock und heiße Rhythmen war der Leitfaden der Musiker in diesem Jahr. Dass es eine überschaubare Veranstaltung werden würde, hätte sie sich denken können. Der Spielort war im wahrsten Sinne des Wortes die Kleinkunstbühne im "Kinderspöölhus" mit der Betonung auf klein. Nach einem Gläschen Sekt an der Sonnenuntergangsbude lief Greta den gepflasterten Dünenweg entlang bis zum "Kinderspöölhus", und verfolgte die Sonne, bis sie, wenigstens zum Teil, in der rotgoldblutigreflektierenden Nordsee versunken war. Ihr Weg führte oberhalb der weißen Holzbrücke vorbei. Diesmal begegnete ihr kein Pinguin, denn es war hell draußen. Kurz betrat sie den Aussichtspunkt der Düne. Von dort aus konnte man am besten die Schiffe sehen, die am Horizont vorbeizogen. Eine Informationstafel gab Hilfestellung, um die großen Frachter, Kreuzfahrer oder

Containerschiffe an ihren Umrissen zu erkennen. Wenige Meter weiter sah sie das „Kinderspöölhus", das gegenüber dem Cobigolf-Areal im windgeschützten Dünental der "Baltrum Arena" direkt neben dem Tennisplatz lag. Cobigolf heißt im Ruhrgebiet Kleingolf oder ist besser als Mini-Golf bekannt. Leider war sie als Golfspielerin und auch als begeisterte Minigolfspielerin bisher nie auf dieser Anlage gewesen. Ihr fehlten die Spielpartner. Dazu kam, dass in den Wintermonaten die Anlage geschlossen war und in den Sommermonaten heillos überfüllt.
Greta staunte über die Schlange, die sich vor dem Eingang des Veranstaltungshauses gebildet hatte, in dem tagsüber meistens die Kleinen bespaßt wurden. Niemals hätte sie gedacht, dass die Wartenden in diese Menschentraube sich für ein und dieselbe Veranstaltung interessierten. Sie kannte ähnliche Nostalgieveranstaltungen dieser Art von den Bühnen des Ruhrgebiets. Sie musste lachen, wenn sie erneut daran dachte, wie Max und sie zu ihrer Silberhochzeit Karten für Jethro Tull von ihren Kindern geschenkt bekamen. Ein super Konzert, aber welche Enttäuschung war für sie damals Ian Anderson, der mit Halbglatze auf der Bühne stand und nach dem Mikro griff. Das Bild des Flötisten, der gerne auf einem Bein stand und seine wilde Mähne schwang, während er enthusiastisch in seine Querflöte pustete, hatte sich ihr so eingeprägt, dass sie den gealterten Musiker am liebsten nur hören, nicht aber sehen wollte. Einen ähnlichen Altersprozess machten alle Musiker ihrer Jugend durch. Klar war ihr auch, dass die Fans dieser Musikgeneration dem Prozess ebenso unterlagen. Und nicht jeder ältere Mensch bewahrt sich optisch seine Jugend. Also kurz gesagt, das Publikum war sehr alterslastig.
Die Tür öffnete sich und die Rockmusikbegeisterten drängten sich in das "Kinderspöölhus". Greta fand einen guten Sitzplatz. Ja, ein Sitzplatz bei einem Rockkonzert und dazu ein Glas Sekt in der Hand schien fast dekadent. Diese veränderten Rahmenbedingungen schienen alle dem Alter der Zuhörer geschuldet zu sein. Ein

kultureller Verfall. Das Spektrum der Musik, das sie erwartete, würde sie kennen.
Stücke von Santana würden gespielt werden und Pink Floyd. Auch Joe Cocker durfte sicher nicht fehlen. Was versteckte sich wohl hinter dem Ankündigungsteil *heiße Sommer-Rhythmen*?
Die Musiker, die auf der Bühne standen, sprühten nur so von guter Laune. Ihr Aussehen spiegelte Inselfeeling. Die älteren Herren trugen Shorts, mal aus Jeans und ausgefranst oder auch blumig bunt. Dazu weite Hawaiihemden und Strohhüte. Ihren Rhythmus hielten sie, indem sie barfuß aufstampften. Es kam auch vor, dass sie mit Flipflops über die Kabel am Boden stolperten.
Eine große Bereicherung für diese Gruppe war der Saxophonist. Seinen Soli hätte Greta stundenlang zuhören können.
In der Pause gönnte sie sich ein weiteres Glas Sekt, dann ein drittes und erfreute sich an der Rockmusik und an den leicht beschwingten sommerlichen Rhythmen. Einige Songs gefielen ihr auch nicht. Sie vermied es, den Text von einem knallroten Gummiboot mitzusingen. Es war nicht das erste Konzert, das sie sich teilweise *schön trank*.

***

Noch einmal die naheliegenden Dinge genießen, dachte Greta, als sie die Beine aus dem Bett schwang. Sie hatte festgestellt, dass sich ihre Gedanken an zuhause langsam wieder in ihre letzten Urlaubsstunden auf Baltrum mischten. Wie ging es ihrer Mutter? Hatte sie sie überhaupt vermisst? Was ist, wenn sie mich nicht mehr erkennt? Gedanken, die sich nicht mehr verdrängen ließen.
Greta zog die Zeit, die sie im Schwimmbad verbrachte in die Länge. Sie legte sich sogar auf eine Ruheliege und versuchte Artikel in einer Frauenzeitschrift zu lesen, die sie sonst nie angefasst hätte. Das Frühstück kürzte sie ab und ging zum Sportpodest an den Strand. Es war nicht so sonnig wie an den Tagen zuvor, aber trotzdem

angenehm. Da ihr Besuch im Rosengarten so kurz ausgefallen war, machte sie dort später erneut Station und lief durch die Dünen Richtung Osten, bis sie an die Grenze des Naturschutzgebietes kam. Auf Infotafeln in den Dünen las sie viel Interessantes. Zum Beispiel erfuhr sie, dass sich unter der Insel Baltrum eine Süßwasserlinse befindet, so wie unter anderen Ostfriesischen Inseln auch. Dabei handelt es sich um Trinkwasserreservoire. Die Trinkwasserversorgung der Ostfriesischen Inseln findet allein aus diesen Linsen statt, bis auf Baltrum und Langeoog. Sie bekommen ihr Trinkwasser durch eine Festlandleitung. Die Baltrumer Süßwasserlinse ist nur eine Reserve.
Greta schlenderte kreuz und quer durchs kleine Ostdorf, entdeckte liebevoll gestaltete Gärten, interessante Pflanzen am Wegrand und wurde aufmerksam auf Protestschilder, die einige Baltrumer in ihren Gärten, an Zäunen oder Hauswänden befestigt hatten. Darauf stand: *Seilbahn? Nein danke.*
Wer hatte die spinnerte Idee, von Neßmersiel über das Wattenmeer nach Baltrum eine Seilbahn zu bauen? Greta beschäftigte sich mit dem Projekt und stufte es nach kurzen Überlegungen als absurd ein. Später las sie auf der Baltrum-Webseite online, dass das Projekt im Rat in wenigen Minuten abgehakt wurde.
Gegen acht Uhr abends machte sie sich wieder auf den Weg ins Westdorf. In den letzten Tagen hatte sie es verpasst, beim Sonnenuntergang dabei zu sein. Um diese spektakulären Naturerscheinungen auf Baltrum in ihren Erinnerungen zu verankern, und mit nach Hause zu nehmen, musste sie zum Strand. Am "Strandhotel Wietjes" hatte seit Tagen die Sonnenuntergangshütte geöffnet. Was gibt es Romantischeres als bei einem Gläschen Prosecco am Deich zu stehen und in das Farbenspiel der untergehenden Sonne einzutauchen und sich gleichzeitig dieser malerisch reizvollen Stimmung hinzugeben? Die Urlauber, viele knusprig braun gebrannt, einige auch sonnenbrandgeschädigt, aber alle frisch geduscht und bei guter Laune, prosteten sich zu. An eine Mauer angelehnt stand das mit

bunten Blumenranken verziertes Fahrrad, das Greta schon öfter aufgefallen war. Am Gepäckträger war ein Schild mit der Aufschrift *Penny Lane* angebracht. Ein Beatles-Fan musste unter den Sonnenuntergangbewunderern sein. Diesmal versank die Sonne weitaus unspektakulärer, aber nicht minder interessant, im Meer. Während Greta dort saß, ihr Umfeld beobachtete und auf das Meer schaute, fielen ihr Text und Melodien von "Penny Lane" wieder ein. Wie ein Ohrwurm setzte sich die Melodie ihrer Jugend im Kopf fest. Passender kann es nicht sein, dachte sie. The Beatles saßen unter einem blauen Vorstadthimmel und dachten an all die Menschen und kleinen Begebenheiten, die sie in der Liverpooler Straße mit Namen "Penny Lane" gemacht hatten.
Mir wird es mit Baltrum auch so ergehen, überlegte sie, wenn ich versonnen unter dem Ruhrgebietshimmel sitze, möglicherweise auf meiner Lieblingsbank auf der Halde und an all das Schöne und Skurrile denke, das ich auf Baltrum erlebt habe. Wenn ich dann meine Gedanken schweifen lasse, die Augen schließe, bin ich wieder auf Baltrum, am Ort meiner Sehnsucht, dachte Greta.

In der Nacht wurde Greta wach und hörte ein Geräusch, das sie lange nicht vernommen hatte. Dicke harte Regentropfen klatschten an die Fensterscheibe. Nach so viel Sonne durfte es mal wieder regnen. Der Natur wird es guttun, dachte sie und drehte sich gemütlich im Bett um und schlief weiter.
Das Morgengrau war echt grau. Ein dunkler Wolkenschleier lag über dem Festland und dichte Nebelschwaden zogen über die Salzwiesen. Es lag viel Feuchtigkeit in der Luft. Greta hatte die perfekte Sommerwoche für ihren Inselurlaub angetroffen, da war der Regen zu verschmerzen.
Am Abend hatte sie den Koffer gepackt. Die restlichen Habseligkeiten waren schnell verstaut. Ein letzter Blick in das Bad – wenn dort nichts mehr rumstand, war sie auf der sicheren Seite. Das Wetter beeinträchtigte in der Regel nicht ihr Urlaubsempfinden. Sie konnte

jeder Wettersituation etwas abgewinnen. War halt eine Sache der Einstellung. Aber an diesem Tag, wusste sie, würde ihr der Regen die Abreise erleichtern.

Statt im Schwimmbad die vorläufig letzten Bahnen zu schwimmen, ging sie vor dem Frühstück ins Westdorf. Am Abend hatte sie vergessen, sich mit dem nötigen Bargeld einzudecken. Im Westdorf gab es eine Volksbank und eine Filiale der Stadtsparkasse. Nach dem Frühstück war das Büro im Hotel besetzt, und sie musste ihre Rechnung begleichen. Im "Dünenschlösschen" war Barzahlung erwünscht. Seltsam, aber kein Problem. Es unterstrich in letzter Konsequenz den Gesamteindruck dieses Hauses. Ein Retro-Hotel, in dem es ihr aber sehr gut gefallen hatte.

Zum letzten Mal ließ sie sich mit einem fantastischen Frühstück verwöhnen, bevor sie zuhause wieder den Müslimodus starten würde.

Ihren Koffer schob sie bequem erst in den Aufzug, dann in die Vorhalle und parkte ihn an der Stelle, die die Abfahrtszeit ihrer Fähre kennzeichnete.

Die letzte Spazierrunde begann. Einem Ritual gleich musste sie sich von der Insel und vom Meer verabschieden.

Die Zahl der Badegäste, die sich über den großen weiten Sandstrand bewegte, war überschaubar. Die Frühschwimmer kraulten durch die Fluten, die sportbegeisterte Crew wartete am Sportpodest. Hundebesitzer gingen mit ihren Vierbeinern spazieren, und erste Stöckchen und Bälle tanzten auf den Wellen. Ein ganz normaler Baltrumer Tag, egal wie das Wetter war. Greta lief zum Strandabschnitt D, wo die Strandkörbe standen, in denen die Hunde mit ihren Familien Urlaub machten, und setzte sich unterhalb der Dünen auf die einzige Bank und schaute auf das Meer. Ein Anflug von Traurigkeit ergriff sie, weil sie schon sehr bald wieder Abschied nehmen musste. Aber sie war mehr als entspannt und wieder gewappnet für alle Anforderungen, die zuhause auf sie warten würden.

Eine junge Frau kam auf sie zu und fragte, ob sie sich neben sie setzen dürfe. Greta bot ihr ein Papiertaschentuch an, denn sie hatte nur den Teil der Bank getrocknet, auf dem sie Platz genommen hatte. Die junge Frau bedankte sich. Beide schauten in Gedanken versunken schweigsam auf das Meer. Jede schien abzuwarten, wer den ersten Versuch unternahm, ein Gespräch anzufangen. Zaghaft, als hätten sie alle Zeit der Welt, entwickelte sich eine Kommunikation zwischen ihnen. Auch die junge Frau war auf der Insel, weil sie, ebenso wie Greta, die Faszination, die Baltrum ausmachte, brauchte, um in ihrer Alltagswelt wieder Bestand zu haben. Sie saßen lange auf der Bank und führten ein sehr interessantes Gespräch, was sich dadurch auszeichnete, dass sie beide schonungslos von ihrer Lebenssituationen mit den kleinen und großen Problemen erzählten. Jede fand im Gespräch die nötige Aufmerksamkeit der anderen.
So etwas passiert selten, dachte Greta, dass so schnell eine solch innere Vertrautheit entsteht. Es streifte sie kurz der Gedanke an den Musiker aus dem Ruhrgebiet. Greta stand nur auf und verabschiedete sich, weil die Fähre nicht auf sie warten würde.

Von Whiskey-Milchshakes, Wellness, Hausmittelchen und vom Warten auf den Schnee

Es war dunkel. Es war unheimlich. Greta parkte ihr Auto in der menschenleeren Fußgängerzone, direkt vor der Haustür. Der Koffer und die Reisetasche standen hinter der Eingangstür bereit, eingeladen zu werden. Die ersten Stunden des neuen Jahres waren gerade vorbei. Die Stadt lag im Tiefschlaf nach einer durchfeierten Nacht und exzessiver Knallerei zum Jahreswechsel. Die Innenstadt war zugemüllt. Greta verstand es nie, warum man seine Sektflaschen und den Verpackungsmüll der gigantischen Knallerorgien, die selbst Stunden nach Mitternacht kaum abebbten, nicht wenigstens im eigenen Hausflur verschwinden ließ. Sie wohnte direkt in der Stadtmitte und dort wurde geknallt, was das Zeug hielt. Kaum Raketen, deren sprühende Farbenpracht am Himmel bewundert werden konnte. Es wurden hauptsächlich Chinakracher gezündet. Sie traute sich nie vor die Tür und blieb immer brav auf dem Balkon und kehrte dem Chaos auf der vorderen Hausseite den Rücken. Durch das Wohnzimmerfenster hindurch hatte sie die jugendlichen Gruppen, die in dieser Silvesternacht den Europaplatz eroberten, beobachtet. Sie waren nicht zimperlich gewesen. Sie machten sich einen Spaß daraus und warfen die Böller den Menschen vor die Füße. Sie hatte gesehen, dass sich selbst die Gäste der gegenüberliegenden Kneipe hinter die bleiverglasten Fenster zurückzogen. In dieser Nacht wäre sie nie vor die Tür gegangen.

Sie hatte ihr Auto aus der Garage geholt und parkte direkt vor der Haustür. Sie traute sich nicht auszusteigen. Die Bewegungen und Schatten, die sie im Rückspiegel gesehen hatten, veranlassten sie, vorsorglich die Zentralverriegelung zu aktivieren und abzuwarten. Sie hatte keine Lust auf die Begegnung mit einer Schnapsleiche. Ebenso wollte sie auf keine orientierungslos durch die

Fußgängerzone wankenden Jugendlichen treffen, die die Restbestände ihrer pyrotechnischen Vorräte mit sich herumtrugen und möglicherweise auch zündeten.
Sie griff zum Navi und tippte als Zielort Neßmersiel ein. Es führte zu keinem Ergebnis. Die genaue Adresse, die das Navi forderte, hatte sie nicht parat. Sie versuchte es ein weiteres Mal und tippte Hafen Neßmersiel ein. Aber auch diesen Ort hatte das Ding nicht abgespeichert. Als sie ihre Brille und die vollständige Adresse aus ihrem Rucksack herausgefischt hatte und einen erneuten Versuch startete, verabschiedete sich ihr Navi.
Tja, so ist es, wenn man immer den abgelegten Kram der Kinder aufbrauchte, dachte sie. Kurz erhaschte sie die Information: Kein Satellitenempfang, bevor sie auf ein kleines schwarzes Display blickte, das gerade eins wurde mit der Dunkelheit in ihrem Wageninnern.
Eine Gestalt schoss an ihrem Wagen vorbei und steuerte die gegenüberliegende Laterne an, die ihr funzeliges Licht in diesen Morgenstunden für sich behielt. Vielleicht hatte sie auch einen Knaller, Böller oder sonstigen Kracher in der Nacht abbekommen. Ausgeschlossen war es nicht.
Als die Schattengestalt verschwunden war, stieg Greta aus, scannte in Windeseile ihr Umfeld ab, lud ihr Gepäck ein, verriegelte die Türen wieder, startete und fuhr los. Nur knapp hundert Meter weiter, bevor sie in den ersten Kreisverkehr einbog, warf jemand aus dem schwarzen Nichts der Nacht einen Knaller nach ihrem Auto. Es hörte sich an, als wäre er unter ihrem Wagen detoniert. Nicht gerade ein angenehmes Gefühl. Sie krallte ihre Finger ums Lenkrad und fuhr stur weiter. Im Inneren ihres Autos fühlte sie sich einigermaßen sicher. Direkt vor der Christuskirche hielt sie zwischen einer schwach leuchtenden Straßenlaterne und dem kalten Licht der Eingangsbeleuchtung zum Fußgängertunnel an. Weit und breit war niemand zu sehen. Dort einen Parkplatz zu bekommen, war meistens nicht möglich, wenn nicht ausgeschlossen. Aber in dieser

ersten Nacht des Jahres hatte sie die freie Auswahl. Ein letzter Versuch, das Navigationsgerät zu aktivieren. Der Satellitenempfang hatte ausgeschlafen und war sicherlich nicht begeistert, dass sie auf ihn zugriff. Aber er funktionierte. Weil die Halterung nicht mehr an ihrem Platz war, konnte Greta das Gerät nicht an der Windschutzscheibe befestigen. Sie hatte gar nicht bemerkt, dass sich die Halterung von der kalten Scheibe gelöst hatte. Sie tastete den Beifahrersitz ab und griff in die Mulden der Mittelkonsole. Nichts.

So langsam hatte sie den Papp auf, legte das Navigationsgerät auf den Beifahrersitz und fuhr weiter Richtung Autobahn. Den Weg kannte sie schließlich. Den Befehl, geradeaus zu fahren, hörte sie nur dumpf. Weil das Navi auf dem Lautsprecher lag. Sie musste sich entscheiden: entweder hören oder das Display sehen. Sie hätte gerne vor der Autobahnauffahrt das Navigationsgerät sichtbar positioniert, aber sie hielt nicht mehr an. Ein PKW fuhr hinter ihr her und hing ihr verdammt nahe auf der Stoßstange. Sie wusste nicht, wer da eventuell alkoholisiert hinter ihr unterwegs war und zog es vor, nicht mehr zu stoppen, um jeglicher Provokation oder einer möglichen Unachtsamkeit ihres Verfolgers aus dem Weg zu gehen. Die Autobahnauffahrt nahte. Egal, die Strecke fahre ich auch ohne Navi, hab ich halt keine Stauvorhersage, dachte sie.

Als sie auf den autofreien Ostfriesenspieß auffuhr, kam es ihr nach einiger Zeit komisch vor, weil kein einziges Fahrzeug unterwegs war. Sie hoffte, kein Schild übersehen zu haben, das die komplette Autobahn Richtung Norden als gesperrt auswies. Bis Aurich begegneten ihr sieben Autos und ein Milchtransporter.

In den vergangenen Tagen hatten sehr winterliche Wetterverhältnisse geherrscht und die Zeitzugabe, die sie gewählt hatte, war etwas zu großzügig bemessen. Glatteis oder Schneefall hatte sie mit eingeplant, aber nichts dergleichen widerfuhr ihr. Erst in Küstennähe machte sich Nebel breit. Da wusste sie, wo der norddeutsche Schnaps "Küstennebel" seinen Namen herhatte.

Sanft deckte am Neujahrsmorgen dieses Wetterphänomen die Landschaft zu. Sie sah keine einzige Windkraftanlage. Am Hafen in Neßmersiel herrschte eine ruhige, verschlafene Neujahrsmorgenstimmung. Ruhe beim Einchecken, Parken und beim Gepäckverstauen.
Das kleine Fährschiff, die Baltrum III, lag am Pier und würde sie übersetzen. Mit Greta zusammen waren 23 Passagiere an Bord. Diesmal war noch nicht einmal ein Hund dabei. Unwillkürlich dachte sie an einen Krimi, den sie sich vor wenigen Wochen als Hör-CD zu Gemüte geführt hatte. "Passagier 23". Aber diese kleine Fähre würde von keinem Krimigeschehen erfasst werden, da war sich Greta sicher.
Der Wetterbericht hatte Schneefall vorausgesagt. Sie freute sich darauf, endlich einmal ihre Insel im Winter, abgedeckt mit einem Hauch Weiß, erleben zu dürfen. Aber der winterliche Niederschlag hatte sich bisher nicht aus den Wolken gelöst.
Auf der Fahrt Richtung Norden hatte sie sich überlegt, sollte sie noch einmal im Winter auf die Insel fahren, dann würde sie sich gleich nach Weihnachten auf den Weg machen. Sie würde ohne Böller, ohne den unendlichen Krach und vor allem ohne die deftige Schadstoffbelastung, die sich jedes Jahr wie eine Glocke über das Ruhrgebiet legte, das neue Jahr beginnen.

***

Ihr erster Tee im "Inselcafé" war Earl Grey Darjeeling, angenehm mild, leicht fruchtig, verfeinert mit Orangen, natürlichen Aromastoffen und Kornblumenblüten und dem unverkennbaren Knistern, wenn die heiße Flüssigkeit auf das Kluntje traf.
Gretas erste Speise auf der Insel war ihre Lieblingssuppe, die vegane türkische Linsensuppe. Sie glaubte, sie trug nur den Zusatz "türkisch", weil sie mit roten Linsen zubereitet wurde. Zur Suppe wurde ein kräftiges Graubrot serviert.

Greta wurde gefragt, ob sie es mit Butter bestrichen und mit Salz bestreut haben wolle. Sie bestätigte. So schnell wurde also aus einer veganen Speise eine vegetarische. Machte aber nichts, sie war ja kein Veganer.
Das Café war gut besucht, auf den ersten Blick kaum ein Platz frei. Greta hatte Glück, ein Pärchen war gerade im Aufbruch, und sie bekam einen Tisch. Die Heizkörper strahlten enorme Wärme aus. Die Hitze krabbelte an den Beinen hoch. Es dauerte nicht lange und ein gemütliches Wohlbefinden hüllte sie ein. Die Scheiben waren beschlagen. Eine ältere Dame betrat mit einem großen strubbeligen Hund an der Leine den Raum. Sie kam auf Greta zu und fragte, ob sie ihr sagen könne, ob Hunde erlaubt seien. Eine konkrete Antwort konnte Greta ihr nicht geben. Aber da unter fast jedem Tisch ein Vierbeiner saß, und seine Pfoten den Heizkörpern entgegenstreckte und sich von einem Spaziergang am Strand ausruhte, nahm sie an, dass es okay sei, wenn sich auch dieser Hund unter einen Tisch legte. Es wurde sogar unter den Tischen serviert. Denn ab und zu erklang ein lautes Geräusch, das sich nach genüsslichem Wasserschlürfen anhörte. Mit dieser Information zauberte sie Entspannung auf das Gesicht der Frau.
Sie setzte sich auf die freie Bank an Gretas Tisch und richtete sich gemütlich ein. Erst dann fragte sie, ob es für sie okay sei, dort Platz genommen zu haben. Die Frau machte keine Anstalten, sich etwas zu bestellen. Doch ein gewaltiger Redeschwall ging auf Greta nieder. Zweimal schickte sie die Bedienung wieder weg, weil sie sich nicht entschieden hatte, was sie trinken sollte und blätterte erneut durch die Getränkekarte. Sie schien einzig und allein da zu sein, um anderen ihr Geschwätz aufzudrängen. Sie war auf der Insel mit Tochter, Schwiegersohn und Enkel Paul, sowie diesem großen struppigen Hund, der nicht der ihre war. Ihr Schwiegersohn hatte die klassische Baltrum-Anbindung vorzuweisen. Er war in Kleinkindertagen immer mit seinen Eltern auf diese Insel gefahren und hatte auf Baltrum die Tochter von Gretas Tischnachbarin

geheiratet. Seitdem fuhr er mit seiner kleinen Familie regelmäßig dorthin. Sie hatten sich ein Haus auf der Insel gekauft. Es war fast fertig renoviert. Sie wollten später in die Vermietung einsteigen. Zu diesem Jahreswechsel wohnten sie zum ersten Mal im eigenen Haus. Die Kinder hatten sie eingeladen und ihr ein kleines Appartement zur Verfügung gestellt. Während ihre Familie noch im Neujahrsstiefschlaf lag, kümmerte sie sich um den Hund. Greta erfuhr noch, dass sie aus dem Münsterland kam und alleine lebte. All diese Informationen spulte sie, ohne Luft zu holen, herunter. Dann wurde ihr Tee serviert, den sie zwischenzeitlich bestellt hatte. Sie fuhr fort: „Ob ich mich je so für Baltrum begeistern kann wie mein Schwiegersohn, kann ich noch nicht sagen. Ich glaube eher nicht."
Greta zog es vor, sich zu verabschieden. Der Hund hatte mittlerweile immer wieder seine dicke nasse Schnauze auf ihre Jeans gelegt und sie leicht durchgefeuchtet. Versuche, ihn abzuwehren, waren misslungen. Er forderte ununterbrochen seine Streicheleinheiten von ihr ein. Er stank bestialisch. Greta musste unbedingt in den Waschraum und das Hundearoma von ihren Händen abwaschen, bevor sie wieder ins Freie trat.
„Danke für das Gespräch", sagte die Dame zum Abschied.
Dieses geduldige Zuhören war Gretas erste gute Tat des Jahres.

In ihrer heimatlichen Umgebung hatte sie die meisten Weihnachtsmärkte gemieden, aber direkt gegenüber von "Stadtlander", dem kleinen Kaufhaus der Insel, entdeckte sie den Baltrumer Weihnachtsmarkt. Diesen Weihnachtsmarkt konnte sie nicht ignorieren. Sie schlenderte an den fünf Buden vorbei, die alle mit dicken Spanngurten zu allen Seiten gesichert waren. Die fliegen so schnell nicht weg, dachte sie, aber gleichzeitig stellte sie sich die winterlichen Stürme vor, die hier wüteten oder schon gewütet hatten. Die Sicherung sprach aus Erfahrung. Gegenüber befand sich das "Sturm-Eck", eine Kneipe, die ihren Namen sicher nicht ohne Grund trug.

Der Weihnachtsmarkt bot ein überschaubares Sortiment: Grog mit Rum oder Amaretto, Tee mit allen möglichen aromatischen und alkoholischen Zutaten, sowie Würstchen, Küchlein und Waffeln. Stünden diese Buden zuhause, würde sicher manch einer die Nase rümpfen über dieses bescheidene winterliche Warenangebot. Auch Greta würde sagen: enttäuschend, alles nur Fressbuden. Aber auf der Insel fand sie es niedlich und gemütlich. Außerdem waren die Tage dieses Weihnachtsmarktes gezählt. Dass auch auf Baltrum in der Silvesternacht feuchtfröhlich gefeiert wurde, spiegelt das Angebot auf einer Schiefertafel zur Beseitigung der Folgen: *Haste nen Kater im Oberhaus, Hühnersuppe treibt ihn aus. 3,00 Euro.*
In einer weiteren Hütte sah sie den Sportanimateur der Insel. Greta grüßte, wünschte ihm ein frohes neues Jahr. Er grüßte freundlich zurück, aber sie konnte ihm ansehen, dass sein Erinnerungsvermögen im Moment nicht funktionierte. Aber kein Wunder bei den vielen zappelnden Frauen, die er bei der täglichen Strandgymnastik über die Saison trainiert und bewegt hatte.
Vom Weihnachtsmarkt ging sie direkt am "Strandhotel Wietjes" vorbei durch das Deichschart und blickte auf das aufgewühlte Meer. Ein grauer, verhangener Himmel, bleiern schimmerndes Wasser. Weiße aufspritzende Gischt. Der Wind ließ sie wanken. Fetzen von Schaumkronen peitschten über den Strand. Nieselregen setzte ein. Greta ging die Treppe zum Strand herunter und lief los, am Meer entlang, immer geradeaus. Irgendwann würde sie wenden und wieder zurücklaufen, weil sie gerne vor Einbruch der Dunkelheit wieder in ihrem Appartement ankommen wollte. Es wunderte sie, wie viele Urlauber am Strand waren. Einen Neujahrsspaziergang machten viele Menschen, auch auf Baltrum.

In dieser Urlaubswoche bewohnte sie ein Zimmer bei Eilers. Sie wusste, was sie erwartete: eine zweckmäßig schön eingerichtet Unterkunft, die absolut perfekt zum Schreiben geeignet war. Die

Vermieter waren nett, zurückhaltend und freundlich. Greta reizte, wie bei jedem Aufenthalt in diesem Haus, der Wellnessbereich. Aber nie hatte sie es geschafft, sich regelmäßig darin aufzuhalten. Immer war das Wetter zu gut – und draußen am Meer zu sein, reizte sie mehr. In diesem Urlaub hatte sie sich vorgenommen, sich dem Entspannungsangebot öfter hinzugeben. Es war Schmuddelwetter angesagt, das später in Schneefall übergehen sollte. Dazu die frühe Dunkelheit am Abend, genau das Richtige, sich in der Sauna aufzuwärmen.
Durchgefroren und nass, war sie von ihrem Inselrundgang zurückgekommen und fand, ein Besuch in der Sauna, sei perfekt. Im Ruheraum entspannte sich ein Pärchen auf großzügigen Liegen. Beide waren in ihre Bücher vertieft. Ansonsten stand ihr alles zur Alleinbenutzung zur Verfügung. Sie liebte es an diesem Haus, wenn man den Flur betrat, dass alles immer so gut nach aromatischen Essenzen roch, die gleichzeitig die Vorfreude auf einen Aromasaunagang steigerten. Leise Saxophon-Musik, Wellenrauschen und Vogelgezwitscher erfüllte die Räume. Die Geräusche ließen die Insel in diesen Wellnessbereich einziehen. Greta fühlte sich in den Ruhephasen wie auf einem Inselspaziergang am Meer. "Mare Mystica – Entspannung auf Baltrum", CDs von Rainer Winschermann, die sie später auch zuhause auf Baltrum einstimmte, mehr noch als die Baltrumer Krimis. Angenehm müde ging Greta nach dem Saunabesuch gleich ins Bett.

***

Gemütlich im Bademantel mit der ersten Tasse Kaffee des Tages setzte sie sich an ihren Laptop. Für die Baltrumer war die Nacht nicht beendet. So früh standen im Winter die wenigsten Menschen auf, wenn es nicht notwendig war. Aber Greta war absolute Frühaufsteherin und genoss diese Zeit der Ruhe und des Schreibens sehr. Kein Fenster war erleuchtet, sogar die Straßenlaternen

spendeten kein Licht. Auf Baltrum wurde irgendwann in der Nacht bei der Straßenbeleuchtung der Schalter umgelegt. Stromsparen war angesagt. Greta öffnete kurz das Fenster und ließ den Wind durch ihr Zimmer strömen. Er ergriff die Gardine, blähte sie auf und spielte sein Spiel damit. Immer mal wieder blickte sie vom Bildschirm hoch. So bekam sie in Etappen mit, wie die Insel erwachte. Geplant hatte sie, nach ihrer Schreibzeit wieder ins warme Bett zu kriechen und zu schlafen, solange sie Lust hatte. Schließlich lud das angekündigte Schmuddelwetter dazu ein, liegen zu bleiben. Aber daraus wurde nichts. Die Verfärbung des Himmels, für die nur die aufgehende Sonne verantwortlich sein konnte, entwickelte sich von zartem Rosa bis hin zu einem betörenden Hellblau. Das Farbspiel erlangte Intensität und wurde von Minute zu Minute kräftiger. Von wegen Sauwetter, dachte sie. Es dauerte nicht lange und sie trat aus dem Haus und war nach wenigen Metern auf dem Deich und blickte auf ein wildes aufgeschäumtes Meer und freute sich, dass der größte Teil des Himmels in Blau erstrahlte. Dieser Anblick ließ ihr das Herz aufgehen. Von Osten her zogen weiße Wolken auf, die sich mit rasender Geschwindigkeit bewegten und ständig neue Formationen bildeten. Greta machte sich auf den Weg rund um das Westende der Insel. Eine Mütze hatte sie eigentlich eher zufällig in ihren Rucksack gepackt. Sie war kein Mützenfan. Ihr gefiel es, wenn der Wind ihr die Haare völlig durcheinanderwühlte. Aber auf dieser Runde stülpte auch sie sich die Kopfbedeckung über und zog sie tief über die Ohren. Der Wind war saukalt.
Erstes Aufwärmen im Hafencafé. Greta wurde mit großem Hallo begrüßt. Die Damen wünschten ein frohes neues Jahr und konnten sich tatsächlich spontan an ihren Vornamen erinnern. Das verstärkte ihr Gefühl wieder einmal, auf der Insel willkommen zu sein. Der Kakao mit einem guten Schuss Rum wärmte sie von innen. Weil dieses Getränk so lecker war, genehmigte sie sich einen zweiten Becher Kakao, diesmal ohne Schuss. Beschwingt lief sie vom Hafen über das Flughafengelände wieder zum Westdorf zurück. Zu

beachten war nur das rote Warnlicht an der Landebahn. Wenn dieses leuchtete, durfte das Flugfeld nicht betreten werden. Es bedeutete, ein kleiner Flieger befand sich im Landeanflug. Doch weder das Wetter, der Tag noch die frühe Stunde waren geeignet für eine Anreise mit dem Flugzeug.

Dieser Spaziergang war die Fortsetzung des angenehmen Baltrum-Gefühls, das ihr am Abend vorher Entspannung beschert hatte. Diese Nordseeinsel hatte sie wieder aufgenommen. Sie passte sich immer schneller dem Rhythmus der Insel an. Mit einem Male wusste sie, warum es ihr dort zu jeder Jahreszeit so gut gefiel. Sie war in der Lage das "Dornröschen in der Nordsee" mit allen Sinnen aufzunehmen, zu erleben und zu lieben.

***

Am nächsten Tag regnete es ausgiebig und lange. Scheint der Wetterbericht sich mit dem Datum vertan zu haben, dachte Greta. Sie wünschte sich Schnee, wie angekündigt. Der Regen peitschte gegen die Scheiben und ließ kaum einen Blick auf die Insel zu. Eine dunkle Wolkenfront nach der anderen zog über den Deich. Gelassen schaute sie in den dunklen wolkigen Himmel, von dem eine unheimliche Faszination ausging.

Greta hatte alles, was sie brauchte. Ein warmes Appartement, ein leckeres Frühstück, ein spannendes Buch und ihr Schreibprojekt. So entschied sie sich, nicht loszugehen, und kuschelte sich wieder in ihr warmes Bett und las. Das Gefühl, nichts zu verpassen, ließ sie konzentrierter lesen als sonst und auch entspannt schlafen, ohne schlechtes Gewissen. Gegen Mittag legte sie das Buch nach vielen gelesenen Kapiteln beiseite und setzte sich an den Computer. Das Buch war total spannend, aber so schnell wollte sie sich nicht durch die Zeilen peitschen lassen. Wieder sah sie aus dem Fenster und erwartungsvoll in den Himmel. Aber keine Schneeflocke löste sich

aus den Wolken. Vor dem Computer tauchte sie in eine andere fiktive Welt ein.
Es gibt kein schlechtes Wetter, dachte sie, nur schlechte Kleidung. In "Juttas Mode Treff" hatte sie sich eine kuschelige Regenjacke, eher einen Regenwintermantel gekauft. Er war im Preis reduziert, aber trotzdem teuer. Es gibt Kleidungsstücke, die suggerieren einem sofort, du gehörst zu mir. So empfand Greta, als sie hineinschlüpfte. Er war absolut wasserdicht, innen so flauschig weich, dass sie keinen dicken Pullover unterziehen musste. Sie hatte sich sofort in diesen gelben Überzug verliebt und gönnte sich diesen warmen Regenschutz. Er würde sie sicher viele Jahre begleiten. Ein wenig erinnerte er an ihren alten Friesennerz aus Schulzeiten, aber eigentlich nur wegen der Farbe. Sie bezeichnete ihn später als ihren *Edelostfriesennerz.*
Greta zog den Mantel an und teste die Neuanschaffung bei echter Kälte. Der blanke Hans, wie die tobende Nordsee oft bezeichnet wird, faszinierte sie an diesem Tag fast mehr als bei strahlendem Sonnenschein. Der Himmel war graublau, gespenstisch dunkel, aber trotzdem von überwältigender Schönheit. Aus dem aufgewühlten, bleiernen Meer lösten sich die Wellen und rauschten mit großer Kraft und Getöse an den Strand. Die Gischt streckte ihre Finger nach Greta aus.
Zwei Menschen waren am Strand: eine junge Dame, die auch im Hause Eilers wohnte und Greta. Sie waren sich im Treppenhaus begegnet und hatten sich im Vorbeigehen nur kurz gegrüßt. Diese Urlauberin war durchgeweicht und nass bis auf die Haut, schien aber gerade darin eine Herausforderung zu sehen, sich den Wettergewalten zu stellen. Wie es aussah, traute sich kein Hund vor die Tür. Greta war der einzige Farbklecks auf diesem winterlichen Strand. An ihr perlte das Regenwasser ab. Trocken und warm eingemummelt stellte sie sich den Wettergewalten, und der Regen peitschte in ihr Gesicht.

Greta blieb stehen. Wie ein winzig gelber Punkt im großen Gefüge der Welt stand sie da und wurde zu einem Teil dieser düsteren unwirklichen Natur. Sie hätte stundenlang weiterlaufen können. Selbst nur verharren und auf das Meer schauen, war eine Herausforderung. Wo kam das nur her, dass sie dieser Faszination nicht widerstehen konnte? Sie jammerte nicht über das Wetter und beschwerte sich auch nicht über das Alleinsein. Sie war glücklich, genau hier und jetzt auf diesem Fleckchen der Erde stehen zu dürfen. Sie fühlte sich eins mit sich und der Welt.

Schließlich stapfte sie durch den nassen Sand den Dünenweg hoch und kehrte um. Windgeschützter lief sie durch die Dünenlandschaft zurück. Auf matschigen durchgeweichten Wegen umrundete sie riesige Pfützen und kehrte in die wohlige Wärme ihres Apartments ein. Das "Strandcafé" hatte geschlossen, ebenso die "Teestube" und das "Hotel Strandburg". Ein Einkehrschwung war nicht möglich. Sie traf an diesem Morgen niemanden bis auf die junge Frau am Strand, und diese hatte sie auch nur aus der Ferne und in einer kurzen Sequenz im Treppenhaus gesehen.

In guten Wetterphasen ging sie am "Capp&Ccino" vorbei und kaufte sich ein Softeis im Hörnchen. Das selbstgemachte Softeis war das weltbeste Softeis überhaupt und das behauptete nicht nur sie. An diesem Tag rechnete sie auf gar keinen Fall damit, in den Genuss eines Softeises zu kommen. Sie näherte sich der winzig kleinen Verpflegungsstation und konnte es kaum glauben, dass diese tatsächlich geöffnet hatte. In Gedanken hielt sie schon das Hörnchen in der Hand. Aber sie sah etwas, dass sie an diesem Vormittag passender fand. Sie verzichtete auf das Eis in der Waffel. Nein, es war ihr nicht zu winterlich. Auch der Regen stand einem Eis ebenfalls nicht entgegen. Sie konnte immer, unabhängig von Jahreszeit und Wetter, Eis essen. Aber diesmal hatte das "Capp&Ccino" etwas anderes im Angebot, dem sie nicht widerstehen konnte.

Ihre Bestellung: Ein Whiskey-Milchshake! Selbstgemachtes Vanilleeis wurde mit italienischer Schokoladensoße, mit deutscher

Milch und irischem Whiskey mit 40%, sanft in einem amerikanischen Shaker vereint. Dieser internationale Drink ließ das Prasseln der Regentropfen wie Musik erklingen. Sie staunte, dass sich in kürzester Zeit drei weitere wetterresistente Menschen mit ihr unter die gestreifte Markise quetschten. Auf einem Quadratmeter standen sie beengt beisammen, unterhielten sich angenehm und selbstverständlich über alles Mögliche und über die guten Vorsätze für das neue Jahr, die jeder von ihnen gemacht hatte oder auch nicht. Aber eines thematisierten sie nicht: das Wetter.
Greta freute sich, festzustellen, dass sie nicht allein über die Gelassenheit verfügte, das Wetter als gegeben hinzunehmen und sogar Spaß an außergewöhnlichen Wetterkapriolen zu haben. Nach einem zweiten Glas dieses köstlichen Getränkes musste sie sich aber auf den Weg machen, denn der Alkohol hatte es in sich.
Später, nach einem Schläfchen, schaffte sie es, ihren Krimi zu beenden. Zum Abschluss des Tages genoss sie die Sauna, die Aromasauna, den Ruheraum mit Musik von der CD "Mare Mystica".
Ein schöner Baltrum-Tag ging zu Ende. Für sie ohne Zweifel spektakulär, entspannt und entschleunigt.

In der Nacht stürmt es ordentlich. Für Greta hörten sich die Geräusche rund ums Haus bedrohlich an. Sie, als alte Landratte, konnte in ihrer Vorstellung nicht abrufen, was dieses Getöse für die Inseln bedeutete. Ihre Fantasie ging mit ihr durch. Sie träumte von einer Springflut und schlief sehr unruhig. Zuerst glaubte sie, der Wind sei der Schuldige, dass sie nicht so gut geschlafen hatte. Aber leider musste sie feststellen, dass sich da eine Erkältung anbahnte. Sie durchstöberte ihre Reiseapotheke, fand ein Mittel zum Inhalieren, band sich einen dicken Schal um den Hals und wartet ab und hoffte, dieser Anflug von Unwohlsein, Kratzen im Hals und Schluckbeschwerden würde sich in Grenzen halten. Raus ging sie auf jeden Fall. Sie zog sich nur eine Spur wärmer an.

Die Nordsee hatte auf der Meerseite fast den Deich erreicht. Auf der Wattseite waren die Salzwiesen überflutet, einschließlich der Start- und Landebahn des kleinen Flugplatzes. Aber von einer Sturmflut waren diese Anzeichen weit entfernt. Diese Wiesen werden immer mal wieder vom Wasser der Nordsee bedeckt, aber nicht so regelmäßig, wie das Watt bei normalem Gezeitenwechsel überflutet wurde. So eine internationale alkoholische Kalorienbombe wie am Vortag hätte ihr jetzt sicher gutgetan. Aber das "Capp&Ccino" hatte an diesem Tag geschlossen.
Am Nachmittag kam wieder die Sonne durch. Die Wolken verzogen sich so schnell, dass Greta es kaum wahrnahm. Interessant waren die Spiegelungen vom azurblauen Himmel in den ausgedehnten Wasserflächen. Sie sammelte viele neue Eindrücke und machte tolle Fotos. Den Rest des Tages hielt sie sich in ihrem warmen Appartement auf. Sie wollte diesen sich anbahnenden Schnupfen, diese Erkältung oder Bronchitis oder was es sonst wurde, nicht überstrapazieren.

Der nächste Tag wurde ein Bilderbuchtag. Der Sturm hatte sich gelegt. Der Wind wehte mäßig. Greta fühlte sich besser. Die Sonne lockte viele Baltrum-Urlauber früh an den Strand. Dort sah alles so makellos aus. So als hätten Wind und Wasser alles wieder frisch hergerichtet. Sie fotografierte viel, konnte aber nicht genug davon bekommen. Immer wieder zückte sie den Fotoapparat. Die Inselmotive, besonders wegen der klaren brillanten Farben, waren eine Herausforderung. Schon nach wenigen Minuten hatte sie das Gefühl, die Finger würden ihr abfrieren. Die Handschuhe lagen im Inselkleiderschrank. So vergrub sie ihre Hände tief in den weichen flauschig gefütterten Seitentaschen ihres Regenwintermantels. Über den festen feuchten Sand lief sie gen Osten. Allerdings musste sie sich eingestehen, dass sie nicht so zügig vorankam wie sonst. Dieser verdammte Infekt mache ihr mehr zu schaffen, als sie gedacht hatte. Sie drehte ihr Gesicht in die Sonne und blieb stehen und tankte Licht. Langsam ging sie weiter und verließ den Strand in Höhe des Ostdorfes. In den Dünen war es erheblich wärmer. Es gab kleine Oasen, die von der Sonne aufgewärmt wurden – und dort standen Bänke. Leider waren sie zu nass, um sich dort niederzulassen. Greta hatte das Gefühl, ihr gaukelte die Sonne die ersten Frühlingsgefühle vor. Aber für sie stand die Sehnsucht nach dem Winter im Vordergrund. Sie wollte Schnee.

Im Schutz der Dünen erreichte sie das Westdorf, ging durch das Baltrumer Bankenviertel, am "Hotel Fresena" vorbei, trat durch das Deichschart und nahm den Weg, der längs der Salzwiesen bis zum Hafen führte.

Im Hafencafé wurde sie überschwänglich und freundlich begrüßt. Greta aß einen Crêpe mit Nutella, dazu bestellte sie sich einen Cappuccino. Diese Kalorienzufuhr ordnete sie unter Frustessen ein, denn ihr Unwohlsein verflüchtigte sich nicht. Es dauerte nicht lange, da wurde ihr Husten und Räuspern von der blonden Bedienung wahrgenommen. Schnell hatte Greta ein Baltrumer Hausmittel vor sich stehen: einen heißen Sanddorn-Grog. Schon nach dem ersten Schluck stellte sie fest, dass sie etwas Schrecklicheres nie in ihrem Leben getrunken hatte. Aber brav leerte sie das Glas im Sinne von: Medizin schmeckt nie gut. Sie hoffte auf Besserung durch die erhöhte Vitamin-C-Zufuhr.

Langsam schlenderte sie zu ihrem Appartement zurück. Ihre Energie in Sachen Schreiben ließ zu wünschen übrig. Die beiden Kurzgeschichten, die sie hatte schreiben wollen, blieben im Stift stecken. Zum Thema *Dreißig* fiel ihr absolut gar nichts ein. Also nahm sie sich ein neue Lektüre vor.

Die Müdigkeit übermannte sie, das Buch hatte sie mehrfach sinken lassen, bis es ihr aus der Hand glitt. Sie konnte sich nicht daran erinnern, was sie gelesen hatte. Aber das lag nicht am Roman. Die Entscheidung, schon wieder ein Mittagschläfchen zu machen, war genau die richtige. Schließlich hatte sie Urlaub. Ihr fiel ein Spruch ihrer Oma ein: Nimm dir die Zeit und schlaf dich gesund.

Stunden später wurde Greta von der Sonne geweckt, deren Kugel dick und golden dem Horizont zustrebte. Sie zog sich wieder an und machte einen Spaziergang zum Deich, um den Sonnenuntergang anzuschauen. Es war kälter geworden, nicht ungemütlich kalt, sondern winterlich kalt. Den Gedanken an einen Saunabesuch wischte sie beiseite. Sie würde sich später lieber einen starken Tee mit Rum zubereiten oder auch zwei und wieder ins Bett gehen.
An jedem Tag verschwindet abends die Sonne hinter dem Horizont, aber nicht an jedem Tag gestaltete sie ihren Abgang so spektakulär wie an diesem Abend. Goldene, rote und lila Schattierungen beherrschten den Himmel, und das Meer übernahm die Spiegelung. Die blaue Stunde, die folgte, legte die Geräusche lahm. Stille deckte sich über die Insel wie ein seichtes Tuch. Das waren Momente, die einen demütig werden ließen, demütig gegenüber der Schönheit der Schöpfung.

Gespenstige Stille einer anderen Art umfing Greta, als sie das Fenster am nächsten Morgen öffnete.
Sie hatte länger geschlafen als an allen anderen Tagen. Es war hell draußen, als sie wach wurde. Das konnte nur am Tee mit Rum liegen, da war sie sich sicher. In dem Chaos, das in ihrem Zimmer herrschte, konnte sie den Tidenplan nicht finden. Der Tisch war zugepackt mit Büchern, Zetteln und Kabelgedöns von allen möglichen Ladegeräten. Dazwischen lagen Hausprospekte, die sie auf ihren Wegen über die Insel mitgenommen hatte. Meistens steckten sie in wasserdichten Kästen in den Vorgärten als Werbung für Appartements und Ferienwohnungen direkt vor Ort. Das Frühstück sollte halbwegs gemütlich werden, da war vorher Aufräumen angesagt. Greta wollte wissen, ob gerade Ebbe oder Flut war, also ablaufendes oder auflaufendes Wasser. Das Appartementhaus von Eilers lag direkt hinter dem Deich. Bisher hatte sie immer das Rauschen des Meeres gehört, wenn manchmal auch nur sehr leise. Aus der ersten Etage, in der sie wohnte, war ein Blick auf das Meer leider nicht

möglich, weil sich das Haus leicht hinter den Deich duckte. Also fuhr Greta den Computer hoch. Schließlich war oben auf diesem Haus eine Webcam, die den Strand zeigte. Aber sie bekam keinen Internetzugang. Die Stille suggerierte Ebbe. Der Himmel war blau. Kein Lüftchen, das sich regte, kein Wölkchen, das sich zeigte. Irgendwie unheimlich. Die Kaffeemaschine röchelte leise, während Greta in die Klamotten vom Vortag stieg. Kurze Zeit später stand sie vor der Tür und lief links den Deichweg hoch. Sie musste unbedingt sehen, was mit dem Meer los war. Außerdem konnte sie kurz bei "Störtebeker" vorbeilaufen und Brötchen mitnehmen. Einem späteren Frühstück, nach dem restlichen Aufräumen, stand dann nichts mehr im Wege. Fasziniert lehnte sie sich an die brusthohe Mauer der Deichanlage, stützte ihre Ellenbogen auf und suchte das Wasser. Es herrschte Ebbe, absolute Ebbe. Das Wasser hatte sich sehr weit zurückgezogen, dass man es nur erahnen konnte. Sie sah einen schmalen Streifen und vermutete, dass es das Meer sei. Es lag eine riesige Fläche Sand vor ihr. Doch was sie am meisten in diesem Moment erschreckte, es gab überhaupt keinen Wind und keine Brandungsgeräusche. Das Meer schien in weiter Ferne zu verharren. So etwas hatte sie bisher auf Baltrum nicht gesehen. Ihre Gedanken streiften das Naturereignis eines Tsunamis. Sie hatte gelesen, dass sich das Wasser vorher auch ungewöhnlich weit zurückzieht, bevor es mit enormer Gewalt auf die Küste trifft. Ein Containerschiff fuhr vorbei. Die Konturen waren gestochen klar zu erkennen, wie sie es von dieser Position aus vorher nie gesehen hatte. Es sah aus, als würde das Schiff über Sand fahren. Selbst die bunten Farben der Container konnte sie problemlos unterscheiden. Die Lichtverhältnisse waren gigantisch. Aber den Fotoapparat hatte Greta nicht mitgenommen, leider. Jeder Insulaner hätte ihr dieses Phänomen sicher erklären können, sie aber hatte keine Ahnung, was da gerade mit dem Meer passierte. Mit einem Tsunami rechnete sie aber nicht wirklich. Auf jeden Fall würde sie wieder einmal das Naturkundehaus besuchen müssen, möglich, dass sie dort eine

Antwort bekam. Vielleicht war sie auch einer optischen Täuschung erlegen.
Greta schlenderte an der modernen Deichanlage entlang, blickte auf die Insel Norderney, die auch sehr viel ihrer hell in der Sonne erstrahlenden Sandmasse zeigte und umrundete das westliche Kap. Die Kälte trieb ihr Tränen in die Augen. Handschuhe hatte sie auch wieder keine dabei. Dann zeigte sich der eine oder andere Urlauber. Die hellen Umweltbeutel, die die meisten baumelnd herumschleuderten, waren ein Zeichen, dass auch sie dem Bäcker zustrebten. Auf jeden Fall besorgten sie Frühstücksingredienzien. Erstaunlich war, dass ihr nur Männer auf dem Weg zum Bäcker begegneten. Deshalb auch das komplizierte Wort *Frühstücksingredienzien*, denn Männer gehen nicht nur einkaufen. Mit solch simplen Tätigkeiten wie dem Brötchenholen geben sie sich auch im Urlauber nicht ab. Ihre skurrilen Gedanken waren dafür verantwortlich, dass Greta wie angeflogen eine Idee für eine Kurzgeschichte hatte, über deren Vorgabethema sie tagelang nachgedacht hatte. Ungeduldig wartete sie bei "Störtebeker" in der zweiten Reihe vor der Theke, bis sie endlich ihre beiden Brötchen überreicht bekam. In fünf Minuten war sie wieder in ihrem Urlaubsdomizil zurück, hatte in Windeseile, trotz Windstille ihre kleine Bude aufgeräumt, den Laptop wieder hochgefahren, das Frühstück gemacht, das sie während ihres Scheibens einnahm. Ohne richtig zu bemerken, was sie da eigentlich aß, fielen die Brötchenkrümel auf ihre Tastatur. Denn ihre Finger tippten geschwind, als würden sie gejagt.

***

Am Vortag hatte sie geglaubt, den kleinen Infekt im Griff zu haben. Sie wachte um halb vier in der Nacht, zu einer sehr unchristlichen Zeit, auf. Die Schluckbeschwerden hatten zugenommen und der Hals schmerzte höllisch. Da hatten sich ihre Erkältungsviren die Halsschleimhäute ausgesucht, um ihr das Leben schwer zu machen.

Ihre Reiseapotheke hatte sie ausgeschöpft. Aber es gab auf Baltrum auch eine Apotheke, die sie hätte aufsuchen können. Vorerst griff sie auf ein altes Hausmittel ihrer Oma zurück, welches ihr auch zuhause oft Linderung verschaffte: Sie befeuchtete einen Waschhandschuh, legte ihn sich vor den Hals und wickelte einen weichen Baumwollschal darum. Damit die Verpackung nicht verrutsche, stülpte sie ein Buff darüber. Greta kam sich damit vor wie mit einer Halskrause nach einem Schleudertrauma. Aber sie wusste aus Erfahrung, dass diese Eigentherapie ihr oftmals geholfen hatte. Neugierig, wie sie war, schob sie auch um halb vier die Gardine zu Seite, um einen Blick nach draußen zu werfen, bevor sie wieder ins warme Bett ging. Sie glaubte, ihren Augen nicht zu trauen: Es hatte geschneit. Die Vorfreude auf einen echten Wintertag ließen sie schnell wieder einschlafen. Gegen neun wurde sie nicht vom Meeresrauschen geweckt, sondern vom Schaben der Schneeschieber, die sehr geräuschvoll Wege und Bürgersteige vom Schnee befreiten. Der Winter trieb sie alle aus dem Bett. Die Hausbesitzer frönten ihren Pflichten. Erstaunt stellte sie fest, dass auch auf Baltrum die alten Menschen, mit Gehhilfen und Rollatoren bei diesen Wetterbedingungen risikobereit unaufschiebbare Dinge zu erledigen hatten, ganz wie zuhause. Starrsinn oder Neugier, keine Ahnung. Aber sie bewegten sich über die weißen Pisten der Insel, bevor die Kinder den ersten Schnee zusammengekratzt und versucht hatten, einen Schneemann zu bauen. Von Schneemassen konnte keine Rede sein, aber die dünne weiße Schicht, die die Insel überzog, erfreute Greta sehr.
Da sich ihre Halsschmerzen in Grenzen hielten, stand einer Winterwanderung über die Insel nichts im Wege. Schnee am Strand und auf den Dünen. Sie musste durch diese veränderte Natur laufen und sie fotografieren, sofort.

Ihre Hausmittelchen brachten nur mäßig Linderung. Greta schien auf eine ausgewachsene Kehlkopfentzündung hinzusteuern. Da

half auch das Hausmittel ihrer Oma nicht wirklich. Ihr Wunsch, die Insel bei Schnee zu erleben, hatte sich erfüllt. Nach einer nahezu schlaflosen Nacht wünschte sie sich, möglichst bald auf der Fähre Richtung Festland zu sein.
Sie hatte sich von Meer verabschiedet und vertrieb sich die Zeit bis zur Abreise im "Inselcafé" mit heißem Tee, türkischer Linsensuppe und Kuchen. Sie musste auf die Flut warten, bevor sie die Rückreise antreten konnte. Von aromatisch duftenden Inseltees war sie inzwischen auf Kamillentee umgestiegen. Für diesen Tag wünschte sie sich nur, die Fahrt gut zu überstehen und wieder zuhause anzukommen.

Von kackbraunem Ziegenhaarteppichboden, Schnäppchenpreisen und Sommernachtsträumereien, einem Rote-Pullover-Mann sowie einem Baltrumer Sabbatjahr

Im Frühjahr besuchte Greta die Leipziger Buchmesse, später flog sie mit ihrem Sohn eine Woche nach Lissabon, und im Sommer machte sie Urlaub in Irland. Wann schaffe ich es endlich wieder, nach Baltrum zu fahren?, fragte sie sich und blätterte durch ihren Kalender. Es kam nur eine Woche im Herbst infrage.
Alle eingetragenen Termine im Herbst fügten sich beinahe nahtlos aneinander. Da war eine Lücke – und es passte genau eine Woche Baltrum zwischen.
In der Praxis sah das aber etwas anders aus. Greta hatte mit einer Autorenvereinigung mehrere Tage in Gelnhausen an einem Seminar teilgenommen und gemeinsam mit der Gruppe, die sich jedes Jahr dort zu diesem Event traf, die Frankfurter Buchmesse besucht. Die Tage waren fantastisch aber anstrengend. Der Baltrum-Urlaub nahte. Auch den Geburtstag ihrer Mutter, den 89sten, galt es ebenfalls über die Bühne zu bringen. Zwischen Kuchenbacken, Gratulationskur, Blumengießen und Zahnarztbesuchen packte sie ihren Koffer für Baltrum. Dort würde sie diesen Terminstress wieder abbauen. Die letzten Dinge, die sie zuhause erledigen musste, schaffte sie nur, weil sie wusste: Morgenfrüh geht es los. Baltrum, ich komme!

Die Fahrt zur Nordsee begann früh. Greta wollte die erste Fähre erreichen. Der Vermieter bat um die Angabe, wann sie auf der Insel ankommen würde. Sie sollte gleich am Hafen in Empfang genommen werden. Greta ging nicht davon aus, dass sie der einzige Gast war, der an diesem Tag ankam. Sollte etwas dazwischenkommen –

ein Stau auf der Autobahn zum Beispiel – und sich die Anreise verzögern, machte das auch nicht allzu viel aus. Es war ja einerseits nicht verpflichtend für sie, den Koffertransport anzunehmen und andererseits war es ebenfalls egal, wenn es darum ging, die nächste Fähre zu nehmen. Da die Fähre keine Autos transportierte, musste auch kein Platz reserviert werden. Fußgänger wurden immer mitgenommen. Auch den Transfer vom Hafen zum Hotel schaffte sie in jedem Fall alleine. Sie war auf keinen Koffertransport angewiesen. Die Fährtickets bezogen sich immer auf eine Zeitspanne, in der Hin- und Rückreise stattfinden mussten. Problemlos und vor allem entspannt machte sie sich auf den Weg. Sobald sie im Auto saß, grübelte sie auch nicht mehr darüber nach, ob sie etwas vergessen hatte und wer die Geschicke zuhause für sie lenken würde. Sie wusste, ihr Bruder würde für Mutter da sein, die sich mittlerweile im Seniorenheim gut eingelebt hatte. Auf ihre Kinder war auch Verlass, was das Haus und die damit verbundenen Belange anging. Also richteten sich ihre Gedanken auf Baltrum, die Nordsee und die Vorfreude, in wenigen Stunden wieder auf *ihrer Insel* sein zu dürfen. Welch magnetische Wirkung dieses Baltrum nur auf sie hatte. Was ging in ihr vor, dass sie alles daran setzte, in diesem Jahr wieder nach Baltrum zu kommen? Fragen, die sie im Raum stehenließ, weil sie keine Antwort darauf hatte. Sie würde wieder eintauchen in das Baltrumgefühl.
Im ostfriesischen Westerholt wartete ein leckeres Rühreifrühstück auf sie, denn wie immer gab es auf der Fahrt nach Neßmersiel keine Probleme. Ihr Zeitpuffer bis zur geplanten Fähre reichte, um in die Dorfbäckerei mit Frühstücksservice einkehren zu können.
Kurz vor Dornumersiel, drei Kilometer bis zum Fähranleger Neßmersiel, hatte der Hochnebel alles im Griff. Die Nebelschleier legten sich über die Landschaft, und die großen Flügel der Windkraftanlagen verquirlten die Suppe. Greta nahm sich bei diesem Anblick vor, in die "Alte Liebe" auf Baltrum einzukehren und einen Küstennebel zu trinken. Ob er so unheimlich schmeckte, wie die

Nebelschwaden aussahen? An manchen Stellen war der Nebel so dicht, dass sie das Ende der Growiane, also der Großen Windenergieanlagen, gar nicht sehen konnte. Gespenstisch schimmerte die roséfarbene Sonnenscheibe am Himmel versteckt hinter dem Nebel. Das Licht veränderte sich. Aus grauweißer Zuckerwatte wurde eine mit Erdbeer- oder Himbeergeschmack. Egal. Der Nebel wurde rosa.

Greta freute sich auf das herbstliche Baltrum. Ihr war klar, dass die ungewöhnlich warmen Herbsttage, die sie im Frankfurter Raum, mit teilweise siebenundzwanzig Grad, erlebt hatte, für Baltrum kein Maßstab sein würden. Maximal sechzehn Grad erwarteten sie auf Baltrum. Aber mit dem Sommer hatte sie abgeschlossen. All ihre Sinne waren auf Herbst eingestellt. Für diese Jahreszeit packte sie immer Regensachen ein, Buffs, Windjacken und feste wasserdichte Schuhe. Diesmal hatte sie wieder mal ein anderes Hotel ausgesucht und ein Einzelzimmer mit Frühstück gebucht. Der Name tut an dieser Stelle nichts zur Sache und wird bewusst verschwiegen. So wanderten auch einige etwas schickere Kleidungsstücke mit in den Koffer. Sie hatte ganz kurzfristig über einen Online-Anbieter gebucht. Das Zimmer war ihr mit so grandiosem Rabatt angeboten worden, dass sie es buchen musste, ohne zu überlegen. Keine andere Unterkunft auf der Insel hätte ihr diesen Preis bieten können. Was sich dahinter verbarg, würde sich zeigen.
Das Zimmer war schnell bezogen. Es war groß, eigentlich sehr groß, ordentlich, sauber, auf den ersten Blick altmodisch und ohne Stil, also kurz vor einer Modernisierung. Aber das Hotel war okay. Es fügte sich in die Landschaft der Insel ein, lag umrundet von Grün weit abseits auf einer kleinen Anhöhe und versank fast hinter Inselrosensträuchern. Sie war zweimal daran vorbeigegangen bis sie es endlich als ihre Unterkunft identifiziert hatte. Nette Menschen, freundliches Personal. Der Kellner am Frühstücksbüfett war sehr schweigsam. Grüßte kaum. Aber Greta kreidete ihm dieses

morgendliche Stillschweigen nicht an. Nicht jeder ist so früh am Tag gleich ansprechbar. Im Gegensatz zu ihr sind einige Menschen sicher Zwangsfrühaufsteher.
Ihre erste Runde über die Insel zur Begrüßung führte sie nach einem Blick auf die Brandung, ins "Strandcafé". Die bunt gestreiften Strandkörbe standen alle in Reihe und Glied und wartenden auf Gäste. Sie setzte sich in einen rotweiß-gestreiften. Der Nebel war komplett verschwunden. Warme Sonnenstrahlen machten sich breit. Windgeschützt mit einem Becher Kaffee und ihrer ersten Urlaubslektüre ließ es sich hier sehr gut aushalten. Immer wieder blickte sie auf das Dach des Cafés, aber die dicke Möwe, die dort beheimatet war, ließ sich heute nicht blicken. Das Angebot der Touristen schien im Moment für sie nicht lukrativ genug zu sein. Oder war sie auch auf dem Weg in den Süden?
Es herrschte kein großer Trubel wie im Sommer. Spaziergänger, meistens ältere Paare mit ihren Enkelkindern, nahmen auf diesem luftig sonnigen Areal Platz. Aber auch viele einzelne Wanderer liefen den Dünenweg hoch zum Strand. Greta beobachtete die Familien, die dort im Herbst Urlaub machten. Einige waren echt sympathisch, andere wieder so extrem schrecklich, dass sie sich fragte, was sie an dieser Insel, die nicht mehr als ein Sandhaufen in der Nordsee war, liebten. Klar strotzte dieser Gedanke nur so von Voreingenommenheit, aber oftmals bestätigte sich ihr erster Eindruck. Auch diesmal kam sie den Tatsachen sehr nahe. Die Familie in ihrem Fokus war schrecklich. Sie begegneten ihren Kindern, als wären sie nur lästige Anhängsel. Die Kleinen wurden ruhig gehalten, indem sie mit Süßkram vollgestopft wurden. Welches Kind sagt bei Süßigkeiten Nein? Ich kenne nicht viele. Aber wenn eines aufmuckte und wagte zu nörgeln oder eine Frage zu stellen, wurde sofort rumgebrüllt. Aber vielleicht war es ja genau das, was die Erziehungsberechtigten auf der Insel lernen wollen. Ruhe finden und sich im Einklang mit der Natur auf ihre Kinder einlassen. Wie es aussah, steckten ihre Versuche in den Anfängen. Warum betrachte

ich wieder meine Umgebung so interessiert und mache mir mal wieder einen Kopf um Dinge, die mich gar nichts angehen?, dachte Greta.

Max und sie hatten vor knapp dreißig Jahren mit ihren Kindern auch immer eine Woche im Oktober an der Nordsee verbracht. Es härtete die Kinder stets ab und brachte sie meistens erkältungsfrei über den Winter. Erst im Herbst hatte die Nordsee das Ungestüme und Wilde, das sie alle vier damals so an ihr liebten. Greta dachte an Ameland, ihre Kinderinsel.
Von stürmischem Wetter war sie an diesem Tag weit entfernt. Die herbstliche Insel präsentierte sich recht sommerlich. Die Sonne wärmte ihr Gesicht, der seichte Wind streichelte ihre Haut. Sie fühlte sich frei und glücklich, obwohl sie gerade mal wenige Stunden auf der Insel war. Sie hatte einen Schalter umgelegt, der sie abrupt vom Ruhrgebiet nach Baltrum katapultierte.

Eine gute Bekannte verbrachte auf Baltrum ihr Sabbatjahr. Als Greta zum ersten Mal von dieser beruflichen Auszeit in Bezug auf Baltrum gehört hatte, hatte sie es kaum glauben können, dass man ein Jahr Job und Familie den Rücken kehrte, um komplette zwölf Monate auf dieser Insel zu verbringen. Vor Jahren hatte eine Sportkollegin, auch eine Lehrerin, ebenfalls ein Sabbatjahr gemacht. Diese war damals auch weit über fünfzig Jahre alt und hatte sich alleine als Rucksacktouristin nach Südostasien gewagt. Greta hatte sie bereits für ihren Mut bewundert, bevor diese überhaupt gestartet war.
Als sie nach einem Jahr wieder im Klub aufgetaucht war, konnte sich Greta nicht satthören an ihren Erzählungen. Es schien eine überwältigende Tour gewesen zu sein. Sie hatte Länder bereist, die auch in Gretas Fokus standen: Vietnam und Kambodscha und auch Thailand zählte dazu.

So sehr Greta Baltrum liebte, aber ein Jahr da zu verbringen, ohne eine konkrete Beschäftigung, ohne ein Ziel vor Augen, konnte sie sich nicht vorstellen. Es bestand die Möglichkeit, dass sie nur für sich kein Ziel in einer so langen Auszeit auf Baltrum sah. Vielleicht verstand sie auch die Motivation ihrer Bekannten nicht. Sie vermutete, dass es ein Trip zur Selbstfindung sei, und das war durchaus ein Ziel. Mich würde so ein Jahr depressiv machen, dachte Greta, obwohl sie bisher nie auch nur ein Anzeichen von Depressivität an sich wahrgenommen hatte. Vielleicht würde sie dann erfahren, was Heimweh bedeutete, überlegte sie. Dieses Gefühl war ihr in ihrem bisherigen Leben nicht begegnet.

Aber die Baltrumer sind auch das ganze Jahr auf ihrer Insel. Sie leben und arbeiten hier, pflegen soziale Kontakte haben Freunde unter den Bewohner und Familie. Das ist sicherlich ein Unterschied. Auf Greta hatte diese Insel auch eine unerklärliche Wirkung, eine Anziehungskraft, die sie sich nicht definieren konnte. Vielleicht ist sie bei anderen Menschen ausgeprägter und reicht für ein Jahr, spekulierte sie.

Inzwischen streifte sie hin und wieder das Thema Sabbatjahr auf Baltrum. Sie wollte ihre Bekannte verstehen. Aber über eine unerklärliche Liebe zu Baltrum hinaus kam sie zu keinem Ergebnis.

Es wäre schön, auf dieser Insel alle Jahreszeiten zu erleben, die Feste im Jahreszyklus mitzufeiern. Es interessierte sie brennend, wie die Insel im Winter bei Schneefall aussah. Einen leichten Hauch von Weiß hatte sie ja bereits mitbekommen. Aber je länger sich Greta damit auseinandersetzte, umso mehr wurde ihr klar, dass sie ein Projekt, eine kreative Schaffensphase brauchte, um dort ein Jahr lang zu verbringen. Alleine auf der Spurensuche nach sich selbst reichte ihr nicht. Sie erinnerte sich an einen guten Freund, der seine Zahnarztpraxis für Monate einem Kollegen überließ und mit einem Rucksack und kleinem Zahnarztbesteck in Begleitung seiner Frau durch die Anden zog und sich in den abgelegensten Bergdörfern den Zahnproblemen der Ärmsten der Armen annahm.

Das alles machten sie aus einer tiefen Dankbarkeit heraus, weil seine Frau erfolgreich den Brustkrebs überstanden hatte. Diese Auszeit machte in ihren Augen Sinn.
Aber sie würde ihre Bekannte treffen. Mag sein, dass sie dann mehr erfuhr. Sie wollte verstehen, wie ausgeprägt diese Baltrum-Sehnsucht im extremen Ausmaß sein konnte.

Kleine freche Spatzen belagerten sie, waren scharf auf die Krümel ihres Plätzchens. Hatte es sich herumgesprochen, dass es Menschen gab, die ihren Keks auf dem Tellerrand gar nicht aßen und diese kleinen federigen Büschel in so einem Falle, aus dem Vollen schöpfen konnten? Sie hüpften mit ihren kleinen zarten Beinchen auf den Tischen herum und beobachteten das kulinarisch touristische Treiben. Jeder Krümel wurde verwertet und gierig aufgepickt. Manchmal artete der Kampf ums Essen in Gezeter und Streit aus. Diese Tiere waren in Gretas Augen degeneriert. Sie hoffte, dass bei ausbleibenden Kuchenkrümeln ihr Leben dennoch gesichert sei und sie in der Natur, ohne den reich gedeckten Tisch beim "Strandcafé", klarkamen.

Gretas Schnäppchenunterkunft wurde privat geführt. Es spiegelte das Spektrum zwischen modern und altbacken. Die Ausstattung ihres Zimmers stand im krassen Gegensatz zu den restlichen Räumen, zu denen sie Zugang hatte: Kackbraune Ziegenhaarteppichbodenfliesen lose verlegt, bedeckten den Boden ihres Zimmers, terracottafarben die Wände. In unfachmännischer Schwammtechnik hatte jemand die Farbe auf den Wänden verteilt, im oberen Bereich dezent im unteren starkfarben. Greta wusste, wie eine perfekt angewandte Schwammtechnik auszusehen hatte. In diesem Haus holte sie ihre langjährige Tätigkeit im Bereich der Architektur wieder ein. Den Übergang zierte eine fünfzehn Zentimeter breite Borde mit rankenden Blättern. Das Motiv wiederholte sich in regelmäßigen Abständen. Grausam schön. Der Fernseher war an einer

Wandhalterung hinter der Badezimmertür zwischen Schlafzimmerschrank und Türrahmen befestigt. Fernsehen vom Bett aus musste bei dieser Konstruktion ausfallen. Auf einem Stuhl hatte sie bisher nie vor einem Fernseher gesessen – und so würde es auch bleiben. Ein Fernsehapparat war im Urlaub ein absolut verzichtbarer Einrichtungsgegenstand für sie. Aber dennoch störte sie die unfachmännische Anbringung.
Sie musste feststellen, dass dieses Zimmer nie als eine Einheit geplant war. Zwei Räume wurden zu einem zusammengefügt. Es schienen sich Altbau und Neubau mitten in diesem Hotelzimmer zu begegnen. Ein Wanddurchbruch und fertig. Oben den alten Unterzug stehengelassen und die Fußbodenhöhe unfachmännisch angepasst. Die dicken Teppichbodenfliesen schafften nicht, den Höhenunterschied auszugleichen. Der runde Eichenfurniertisch stand auf wackeligen Beinen mit Gefälle. Das Badezimmer war winzig klein, weiß gekachelt und beherbergte die Dusche und das Klo. Das Fenster war so hoch angebracht, dass sie es nur öffnen konnte, wenn sie auf den Klodeckel stieg. Im Schlafzimmer selbst befanden sich Waschbecken und Spiegel vor weißgeflammten Wandfliesen mit Borden verziert. Ach, nicht zu vergessen, die Wandborde in der Dusche, schrecklich. In diesem Zimmer hatte jemand mit an Geschmacklosigkeit grenzendem Gestaltungsempfinden gewirkt, ebenso wie die Konstrukteure dieser Zimmerzusammenführung null Ahnung gehabt haben mussten, bei der Durchführung dieser Baumaßnahme.
Das große Doppelbett war sauber und frisch bezogen. Dicke Federbetten türmten sich auf den Matratzen auf. Gretas Doppelzimmer zur Alleinbenutzung schien also eindeutig zu dem altbackenen Teil des Hauses zu gehören.
Als sie am Abend die Schwungstäbe der Gardinen ertasten wollte, fand sie keine. Also griff sie in den Stoff und zog die Vorhänge zu. Ausgebreitet stelle sie fest, standen sie kurz vor dem Reinigungstermin oder besser vor einem Austausch. Es störte, dass das

Riesenbett mit dem Kopfteil an der Fensterfront stand, und sie auf das Bett klettern musste, um diese Vorhänge zu schließen oder die Fenster zu öffnen. Inspirierend und kreativitätsfördernd in Sachen Schreiben empfand sie dieses Zimmer auf keinen Fall. Eigentlich konnte sie dort gar nicht schreiben, weil kein ebener Tisch mit entsprechender Höhe für ihren Laptop zur Verfügung stand.
Am Nachmittag beschloss sie, sich im Empfangsbereich niederzulassen. Diskret sah sie sich nach einer Steckdose um, konnte aber keine entdecken. Darf ich halt immer nur solange schreiben, wie der Akku hält, überlegte sie. An der Rezeption war die meiste Zeit niemand. Warum auch? Es wurden keine Gäste erwartet, erst wieder mit der nächsten Fähre trafen neue Urlauber ein. Diejenigen, die abreisen würden, hatten ihr Gepäck in diesem Vorraum abgestellt. Ein Mitarbeiter des Hauses lud sie auf die Wippe, die er an ein Fahrrad koppelte hatte und brachte die Gepäckstücke zum Hafen. Dort konnten die Abreisenden sie entgegennehmen.
Greta stellte die Suche nach einer Steckdose vorläufig ein.

***

Sie hatte gleich das Schild mit dem Namen ihrer Unterkunft gesehen, als sie am Vormittag am Hafen angekommen war, in das sie ihr Hang zum Sparen geführt hatte.
„Moin“, hatte der Kofferträger sie kurz begrüßt.
„Moin.“ Greta hatte den jungen Mann gebeten, nicht so unsanft mit ihrem Koffer umzugehen, da sich elektronisches Equipment darin befand. Er hatte sich ihr Gepäck geschnappt und das einer weiteren Dame, die wartend neben ihm gestanden hatte.
„Wer von euch kennt sich hier aus?“, hatte er gefragte.
„Ich“, hatte Greta geantwortete.
„Dann nimmst du die Dame hier mal an die Hand, die ist zum ersten Mal auf der Insel“, hatte er resolut bestimmt. Er hatte keine Antwort abgewartet, in die Pedale getreten und sich mit dem Gepäck

auf der Wippe davongemacht. Auf Smalltalk mit einem gerade angereisten Neuankömmling hatte Greta keine Lust. Wenn sie sich hätte unterhalten wollte, dann mit Insulanern und nicht vorrangig mit Touristen Aber sie hatte ihren Egoismus heruntergeschluckt und die Fremde, wegen ihrer anerzogenen Höflichkeit begleitet. Ihre Hand hatte sie ihr aber nicht gereicht. Ich bin doch nicht im Kindergarten, hatte sie gedacht.

Beim ersten Frühstück zeigte sich das Dilemma. Nur ein Teil des Frühstücksraumes war geöffnet, das Hotel war schließlich nicht ausgebucht. Der mürrische Kellner sagte auf ihre Frage, wo sie Platz nehmen dürfe, nur: „Egal." Greta hatte die Wahl, sich an einen Doppeltisch zu setzen, an dem eine ältere Dame in ihren Marmeladentoast biss. Sie machte einen sympathischen ersten Eindruck auf sie. Oder sie nahm an einem längeren Tisch Platz, an dem ein Mann und die Dame vom Vortag nebeneinandersaßen, mit einem freien Stuhl zwischen sich. Sie hatte die Frau ja kurz kennengelernt, als sie diese über die Insel geführt hatte. Dass dort zwei Fremde beinahe Schulter an Schulter am Tisch saßen und frühstückten, war ihr klar. Sie sah förmlich die physische und psychische Distanz zwischen den beiden Gästen.
Greta grüßte erst einmal freundlich und verteilte ein „Moin" in die überschaubare Runde. Sie befand sich in der Frühstücksplatz-Findungsphase. Gegenüber dem Mann wollte sie auf keinen Fall sitzen. Er hatte ihren Gruß nicht erwidert, nicht einmal mit dem Kopf genickt. Auch ein Kontakt zu dieser alleinreisenden, marmeladentoastkauenden Dame, die an einem Tisch für zwei Personen saß, schien ihr nicht erstrebenswert zu sein. Diese beäugte Greta skeptisch. Sie kaute schnell und würgte ihren Toastbissen herunter. Beinahe verschluckte sie sich daran. Dann spülte sie mit einem Schluck Kaffee nach, räusperte sich und rief Greta zu: „Ich habe bei der Buchung explizit mitgebucht, dass ich alleine an einem Tisch sitzen möchte. Dieser Stuhl bleibt unbesetzt. Setzen Sie sich woanders

hin." Dabei tippte sie mit dem Zeigefinger ihrer linken Hand energisch auf die Tischplatte.
Greta glaubte, ihren Ohren nicht zu trauen. Was sagte diese Person da? Den ersten Eindruck von Sympathie revidierte sie wieder. Bisher hatte Greta sich nur umgesehen. Sie stand stocksteif an der gleichen Stelle, direkt neben dem Büfett und machte keine Anstalten , sich irgendwo hinzusetzten. Ihre Wahl wäre gar nicht auf den freien Stuhl an diesem Tisch gefallen. An so einem kleinen Tischchen saß sie nur mit vertrauten Menschen. Ein Kontakt zu dieser Dame schien ihr ab diesem Moment auch nicht mehr erstrebenswert zu sein. Dieser Frau schien Greta alleine durch ihre Anwesenheit den Tag versaut zu haben, so wie diese ihren freien Stuhl verteidigte.
Ich würde auch gerne alleine sitzen, dachte Greta. Es blieben drei Stühle für sie zur Auswahl. Die Dame von der Fähre bot ihr freundlich an, ihr gegenüber Platz zu nehmen. Aber die Einladung schlug Greta freundlich aus.
„Ich brauche etwas mehr Platz am Frühstückstisch", sagte sie und legte gleich die Schreibsachen neben ihren spontan ausgewählten Teller. Sie setzte sich der Dame schräg gegenüber und der Stuhl ihr direkt gegenüber blieb leer. Bei ihr stand keine Tasse. Schnell zog sie eine von der Seite zu sich herüber.
Der Kaffee wurde gebracht. Greta schlug die Kladde auf und begann zu schreiben. Zum einen, weil es ein nichtwackelnder Tisch war, zum anderen, weil sie all das, was gerade um sie herum geschah, gar nicht wahrnehmen und alle Blickkontakte vermeiden wollte.

Sie wollte keine Urlaubsbegegnung, wenigstens nicht, bevor sie richtig auf der Insel angekommen war. Meine Gedanken gehören mir, besonders hier auf Baltrum, dachte sie. Ich lege keinen Wert auf Smalltalk beim Frühstück. Meine Kontakte und Begegnungen suche ich mir selbst aus. Egoismus pur, aber ich bin wenigstens freundlich und höflich. Aber extra einen Einzeltisch buchen, würde ich nie. Greta war bis vor wenigen Minuten davon ausgegangen,

dass man, wenn man ein Einzelzimmer buchte, auch einen eigenen Tisch bekam. In der Hochsaison konnte sie es ja verstehen, wenn improvisiert werden musste. Aber nicht bei so wenigen belegten Zimmern. Sie sagte nichts, dachte kurz an den günstigen Preis. Vielleicht bekamen Schnäppchenbucher keinen eigenen Tisch.
Die Frühstückssituation gefiel ihr auf jeden Fall nicht. Schon wieder ein negativer Eindruck, den das Haus auf sie machte. Manchmal täuschte man sich aber auch. Alles hatte einen zweiten Blick verdient. Das Frühstück war klasse, ausgewogen und vielfältig. Auch mit der Dame, mit der Greta gemeinsam angereist war, hat sie sich nachher sehr gut verstanden. Sie kam ebenfalls aus dem Ruhrgebiet, also aus dem Pott und alleine das verband sie. Sie war auf dieser Insel, weil die Dauererkrankung ihrer Mutter sie dorthin getrieben hatte. Sie sei irgendwie am Ende, gestand sie Greta. Eine weitere kleine Gemeinsamkeit. Auch Gretas Mutter und ihre Alzheimererkrankung und Demenz brachte sie an ihre Grenzen. Es wurde immer besser, aber von einem entspannten Umgang mit der Pflegesituation war Greta weit entfernt, obwohl ihre Mutter in einem Seniorenheim lebte. Greta musste sich eingestehen, dass der Urlaub auch für sie eine kleine Flucht vor der Verantwortung war, sich der neuen Lebenssituation ihrer Mutter stellen zu müssen. Zu schmerzlich waren die Momente ihre Begegnungen in der letzten Zeit und hielten einem Vergleich zu früher nicht stand. Baltrum versprach die nötige Entspannung. Abstand gewinnen, um später wieder gelassener auf die Mutter zuzugehen, so hoffte sie.

Ach, übrigens, es regnete in Strömen. Es war so dunkel draußen, als säßen alle, also die drei alleinreisenden Damen und der alleinreisende Mann im roten Pullover, im Speiseraum beim Abendessen.

Am Tag zuvor hatte sie, nachdem sie von der Fähre gegangen war, kurz ins Hafencafé hineingeschaut. Sie hatte ihre unfreiwillige Begleitung gebeten, kurz zu warten. Nur schnell das Team begrüßen hatte sie sich vorgenommen. Wohlige Wärme hatte sie empfangen, als sie den Kopf durch die Tür gesteckt hatte. Mit großem Hallo, wie eine alte Bekannte, wurde sie nicht begrüßt. Hinter der Theke hatten fremde Bedienungen ihre Arbeit verrichtet, die sie nur fragend angestarrt hatten.

„Sind die anderen Damen nicht da?“, hatte sie gefragt.

„Nein, ich glaube, die arbeiten jetzt woanders auf der Insel.“

Greta hatte nicht gefragt: Warum? Wieso? Weshalb? Sie würde es während ihres Aufenthalts sicher erfahren. Oder auch nicht.

***

Der Kellner warf Greta einen auffordernden Blick zu, in den sie hineininterpretierte, besser das Frühstück so langsam zu beenden. Ein Eindruck, der leicht Stress erzeugen konnte. Die beiden Damen hatten sich nacheinander mit einem Kopfnicken verabschiedet. Der Herr stand auf und ging, ohne Greta auch nur eines Blickes zu würdigen. Ja, da saß sie auf einmal alleine vor ihrem Müsli und ihrer zweiten Tasse Kaffee und füllte Seite um Seite ihrer Kladde. Der Blick auf die Uhr sagte ihr, dass sie noch mehr als eine Stunde Zeit hatte, sich dort aufzuhalten. Aber sie schien tatsächlich der letzte Frühstücksgast zu sein. Als das Büfett so nach und nach von dem schweigsamen Kellner abgeräumt wurde, klappte sie ihre Kladde zu, stand auf und ging. Zu ihrem Erstaunen stellte sie fest, dass die Rezeption besetzt war. Da musste also bald eine Fähre in den Baltrumer Hafen einlaufen. Greta nutzte die Gelegenheit und fragte nach einer Steckdose. Sie bat um die Erlaubnis, sich im Rezeptionsbereich an der Sitzgarnitur, die aus einer Eckbank, zwei Stühlen und einem Tisch bestand, ihren Arbeitsplatz einrichten zu dürfen. Die Steckdose war schnell gefunden. Sie verbarg sich hinter einem großen Pflanzkübel. Das Kabel ihres Laptops würde nicht ausreichen, um eine Verbindung herzustellen. Die Rezeptionistin begab sich sofort auf die Suche und kam mit einem riesig langen weißen

Kabel wieder. Zufrieden, ein Problem gelöst zu haben, bearbeitete Greta einen Text. Der Regen peitschte gegen die Scheiben. Die wenigen Menschen, die draußen vorbeieilten, gingen gebeugt und hatten die Kapuzen tief ins Gesicht gezogen, damit der Wind ihnen die Wassermassen nicht in die Augen trieb. Schirme waren auf der Insel eher unangebracht wegen des aufbrausenden böigen Windes. Greta starrte auf die leuchtende Fläche ihres Laptops und vertiefte sich in den Text.

So war es ihr entgangen, dass die Regenwolken weitergezogen waren. Die Spaziergänger trugen sogar keine Regenjacken mehr. Da ihre Augen tränten, weil sie sich zu sehr konzentriert hatte, war eine Unterbrechung angebracht. Sie begab sich auf einen Rundgang, zog ihre normale blaue Regenjacke mit Kapuze an, da sie dem Wetter nicht traute. Zu ihrer Schande musste sie gestehen, dass sie sich bewusst leise im Haus bewegte. Vorsichtig öffnete sie die Zimmertür und spähte durch den Schlitz, weil sie keine zufällige Begegnung wünschte. Sie wollte einen Spaziergang zu zweit unbedingt vermeiden.

Am Ende der Runde kehrte Greta ins "Inselcafé" ein. Schon bevor sie durch die Schwingtür trat, hörte sie die Stimme einer der Bedienungen des Hafencafé. Sie umarmten sich herzlich und beide freuten sich, sich zu begegnen. Fragen brauchte Greta nicht, warum die Frau den Job gewechselt hatte. Sie nahm ihre Bestellung auf, und als sie ihr den Tee und den weltbesten Schokoladenkuchen an den Tisch brachte, nahm sie kurz Platz.

„Das Leben braucht Veränderungen. Hier gefällt es mir echt gut."

Damit war für sie und auch für Greta das Thema erledigt. Inseltratsch darüber hinaus interessierte sie nicht. Für Greta stand aber fest, sie würde fortan öfter ins "Inselcafé" einkehren als in das Café am Hafen. Ein bisschen schade, dachte sie. Dort draußen unter den Lautsprechern zu sitzen und Musik zu hören, die genau meinen Geschmack trifft und eine Zeit spiegelt, die mir viel bedeutet, wird mir

sicher fehlen. Ein Milchcafé oder auch mal ein frisches Jever auf dem Tisch, ist für mich ein kleines Stück Baltrum.
Aber sie würde ohne die alte Garde an diesem Ort etwas vermissen. Zudem bestand die Möglichkeit, dass die Bedienung auch für die Musikauswahl verantwortlich war und diese würde sich dadurch möglicherweise im "Inselcafé" ändern, überlegte und hoffte sie.
Sie musste schreiben, die Ideen sprudelten nur so aus ihr heraus. Zwischendurch kam ein anderer Kellner vorbei und goss erneut heißes Wasser in ihre Teekanne. Das Café war gut besucht.
Zum Mittagessen bestellte sich Greta ihre Lieblingssuppe vegetarisch, türkisch, rot, mit selbstgebackenem traumhaftem Brot und freute sich auf eine vegane Dattelecke zum Nachtisch. Beide dieser Köstlichkeiten waren nicht gerade ostfriesisch, aber sie gehörten für Greta zu Baltrum wie die Nordsee und das Wattenmeer.
Vieles auf der Insel bestätigte ihr, dass auch Baltrum Wandlungen und Veränderungen unterlag. Je aufmerksamer sie bei ihren Inselrundgängen war, umso mehr musste sie feststellen, dass auch die Baltrumer ihre Konzepte veränderten.

Zuhause hatte sie sich online angesehen, welche Veranstaltungen während ihrer Woche auf Baltrum auf dem Plan standen. Sie durfte sich glücklich schätzen von der unvergleichlichen Theatertruppe der Insel ein besonderes Stück zu genießen: *Shakespeare - Ein Sommernachtstraum.*
"Ein Sommernachtstraum" war ein Traum, ein Oktobertraum. Greta hatte sich selten so gut unterhalten gefühlt. Lange hatte sie keinen so fantastischen Abend erlebt. Es zeigte sich, dass Herzblut, Begeisterung und Faszination gepaart alle Grenzen überschreiten. Die Laiendarsteller liebten die Perfektion. So war ihre Aufführung absolut mit Professionalität gleichzusetzen. Das Bühnenbild war perfekt, minimalistisch zwar, aber aussagekräftig und harmonisch. Die Kostüme wirkten zudem schrill und extravagant, besonders bei den Schauspielern, die alleine durch ihr Rolle auffällig sein

mussten. Die anderen waren eher schlicht, aber mit viel Einfallsreichtum kreiert. Das Bühnenbild und die Kostüme begeisterten sie. Greta gefiel, dass der Humor bei diesem Stück nicht zu kurz kam.
Zweimal begegnete sie in diesem Oktober Shakespeare. Die Gelsenkirchener Aufführung hieß „Hamlet-rot-weiß", eine Persiflage, aufgeführt in einer amüsanten Ruhrgebietsversion. Sehr speziell, aber sehenswert. Gretas Gedanken kreisten am frühen Morgen um Shakespeare. So viel Kultur in einem Monat.

Beim Frühstück saß ihr wieder der alleinreisende Mann schräg gegenüber. Er hatte auch an diesem Morgen ihren Gruß nicht erwidert. Auch diesmal trug er seinen knallroten Pullover.
Lisa, wie Greta die Dame aus dem Ruhrgebiet inzwischen nennen durfte, belegte den Stuhl ihr direkt gegenüber. Diese war an dem großen Tisch einen Platz weiter nach links gerutscht. Dadurch waren zwischen ihr und dem Fremden zwei Stühle frei. Greta vermied es inzwischen, beim Frühstück ihre Kladde neben den Teller zu legen und zu schreiben. Die Unterhaltung mit Lisa war es ihr wert, darauf zu verzichten. Ihr Nachbar im roten Pullover saß also in unmittelbarer Nähe, aber er beachtete weder Greta noch Lisa. Ein stetiges Gemurmel drang an diesem Morgen zu ihnen herüber. Einige Worte konnte Greta verstehen, aber das meiste war unklar und wahnsinnig leise. Ohne ihn zu sehr anzugaffen, versuchten sie beide, ihn aus dem Augenwinkel zu beobachten. Greta hoffte, sich diskret genug zu verhalten. Trägt er ein Headset oder so einen Knopf im Ohr und telefoniert?, überlegte sie. Aber sie konnte nichts dergleichen entdecken. Wie es schien, saßen sie zu viert am Frühstückstisch: Lisa, der fremde Mann im roten Pullover, Greta und ein unsichtbarer Vierter, mit dem er sich unterhielt. Dieser Mensch irritierte sie. Sie sah zu ihm herüber. Er schaute sofort weg, vermied den Blickkontakt. Anschließend drehte er wieder vorsichtig seinen Kopf und versuchte, zu Greta herüberzublicken. Als sich ihre Augen

begegneten, wendete er sich ruckartig wieder ab, verschüttete sogar etwas Kaffee bei seiner hektischen Bewegung. Er wirkte in sich gekehrt, abgeschottet von allem, was ihn umgab. Irgendwie unheimlich.
Er hatte sein Frühstück beendet, sortierte sein Frühstücksgeschirr, stellte alles ordentlich nach einem rechtwinkligen System hin, stand auf und ging.
Greta sah ihm verwundert nach. Er trug Sandalen ohne Socken. Es regnete zwar nicht, aber Sandalenwetter war auf gar keinen Fall. Vielleicht ist er in der Vorstufe zum Barfußläufer, dachte sie. Der physiotherapeutische Strandvorturner lief auch barfuß, immer zu jeder Jahreszeit.
Lisa sah Greta an. „Der ist mir gestern schon aufgefallen. Mit dem stimmt was nicht“, sagte sie und nahm sofort das Shakespeare-Thema wieder auf.
Sie war nämlich auch in der Veranstaltung gewesen. Sie hatten ein Gläschen Sekt zusammen getrunken und sich nachts im Dunkeln gemeinsam vom Veranstaltungsort, der Mehrzweckhalle, zum Hotel zurückgetastet.
Auf der Insel war es nachts so dunkel, wie Greta es aus dem Ruhrgebiet nicht kannte. Sie überlegte, sich einmal nachts in einen Strandkorb an ein Deichschart zu setzten, um ihren eigenen Krimiszenen einen gruseligeren Charakter zu geben, und um ihre Fantasie zu unterstützen.

Später am Tag widmete sie sich wieder der Natur. Einmal rund um die Insel. Teil eins führte sie um das Westend. Sie lief am historischen Pfahlschutzwerk entlang, das unter Denkmalschutz steht. Diese Holzkonstruktion dient als Wellenbrecher, der früher die komplette Nord-West-Seite der Insel schützte. Am Hafen legte sie eine Pause ein. Platz fand sie unter der Musikbox. Der Wind hatte ihr einige Klänge entgegengeweht. Urlaubsmusik, die ihr gar nicht so supergut gefiel. Die Sounds mit der sie viele schöne Momente in

zurückliegenden Urlauben verband, waren also eindeutig abhängig vom anderen Serviceteam. Greta nahm ihre Kladde zur Hand, rührte versonnen durch ihren Milchkaffee und begann zu schreiben. Immer wieder blieben ihre Augen am Hafengeschehen haften. Ruhig und stressfrei gingen dort die Hafenarbeiter ihren Jobs nach. Die Baltrum I lag am Kai. Die Baltrum III wurde erwartet. Es war nahezu Hochwasser. Dann würde für kurze Zeit wieder der Bär toben. Die Touristen würden sich von Bord drängen, ungeduldig auf ihr Gepäck warten und zügig dem West- und Ostdorf zustreben. Aber nur kurze Zeit später hätte Baltrum die Touristen aufgenommen, und sie wären in ihren gebuchten Appartements, Hotels, Wohnungen und Häusern verschwunden.
Greta erschien die Insel im Moment als fast leer. Sie empfand es als angenehm, wenn nicht viel los war. Kein Restaurant war überfüllt, nirgendwo musste man einen Tisch bestellen oder in der Schlange stehen. Aber es war ja auch Oktober und im touristischen Jargon keine Saison. Ein leichtes Aufflackern würde zu verzeichnen sein, denn mit den nordrhein-westfälischen Herbstferien kam noch einmal ein Schwall Gäste. Auf der Insel hatten aber einige Häuser die Sommersaison abgeschlossen und waren in die wohlverdienten Betriebsferien gegangen. Das "Hotel-Restaurant Fresena", in dem die legendären Gamba-Abende stattfanden mit Knoblauchsoße, frischem Baguette und Pinot Grigio hatte geschlossen. Ebenso hatten das "Dünenschlösschen" und das "Hotel Strandburg" ihre Saison beendet und die Pforten verriegelt.
Greta beendete ihre Schreiberei am Hafen, weil Hitparaden-Schlager keine Inspiration für sie bedeuteten.
Teil zwei ihrer Inselumrundung endete auf dem Marktplatz. Dort standen einige Strandkörbe und öffnen sich der Abendsonne. Sie nahm wieder ihr Buch zur Hand, genoss das leckere Sanddorneis im Hörnchen aus dem "Strandcafé" und ruhte sich aus.
Doch dann kam auf einmal der Gast aus ihrem Hotel, der mit dem roten Pullover, direkt auf sie zu. Das unheimliche Gefühl, das er in

ihr am Morgen hervorgerufen hatte, verstärkte sich. Sie schaute auf Sandalen ohne Socken wie beim Frühstück. Irgendwie hatte er ein Allerweltsgesicht. Seine halblangen schwarzen Haare boten dem Wind keine Angriffsfläche. Er brabbelte. Zuerst sah sie nur die Bewegung seiner Lippen, dann hörte sie das Gemurmel. Also doch ein Headset. Aber sie sah kein Kabel. Möglich, dass es auch nicht nötig war. Er steuerte Greta in ihrem Strandkorb direkt an. Oh Gott, dachte sie. Hoffentlich setzt er sich nicht zu mir , hier ist durchaus Platz für zwei Personen.
Er machte riesige Schritte und schwang seine Arme, als hätte er Nordic-Walking-Stöcke an den Händen. Sein naturfarbener Umweltbeutel flog ständig durch die Luft. Knapp zwei Meter vor Greta stoppte er und starrte sie an, dass ihr Magen fast rebellierte. Doch dann drehte er abrupt ab.
Ihre Krimifantasie ging mit ihr durch. Sie durfte gar nicht daran denken, durch welch einsame Gebiete sie kurz zuvor gewandert war. Die Erinnerung an das Moor und das Naturschutzgebiet am Ostende der Insel erzeugten nachträglich eine Gänsehaut. Im Nachhinein wurde ihr schwummerig, wenn sie an die Möglichkeit dachte, dass sie im Moor dem Roten-Pullover-Mann hätte begegnen können. Sie versuchte, den Gedankengang abzubrechen. Diese Stimmung, die von dem moorigen Gebiet ausging, nutzte sie oft, um schaurige Szenen zu schreiben. Dort gab es versteckte Bänke. Gerade im Oktober verirrten sich dahin kaum Touristen. Ihre vormals gute Idee, sich nachts in einen Strandkorb zu setzen, um dort zu schreiben, und die Atmosphäre auf sich wirken zu lassen, warf sie über den Haufen.
Sie realisierte, dass sie mit dem Roten-Pullover-Mann im gleichen Hotel wohnte und nahm sich vor, ihre Zimmertür jeden Abend ordentlich zu verriegeln. Allein diese Gedanken nervten sie. Greta hatte keine Angst. Wovor auch? Oder doch? Für alles gibt es eine Erklärung, ich werde ihn ansprechen, vielleicht, wenn Lisa dabei ist, dachte sie. Aber andererseits stellte er für sie als Autorin einen

hervorragenden und interessanten Protagonisten dar, den sie genauer beobachten musste. Er würde sicher in einem ihrer zukünftigen Plots eine Rolle bekommen. Die Gedanken schwirrten durch ihren Kopf. Greta packte ihr Buch wieder ein und nahm die Kladde zur Hand. Einige Szenen musste sie unbedingt sofort skizzieren.
Als sie sich in den Strandkorb zurückfallen ließ, kam sie zu dem Schluss, dass sich in ihrem Verhalten spontan Paranoia und Autorenfantasie vermischten.

Sie verstaute ihre sieben Sachen im Rucksack und ging zum Inselmarkt. Den Tag über hatte sie Insulaner gesehen, von denen sie glaubte, sie zu kennen. Sie kam zu dem Schluss, dass es sich bei den meisten um Schauspieler handeln musste, die im Sommernachtstraum auf der Bühne gestanden hatten. Aber in ihrem Brotjob konnte sie diese meistens nicht sofort der Rolle im Theaterstück zuordnen.
Aber in diesem Einkaufsmarkt war sie sich sicher. Da saß der Vollmond hinter der Kasse, und der Verliebte mit der lispelnden Aussprache schien der Chef von diesem Lebensmittelladen zu sein.

***

Greta machte eine Bootstour. Rund um Baltrum hieß der Ausflug. Bei vorherigen Aufenthalten auf der Insel hatte sie es immer verpasst, an dieser Tour teilzunehmen. Wenn sie bei Abreise an den großen Anzeige-Werbe-Fahrplan-Tafeln am Hafen gestanden und sie eingehend ein letztes Mal studiert hatte, hatte sie sich vorgenommen, beim nächsten Mal diesen Ausflug mitzumachen. Ein kleiner Anreiz, wieder auf die Insel fahren zu müssen.
Wegen der Wetterkapriolen zwischen Sonne und heftigstem Herbstwetter hatte sie sich erst nach dem Frühstück für diesen Ausflug entscheiden können. Vor dem Frühstück war dieses nicht möglich gewesen, da es so dunkel war, als stünde der

Weltuntergang bevor. Ein Blick auf ihr Handy sagte, dass der Sonnenaufgang auch auf Baltrum stattgefunden haben musste. Nur verschwommen, durch heftige Regenschlieren konnte sie erahnen, wie die Welt außerhalb des Frühstücksraumes aussah. Auch Lisa hatte sich für diesen Ausflug begeistern können. „Und wenn uns dann die Wassermassen von oben überfallen sollten", hatte sie gesagt, „gehen wir unter Deck, bestellen uns einen Grog oder auch einen doppelten und quasseln."
Aber daraus wurde nichts.
Greta und Lisa tigerten nur wenige Stunden später am Samstagvormittag bei strahlendem Sonnenschein und lockerer Bewölkung über teilweise abgetrocknete Wege Richtung Hafen und bestaunten die riesigen Pfützen, in denen sich das Azurblau des Himmels spiegelte. Ihnen war nicht klar, ob der Ausflug überhaupt stattfinden würde, ob sich weitere Gäste trauten, bei solch einer Wetterunsicherheit an Bord zu gehen. Am Schalter der Reederei standen sie zu viert.
„Lösen Sie das Ticket am besten direkt an Bord. Wir fahren erst ab, wenn eine Teilnehmerzahl von sieben erreicht ist", informierte eine Dame durch eine mit Panzerglas gesicherte Scheibe, die in Kopfhöhe durchlöchert war. Jedes ihrer Worte musste sich durch ein Loch in der Scheibe quetschen, sich auf der anderen Seite wieder als Satz zusammenfügen, um als Ganzes in Gretas Gehörgang einzudringen.
„Eins, zwei, drei, vier", zählte Lisa und sah in die Runde. „Also warten wir ein Weilchen und sehen, was passiert."
Greta nickte und wies mit dem Kopf zum Fenster. „Schau mal, wer da kommt."
In großen Schritten strebte der Rote-Pullover-Mann auf den Hafen zu. Die naturfarbene Umwelttasche flog bei jedem Schritt wieder hoch und zurück. Aber er trug keine Sandalen. Diesmal war er in grüne Gummistiefel geschlüpft und hatte dazu eine kurze Hose angezogen. Er ging an der Reederei vorbei direkt auf die Baltrum III

zu. Am Schiff angekommen, schaute er sich auffällig um, drehte und lief wieder auf das Westdorf zu.
„Gehen Sie mal zur Baltrum III und warten Sie ", sagte die Frau am Schalter, „dann hat der Skipper einen besseren Überblick."
In der Ferne, weit hinter den Hellerwiesen, erschien eine Familie mit einigen kleinen Kindern. Sie strebten mit strammen Schritten vom Ostdorf her auf den Hafen zu. „Wenn die ihren Nachwuchs mit der Bootstour bespaßen wollen, werden wir mehr als sieben Personen sein", meinte Lisa.
Erstaunt stellten Lisa und Greta fest, dass das Schiff schon Gäste von Neßmersiel an Bord hatte und die Teilnehmerzahl gar kein Problem war. So viel zur Kommunikation zwischen den Mitgliedern der Reederei über eine Strecke von knapp hundert Metern mit der Schiffsbesatzung. Greta und Lisa betraten die Baltrum III und wurden mit einem freundlichen „Moin" empfangen. Die Sonne lockte direkt auf das Oberdeck. Jeden Sonnenstrahl genießend schoss Greta ein paar Fotos. Doch dann sahen sie ihn wieder. Der Mann mit seinem roten Pullover und den kniehohen Gummistiefeln hatte kehrtgemacht und schritt auf den Hafen zu.
„Ob er uns am Frühstückstisch belauscht hat, so wie wir ihn, mit dem Unterschied, dass er verstanden hatte, worüber wir uns unterhalten haben?", fragte Lisa. „Weiß er von unserer gemeinsamen Ausflugsidee?"
Er war der letzte Gast, der die Baltrum III betrat. Dann lief sie, unter betörend blauem Himmel, der mit kleinen weißen Schäfchenwolken gespickt war, aus dem Baltrumer Hafen aus.
An Bord erwarteten die Teilnehmer ein hervorragendes Programm. Über Lautsprecher bekamen die Gäste interessante Informationen über Baltrum und die Nachbarinseln Langeoog auf der rechten Seite von Baltrum und Norderney auf der linken. Es war perfektes Fotowetter. Greta drückte oft auf den Auslöser. Ein kleines Fetzchen Rot auf einem Foto lässt die Bilder meistens sehr lebendig erscheinen – und auf Gretas Bildern war oft ein Fetzchen

Rot zu sehen. Der Rote-Pullover-Mann stand immer direkt in ihrer Nähe. Damit erschien er auch ständig vor Gretas oder Lisas Linse. Sie kamen sich beide irgendwie gestalkt vor. Warum wage ich nicht den Kontakt?, fragte sich Greta. Sie wusste es nicht. Vielleicht aus Angst, ihm an einem einsamen Ort der Insel zu begegnen und ihn nicht wieder loszuwerden? Einerseits schämte sie sich für ihre Feigheit. Doch andererseits wollte sie auch keinen Kontakt zu ihm. Mit Lisa hatte sie gesprochen. Jeder machte seinen Urlaub nach seinen Vorstellungen. Sollte es mal Überschneidungen geben, war das gut, aber kein Muss. Sie waren schließlich beide Alleinreisende. Aber wie verhält man sich, wenn man einem Alleinreisenden gegenüberstand, ihn nicht einschätzen konnte und an dessen Kommunikationsverhalten zweifelt?
Der Kapitän zeigte, wie man ein Schleppnetz auslegte und auch, wie es wieder an Bord zurückgehievt wurde. Den Fang schüttelte er aus dem Netz in eine Plastikwanne. Erstaunt schauten alle auf das Kleingetier, das den Meeresboden im Wattenmeer bevölkerte. Nur die Aufforderung, näherzutreten und etwas mehr zusammenzurücken, missfiel Greta. Sie spürte den Roten-Pullover-Mann so dicht hinter sich, dass sie seinen Atem an ihrem Ohr wahrnahm. Drängelte sie sich jedoch weiter vor, nahm sie den Kiddies in der ersten Reihe die Sicht. Bewegte sie sich zur Seite, stand sie hinter großen Erwachsenen. Dann hätte sie gar keinen Blick mehr in den Bottich mit dem Meeresgetier. Lisa stand auf der anderen Seite, sah Greta an und verstand ihr ungutes Gefühl, das sich in ihrem Gesicht spiegelte. Sie zeigte ihr mit einer Kopfbewegung an, sich aus der Masse zu verabschieden und zu ihr herüberzukommen. Beide lehnten sie sich entspannt an die Reling und hielten ihre Gesichter der Sonne entgegen. Von dieser Position aus konnten sie den Ausführungen und Erklärungen des Kapitäns auch gut folgen. Aber der Blick in den Bottich war ihnen dadurch leider verwehrt. Der Vorteil: So hatten sie ihren Verfolger besser im Blick.

Der kleine Exkurs führte in die Flora und Fauna des Wattenmeeres ein. Ein super Vortrag, anschaulich, wenn sie etwas hätten sehen können, aber interessant und kein bisschen langweilig. Der Kapitän verstand es auf charmante humoristische Art und Weise, kleine Geschichtchen, die an der Küste Seemannsgarn hießen, in seinen Vortrag einfließen zu lassen.
Als sich diese Gruppe auflöste, waren Greta und Lisa richtig froh, denn der Rote-Pullover-Mann stand schon wieder neben ihnen. Die Gästeschar wurde gebeten, aufs Unterdeck zu gehen. Der Kapitän und einige Mitglieder seiner Crew starteten die Knotenkunde. Ein DIN-4-Knotenvorlageblatt lag für jeden bereit. Kurze Zeit später hielt auch jeder Passagier einen orangefarbenen Tampen, also ein Stück Seil, in der Hand. Die Gäste durften es später mitnehmen, zum Üben für zuhause und als Erinnerung. Lisa und Greta machten sich an einem Tisch auf beiden Seiten sehr breit, legten ihre Jacken und Rucksäcke gut verteilt auf die Sitzbänke. Das Schiff war nicht ausgebucht, so hatten sie nicht das Gefühl, unbedingt zusammenrücken zu müssen, damit jeder einen Platz bekam. Es war die einzige Möglichkeit, ihren Begleiter von ihrem Tisch fernzuhalten. Dreimal war er jetzt an ihnen vorbeigegangen, war stehengeblieben, während sie beide stur aus dem Fenster schauten und ihn nur aus dem Augenwinkel wahrnahmen. Schließlich setzte er sich auf eine andere freie Bank. Alleine.
„Puh, was sind wir gemein“, kommentierte Greta.
„Ja, so ist es, wenn man Kontakt zum Unbekannten bekommt, von dem eine Verunsicherung ausgeht, die man nicht einschätzen kann“, antwortete Lisa. Sie hatte recht.
Später setzte sich ein Bootsmann an ihren Tisch und demonstrierte ihnen flink und geschickt einige Knoten, an deren Herstellung sie sich die Finger gebrochen hätten. Greta bekam aus einem Tampen einen Schlüsselanhänger von dem jungen Mann gefertigt und lernte somit auch das Spleißen.

Als die Baltrum III den sicheren kleinen Hafen auf ihrer Insel wieder erreicht hatte, gingen sie als letzte von Bord. Der Rote-Pullover-Mann hatte das Schiff verlassen. Aber dann verloren sie ihn aus den Augen. Mit einem Mal tauchte er wieder wie aus dem Nichts auf. Es schien, als habe er auf Lisa und Greta in Deckung gewartet. Sie steuerten die erstbeste Bank an, setzten sich und verharrten dort so lange, bis der Rote-Pullover-Mann, der in knapp 20 Metern Entfernung stand und sie beobachtete, es aufgab auf sie zu warten. Später, als sie in der Ferne einen roten Fleck hinter dem Deich verschwinden sahen, entfernten sie sich auch aus dem Hafengebiet und gingen erst einmal ins Hotel zurück.

Am Nachmittag hatte der Wolkenschieber ganze Arbeit geleistet. Kein Wölkchen war am Himmel zu sehen. Greta startete eine Zwölf-Kilometer-Wanderung, genehmigte sich einen Pfannkuchen im "Strandcafé" und genoss den Rest eines fantastischen Urlaubstages. Nur einmal zuckte sie kurz zusammen, als sie auf der Aussichtsdüne im Ostdorf stand und ihr die Insel zu Füßen lag. Ihr Blick erstreckte sich von der Nordsee über die Dünen bis hin zum Wattenmeer. Auch Langeoog und Norderney traten in ihren Fokus. Doch dann sah sie ihn. Ein kleiner roter Punkt bewegte sich zügig aus der moorigen Region im Osten der Insel heraus. Sie verfolgte ihn, den Weg zum Strand herauf, bis er hinter den Dünen verschwand.

Als sie nachts wach wurde, weil der Regen mit aller Macht gegen die Fensterscheiben trommelte, drehte sich um, kuschelte sich in ihr dickes Federbett und schlief seelenruhig weiter.
Am Frühstückstisch war der Mann mit dem roten Pullover, nicht da. Ob er abgereist war? Im Gespräch mit Lisa war sie zu der Erkenntnis gekommen, dass dieser Gast ein Autist sein musste. Dass Greta nicht eher auf diese Möglichkeit gekommen war. Erfahrungen mit Autismus hatte sie keine, außer, dass ihr der Krimi "Lost in Fueste", ein Portugalkrimi, sehr gut gefallen hatte. Dieser Lost war

ein Kripobeamter aus Hamburg, der im internationalen Austausch an die Ostalgarve versetzt wurde. Sein individuelles, teils kaum nachvollziehbare Handeln und Ermitteln war sehr interessant und machte den Krimi für sie lesenswert. Aber Parallelen zu dem Roten-Pullover-Mann waren ihr bisher nicht aufgefallen. Ob er wirklich an dieser Entwicklungsstörung litt, die die Fähigkeit zur Kommunikation im sozialen Miteinander beeinträchtigte? War er tatsächlich ein Autist?

***

Ein ungewöhnlicher Ort zum Schreiben. Greta saß in der riedgedeckten St. Nikolauskirche, die sich zwischen die Dünen duckte. Ihr kleiner Spaziergang einmal im Karree hatte frühzeitig geendet. Es war herbstlich, und der Niederschlag wechselte zwischen Nieselregen und Starkregen. Dort erreichte sie zwar keine Regendusche von oben, aber dafür war es lausig kalt. Die Holzbänke, so könnte man meinen, bestünden aus Eisblöcken. Jedes Mal, wenn ein Kirchgänger die dicke Holztür leise öffnete und sich durch den Spalt in die Kirche schlich, erfasste Greta ein ungeheuer kalter Luftzug. Ihre Finger wurden wieder eine Spur kälter und sie hielt krampfhaft den Schreibstift fest. Neugierig wurde sie beobachtet. Sicher gab es nicht viele Menschen, die in einer unterkühlten Kirche auf einer kleinen Insel in der Nordsee saßen und unaufhörlich etwas in eine Kladde kritzelten. Aber sie ließ sich nicht aus der Ruhe bringen. Wenn sie schrieb, verdrängte sie für den Moment alles, auch die kalten Temperaturen.

Von Lisa hatte sie sich beim Frühstück verabschiedet. Diese war wieder auf dem Weg ins Ruhrgebiet. Auch das Pärchen aus Wuppertal, das für kurze Zeit an ihrem Frühstückstisch Platz genommen hatte, strebte der Fähre zu. Ihr Aufenthalt auf der Insel hatte der Orientierung gedient. Sie planten, sich nach einem Domizil umzusehen, das für einen längeren Aufenthalt geeignet schien. Sie suchten einen Altersruhesitz.

Mittlerweile war die Kirche gut gefüllt. Gretas Nase stand kurz vor dem Abfallen, so sehr hatte sie die Kälte ergriffen. Ihre Hände wurden steif. Mit gekrümmten Fingern stopfte sie ihre Schreibsachen in den Rucksack. Nur wenige Minuten blieben ihr, sich zu besinnen und sich auf die bevorstehende Messe vorzubereiten. Ein Mann und eine Frau betraten auf den letzten Drücker die Kirche und setzten sich neben sie. Greta war bereits im Begriff aufzurutschen, um den beiden die Möglichkeit zu geben nebeneinander zu sitzen. „Bleiben Sie ruhig auf Ihrem angewärmten Platz", sagte der Mann. Er streifte seine kleine blaue Seemannsmütze vom Kopf. Dichte graue wuschelige Haare kamen zum Vorschein. Er setzte sich auf Gretas rechte Seite. Die Frau setzte sich an seine linke. Sie drehte sich zu Greta hin, lachte und grüßte. „Moin, Schietwetter heute", sagte sie. Dann legte der Kirchenbesucher, der in der Mitte saß, um die Frau seinen linken Arm und um Greta seinen rechten. Er drückte beide fest an sich. „Lasst uns näher zusammenrücken, so wird es wärmer, besonders, wenn man zwischen zwei so netten Frauen sitzt."
Diese Umarmung löste sich sofort, denn die Glocke erklang und ein freundlicher, dynamischer junger Pastor trat vor den Altar. Das Thema des Tages: Weltmission und die Frage: Was sollen wir missionieren? Ergebnis: Das Leben, damit wir viele Freunde haben und das auch vorleben und damit Beispiel sein für andere. Freundlich sein zu jedermann, damit wir Vorbild sind und Menschen von der Sache überzeugen. Wir brauchen keine neuen Gebäude, müssen nicht um Mitglieder werben. Wir sollen nur das Leben als Geschenk annehmen in jeder Situation, sich vieles wünschen, aber in dem Rahmen, in dem der Wunsch realisierbar ist und zur Zufriedenheit führt. Mehr vom Inhalt der Messe blieb nicht in Gretas Erinnerung haften, weil ihre Gedanken stetig abschweiften und sie in eine Art Selbstkontrolle verfiel. Dieser Satz, freundlich sein zu jedermann,

machte ihr zu schaffen. Wie hatte sie sich an den vorherigen Tagen dem Roten-Pullover-Mann gegenüber verhalten? Sie hatte ihn bewusst ignoriert, das war nicht freundlich, auf keinen Fall. Wie sich Freundlichsein zu jedermann anfühlte, hatte sie gerade vor Beginn der Messe während der kurzen Umarmung gespürt. Ja, das mit dem Wünschen hatte sie im Griff. Sie wünschte sich nur Überschaubares, das musste so sein, weil sie ein durchaus zufriedener Mensch war. Den Tod von Max ließ sie außen vor. Den Verlust und den Schmerz konnte sie in diesen Überlegungen nicht unterbringen.

***

Am Sonntagnachmittag ein Tässchen Tee in der "Teestube" und ein Treffen mit ihrer Bekannten aus der Ruhrgebietsheimat, war verabredet. Die "Teestube" befand sich zwischen Dünen und Watt. Von ihrem angemieteten Zimmer war das Café schnell zu erreichen. Eine Stube war es nicht gerade, wie der Name es erwarten ließ, eher ein riesiges Friesenhaus auf einem Hügel. Es lag im Herzen der Insel, schräg gegenüber vom "Hotel Strandburg". Um sich auf die Terrasse zu setzen, war der Wind zu stark. Einige wenige Tische und Stühle standen zwar noch draußen, aber Greta entschloss sich, in die warme Stube zu gehen. Sie wusste nicht, wo ihre Bekannte auf der Insel wohnte. Sie hatte keine Ahnung, aus welcher Richtung sie auf die "Teestube" zulaufen würde. Greta hatte nur die Handynummer ihrer Bekannten und über WhatsApp mit ihr die Verabredung ausgemacht. Bisher hatte sie in diesem Lokal immer draußen auf der Aussichtsterrasse gesessen, denn ein außergewöhnliches Panorama lag jedem Gast dort zu Füßen. Sie dachte an Käsekuchen mit Pfirsichen und Sanddorntorte, die sie dort an zurückliegenden Urlaubstagen serviert bekommen hatte. Kurz steiften sie die Erinnerungen an einen gut gekühlten Weißwein und einen Aperol Spritz, Köstlichkeiten, die sie an diesem Ort unter einem großen

weißen Sonnenschirm in Sommerzeiten getrunken hatte, dazu in der Hand einen Krimi.
Der Wind fuhr um die Ecke, wuschelte in ihren Haaren, bis sie zu Berge standen. Dann trat sie zum ersten Mal in die Stube ein. Eine warme Gemütlichkeit empfing sie. Nur ein Tisch war besetzt. Sie fragte nach einer möglichen Reservierung durch ihre Bekannte. Der Kellner führte sie an einen Platz mitten im Raum. Ihre Bekannte war pünktlich. Begrüßung, Umarmung und sie starteten ein Gespräch, wie früher, wenn sie sich in ihrer Heimatgemeinde begegneten oder sich in der Fußgängerzone zufällig über den Weg liefen. Sie versuchte, Greta zu erklären, warum sie auf Baltrum war. Greta verstand die Motivation ihrer Bekannten, konnte sie aber nicht auf sich übertragen. Sie hatte Baltrum auch über alles liebgewonnen, aber verspürte dennoch eine Distanz zum "Dornröschen in der Nordsee".
Das Motto ihrer Bekannten war: sich selbst genug sein. Liegt in dem Satz nicht sogar ein Hauch von Ablehnung gegenüber der ostfriesischen Insel Baltrum?
Greta war sich meistens selbst genug. Aber um das zu erfahren, musste sie nicht verreisen. Je länger sie alleine lebte, umso leichter wurde sie eins mit ihrer Situation. Ihr fehlte ihr Lebenspartner mehr als alles auf der Welt, aber trotzdem löste das Alleinsein bei ihr eine tiefe innere Zufriedenheit aus. Vielleicht war es auch nur ein Abfinden mit dem Alleinsein, ohne sich dabei in den Hintergrund zu stellen.
Kontakte um jeden Preis wollte sie nicht. Sie war sich tatsächlich oft selbst genug. Kurz dachte sie an Lisa. Zuerst hatte sie Angst, sich dem Kontakt nicht entziehen zu können, gerade weil sie allein sein wollte. Aber es stellte sich heraus, dass sie sich geirrt hatte. Lisa war dezent und zurückhaltend und machte keine Anstalten, sie zu vereinnahmen. Aber wenn sie sich nicht begegnet wären, hätte sie sich auch auf der Insel wohlgefühlt. Sie glaubte, sie hätte ihr Augenmerk dann auf andere Dinge gerichtet, aber vermisst hätte sie nichts.

Aber muss ich ein Jahr alleine auf Baltrum leben, um zu dieser Erkenntnis zu kommen? Ihre Familie zurücklassen, würde ihr schwerfallen.
Wenn Gretas Ehemann noch leben würde, würde sie ihn über so lange Zeit alleine zurücklassen und nach zwölf Monaten in das alte Leben zurückkehren? Ihr Mann war gestorben, plötzlich, ohne Vorwarnung und war tot und das mit gerade mal zweiundsechzig Jahren. Sie würde es sich nie verzeihen, wenn sie ihn ein Jahr alleine gelassen hätte. Die Zeit mit ihm wäre ihr viel zu wertvoll gewesen, als auszuprobieren, was Alleinsein bedeutet. Wenn der Zeitpunkt kommt, ist es früh genug, sich damit auseinanderzusetzen. Da lag der Unterschied. Greta war allein und übte das Alleinsein zwangsläufig an jedem Tag ihres Lebens, manchmal bewusst aber meistens unbewusst. Sie sah Baltrum nur als eine kleine Hilfestellung in ihrem Alltag. Dort konnte sie sich immer wieder einnorden. Für sie war der Inselaufenthalt eine kleine Orientierung in ihrem Leben, eher Ablenkung von ihrem Arbeitsleben und von der Verantwortung ihrer Mutter gegenüber. Sie näherte sich der Insel und seinen Menschen immer mehr aus touristischer oder literarischer Perspektive. Die Protagonistensuche machte ihr sehr viel Spaß. Die Umgebung intensiv wahrnehmen und später wiederzugeben, was sie im Detail gesehen hatte, war für sie oftmals ein Spiel. Ihre Oma hatte dieses in jungen Jahren mit ihr gespielt. Sie hatte es *Augen und Merkfähigkeit schulen* genannt. Dazu gehörte auch das Spiel: Ich sehe was, was du nicht siehst. Aber das hat nichts mit Alleinsein und sich selbst genug sein zu tun. Sie verstand nicht die Motivation, aus einer perfekten Beziehung auszubrechen, um das Alleinsein zu verstehen.
„Wir haben nur das eine Leben", sagte Gretas Bekannte. „Wenn man glaubt, etwas tun zu müssen, dann sollte man es nicht aufschieben, sondern handeln. Niemand wird später sagen, wenn du mal im Grab liegst: Das war aber toll, dass du auf deinen Lebenstraum

verzichtet hast. Aber das Gefühl, etwas getan zu haben und es durchgehalten zu haben, das kann einem keiner nehmen."
Die Aussage stimmte. Dreh- und Angelpunkt war also der *Lebenstraum* – und der sah bei jedem Menschen sicher anders aus.
Fazit: Greta verstand sie, aber sie verstand sie auch nicht. Zumindest verspürte sie keinen Drang, es ihr gleichzutun.
Ihr Gespräch endete in Smalltalk über unterschiedliche Restaurants auf der Insel.
Im Restaurant "Zum Seehund" war Greta bisher nicht gewesen. So beschloss sie, dort ihr Abendessen einzunehmen. Gutbürgerlich und lecker hatte ihre Bekannte das Lokal "Zum Seehund" beschrieben.
Sie plauderten noch eine Weile über Belangloses. Schließlich verabschiedete sich Greta.
Nach dem Verzehr einer dicken Waffel und den Bauch voll Tee, war Greta sich nicht mehr sicher, ob sie am Abend in das ausgewählte Restaurant einkehren sollte.

Ihre Bekannte tauchte wieder in ihre selbst gewählte Einsamkeit ab. Greta machte ein paar Kilometer mehr auf den Weg durch ihr selbst gewähltes Baltrum-Leben, das aber nur eine Urlaubswoche lang andauern würde. Sie würde noch einmal darüber nachdenken müssen, was der Unterschied zwischen einsam sein und alleine sein auf der Insel ausmachte.
Der Wind hatte sich etwas gelegt und am wolkenlosen Himmel bewegte sich die Sonne auf den Horizont zu. Zunehmend veränderten sich die Farben. Ein satter Goldton legte sich über die Insel. So nach und nach wurde der Horizont leicht rosa bis fast dunkellila. Wolken gruppierten sich um die Sonne, je näher sie dem Horizont kam. Greta saß auf einer Bank in der Nähe des Restaurants „"Zum Seehund" und konnte sich nicht überwinden, hineinzugehen, solange sich dieses atemberaubende Farbschauspiel am Himmel zeigte. Sie wartete so lange, bis die wärmende Sonne sie nicht mehr erreichte.

Erst danach wechselte sie den Standort und ging kurzentschlossen in das Restaurant hinein. Zügig, was nur auf den Einsatz einer Mikrowelle schließen ließ, stand eine Portion Curryrahmgeschnetzeltes mit Reis vor ihr. Ob ein Spitzenkoch in dieser Pfanne gerührt hatte? Sie wusste es nicht, aber das war auch nicht nötig, denn das Essen schmeckte hervorragend. Zudem war es mollig warm, und es umgab sie eine altdeutsche Ruhrgebietsgemütlichkeit, die hauptsächlich von der Einrichtung ausging, eingebettet in eine maritime Dekoration.

Eine längere Zeit beschäftigte Greta der Gedanke an einen Langzeiturlaub auf Baltrum. Würde sie ein klassischer Baltrumer Sommerbürger sein können? Oder auch ein Herbstbürger? Sie glaube, im Sommer würden ihr die vielen Touristen auf den Geist gehen. Wenn überhaupt, dann kamen nur die anderen drei Jahreszeiten in Betracht. Aber sie beschloss, dass ein Jahr auf der Insel für sie eindeutig zu viel sein würde. Vier Wochen am Stück wäre sie bereit auszuprobieren. Aber die Option, jederzeit wieder abreisen zu dürfen, wenn sie der Inselkoller erfassen würde, musste bestehen. Ihre Kinder würden ihr fehlen. Selbst nach dem Hund ihrer Tochter würde sie Sehnsucht haben. Wie sich Sehnsucht nach ihren Kindern anfühlte, hatte sie erlebt, als ihr Sohn einige Jahre in Berlin gewohnt hatte. Mehrere Touren im Jahr nahm sie damals auf sich, oft mit dem Zug, mehrere Male mit dem Auto und das nicht, weil ihr Berlin so gut gefiel. Inzwischen war Greta glücklich, dass ihre Kinder in erreichbarer Nähe wohnten, und die würde sie nicht aufgeben. Sie stehen sich nicht jeden Tag gegenseitig auf der Fußmatte, aber sie sind da und teilen ihr Leben mit ihr. Jedes Kind muss sein Leben selbst in die Hand nehmen und gestalten, nach seinen Vorstellungen und seinen Sehnsüchten und Träumen. Äußere Rahmenbedingungen gibt es genug, die Einfluss auf jeden einzelnen Menschen ausüben und deren man sich nicht erwehren kann. Max´ Tod war ein Beispiel dafür, dass sich das Leben von jetzt auf gleich ändern konnte.

Auf ihrem ersten kleinen Spaziergang am nächsten Tag grübelte sie einige Zeit über das Thema nach. Der Satz: „Ich habe nur das eine Leben, da muss ich tun, was ich gerne möchte, um später nicht sagen zu müssen, ich hätte was verpasst", beschäftigt sie. Greta konnte nur sagen, sie hätte etwas verpasst, wenn sie den Menschen, den sie über alles geliebt hatte, ein Jahr lang alleine gelassen hätte. Sie merkte, ihre Gedanken drehten sich im Kreis.
Lange saß sie auf der Mauer, auf ihrem kleinen Schalke-Kissen, um sich bei der Kälte keinen Pieps zu holen, und schaute auf das herbstliche Meer. Vielleicht muss man auch die Endgültigkeit wie zum Beispiel den Tod eines geliebten Menschen erlebt haben, um zu wissen, dass nichts wichtiger ist als die Liebe zueinander. Sie betrachtete diesen Denkprozess als abgeschlossen. Baltrum war für sie zu einem Sehnsuchtsort geworden, aber für ein Jahr am Stück war die Sehnsucht nicht groß genug. Immer mal wieder, war ihre Devise, aber nicht ständig. Aber das war ihre persönliche Einstellung, ihr persönlicher Traum.

An diesem Tag frühstückte sie allein. Auch gut, sogar sehr gut, denn sie konnte einige Notizen in ihre Kladde schreiben, ohne auf irgendjemanden Rücksicht nehmen zu müssen. Nur der Kellner beäugte sie missmutig. Vielleicht hatte er auch nur von Natur aus so einen verkniffenen mürrischen Gesichtsausdruck.
Anschließend baute sie sich ihren Arbeitsplatz an der Rezeption auf. Der Himmel war trübe. Greta begann die grauen Wolkenformationen, die mit Geschwindigkeit über den Himmel zogen, kaum wahrzunehmen. Diesmal würde sie sich ihrem Schreibprojekt etwas länger widmen. Niemand war zu sehen, auch keine Gäste. Keine Koffer waren in der Halle geparkt, weil keine Abreise bevorstand. Sie legte das Kabel, versorgte ihren Laptop mit Strom und

begann zu tippen. Kurze Zeit später war sie abgetaucht in ihre fiktive Welt. Ihre Umgebung verlor sie völlig aus den Augen.
Nachdem sie zweimal ins Leere gegriffen hatte, um nach ihrer Phantom-Kaffeetasse zu greifen, merkte sie, dass eine Pause nötig war. Sie klappte ihr Schreibgerät zu und ging vor die Tür. Auf der Seite Richtung Wattenmeer sah sie blauen Himmel. Fast schon unheimlich, diese Wetterkapriolen. Sie musste raus, laufen. Zudem hatte sich ein Hotelgast zu ihr an den Tisch gesetzt. Sie konnte seine Platzwahl nicht gleich nachvollziehen. Es standen in der Halle viele kleine bequeme Klubsessel rund um Tische gruppiert, die alle mehr Bequemlichkeit boten, als stocksteif am Tisch zu sitzen und zu lesen. Aber als er seine Lektüre auf dem Tisch ausbreitete und glattstrich und dazu Gretas Laptop einen Schubs gab, um genügend Platz zu haben, beendete sie ihre Schreiberei. Schließlich wollte sie es ihren Texten nicht zumuten, in der Nähe einer doppelseitig aufgeschlagenen Bildzeitung zu verweilen.
Für viele verschiedene Wettersituationen ausgestattet, wanderte Greta los. Diesmal richtete sie ihren Fokus auf Häuser, in denen sie sich vorstellen konnte, einmal zu wohnen und dort eine Urlaubswoche zu verbringen. Mit ihrem Zimmer in dieser Woche hatte sie sich abgefunden. Wie gesagt, meckern stand ihr auch nicht zu, sie hatte ja freiwillig diese Unterkunft gewählt. Auch einen echten Grund zu kritisieren hatte sie unter Berücksichtigung des Minipreises keinen. Zwei Häuser waren ihr aufgefallen, die sie interessierten. Die Prospekte hatte sie im Vorbeigehen eingesteckt, da sie direkt am Wegrand in einer Box den Urlaubern Zugriff boten. Zum einen das "Achtern Diek" und zum anderen das "Baltrumer Balje". Es ist schon etwas schizophren, sich den Werbeflyer in den Rucksack zu stecken und sich später im Internet die Häuser anzuschauen, wenn sie im Original vor einem standen. Auf der letzten Seite lachte sie das Vermieterehepaar an. Es waren tatsächlich diejenigen, die am Sonntag neben ihr in der Kirche gesessen hatten.

Den letzten Abend verbrachte sie in einer kleinen Kneipe. Eine Bekannte hatte sie gebeten, den Inhabern liebe Grüße zu bestellen, weil sie in einem Baltrum-Urlaub dort viel Zeit verbracht hatten. Sie übermittelte die Grüße. Aber sowohl der Inhaber als auch die Inhaberin, die Grußempfänger, schienen sehr einsilbig zu sein. Christian erinnerte sich an Ellen und sagte: „Schöne Grüße zurück."
Nicht sehr kommunikativ, dachte Greta.
Auch Helga war kurz angebunden. Während sie ihr Ellens Grüße übermittelte, mümmelte sie durchgehend an einer *Oma-Roulade mit Rotkohl*, nickte ihr zu und nuschelte ihr so etwas Ähnliches zu wie „Ebenfalls, danke."
Bei Greta blieb der Eindruck zurück, dass sie sich diese Grußübermittlung auch hätte sparen können.

***

Das letztes Frühstück auf der Insel in diesem Herbst, in diesem Jahr auf Baltrum, stand bevor. Greta saß wieder alleine am Tisch und konnte sich ihren frühmorgendlichen Gedanken hingeben. Es regnete in Strömen. Sie hoffte auf einen schnellen Wetterwechsel, wie sie ihn oft auf der Insel erlebt hatte. Ihr einziger Wunsch war, trocken die Fähre zu erreichen, um nicht halb aufgeweicht unter Deck sitzen zu müssen.
Ihr Wunsch wurde erhört. Der Koffer stand in der Diele zum Abtransport bereit. Sie ging los, in der Hoffnung, man hatte ihre Abreise nicht vergessen und sie würde ihr Gepäck später am Hafen entdecken. Einen letzten Inselspaziergang unter blauem Himmel machte sie durchs Westdorf. Dann schlug sie den Weg zum Hafen ein. Dort vermengte sich wieder die Vorfreude auf ihre Kinder mit der Traurigkeit *Abschied nehmen müssen*.
Aber sobald sie auf dem Außendeck stand und die Insel in der Ferne immer kleiner wurde, legte sich ein Schalter bei ihr um und sie verfiel in den Heimatmodus, der aber weit entfernt von Stress war.

Am Hafen Neßmersiel klappte wie immer alles problemlos. Das Auto stand auf einem Parkplatz direkt am Hafen. Schnell den Koffer eingeladen, das Navi angestellt und los ging die Fahrt Richtung Heimat. In Westerholt vollgetankt und im Supermarkt etwas eingekauft für zuhause, dann war sie auf der Landstraße, die zur Autobahn führte. Die Fähre hatte um 11:15 Uhr in Baltrum abgelegt, und um 17:00 Uhr stand Gretas Auto wieder in ihrer Garage. Passte.

Vom Reißverschlussverfahren, einer Raststätte, an der kein Bus hält, Möwenbuffets und einer Halbjahresehe

Die Fähre gebucht, die Fahrzeit errechnet, plante Greta, um acht Uhr loszufahren. Keine Ahnung, warum sie überhaupt plante. Sie stand auf wie immer, duschte, zog sich an, goss die Blumen auf dem Balkon, trug ihre Reisetaschen nach unten und stellte sie hinter der Haustür ab. Ihr Auto stand auf dem Hofparkplatz auf der rückwärtigen Seite des Hauses. Langsam fuhr sie durch die beinahe ausgestorbene Fußgängerzone an den ersten pakistanischen Händlern mit billiger asiatischer Importware vorbei, stoppte direkt vor der Haustür und lud die Tasche auf die Rückbank. Das Bürgersteigreinigungsteam auf dem Bock der fahrbaren Reinigungsmaschine war schon unterwegs. Sie machten einen großen Bogen um sie und ihr Auto. An diesem Tag würde also vor ihrer Haustür der Dreck des Vortages nicht verschwinden. Vielleicht machen sie auf dem Rückweg einen Schlenker, dachte sie.

Greta stellte das Navi ein und fuhr los. Es lotste sie wie immer direkt auf die Autobahn. Das war die einfachste und schnellste Möglichkeit, zügig nach Norden zu fahren. Aber sie wusste mal wieder mehr als ihr Navigationsgerät. Die Autobahnauffahrt, die sie normalerweise nutzte, war in beiden Richtungen gesperrt. Das waren keine brandneuen Nachrichten und die Sperrung würde längere Zeit bestehen, hatte sie in der Presse gelesen. Aber Greta versäumte es immer wieder, ihr altes Navi zu aktualisieren, und setzte sich persönlich mit diesem Gerät auseinander. Der Ostfriesenspieß bekam eine neue Asphaltdecke und zu diesem Zeitpunkt war dieses Teilstück an der Reihe. Das ewige "Bitte wenden" des Navis nervte sie.

„Halt den Mund!", zischte sie Richtung Armaturenbrett.

Aber Susi ließ sich nicht in ihre Schranken weisen. Penetrant kamen ihre Aufforderungen zu wenden aus dem Lautsprecher. Greta fuhr über die Dörfer. Sie kannte sich dort aus. Kurz vor der nächsten Autobahnauffahrt, die Richtung Emden führte, beruhigte sich ihre Susi und schwieg beleidigt.

Die Fahrt zählt auch zum Urlaub. In diesem Sinne trat sie die Reise an. Das Einzige, was sie im Auge behalten musste, war pünktlich um zwölf Uhr auf der Fähre von Neßmersiel nach Baltrum zu sein. Wenn sie es nicht schaffte, würde sie eine Fähre später fahren und damit eine recht lange Wartezeit in Kauf nehmen müssen, weil die Gezeiten bei den Fährabfahrten ihre Finger im Spiel hatten.
Kurz bevor sie den Heizkörper in ihrem Schlafzimmer abgestellt hatte, hatte sie die Reihe der eingeschweißten Hörbücher durchgeblättert. Aber es war kein Krimi dabei, dem sie diesmal auf der Fahrt an die Küste, ihre Aufmerksamkeit schenken wollte. Als sie sich in der Diele den Rucksack über die Schulter warf, griff sie in die oberste Reihe der Musik-CDs, die in mehreren bunten Streifen ihre schwarzen Billy-Regale füllten. Drei steckte sie in die Seitentasche ihrer Regenjacke, ohne sich die Titel anzusehen. Sie hoffte auf einen Glücksgriff. Erst im Auto würde sie das Geheimnis lüften. Als Susi ankündigte, sich über mehr als zweihundert Kilometer nicht mehr zu melden, beschloss sie, die erste CD einzulegen. Ihre Hand tastete den Beifahrersitz ab. Aber CDs bekam sie keine zu fassen. Die Scheiben steckten in der Jackentasche – und die Jacke lag auf dem Rücksitz.
Es dauerte eine Zeit, bis sie ein Hinweisschild auf eine kurze Parkmöglichkeit auf der Autobahn wahrnahm. Sie setzte den Blinker und fuhr auf einen Autobahnparkplatz. Klein, unheimlich, überfüllte Abfalleimer, dreckig, keine PKWs, nur ein Lastwagen, kein Klo-Häuschen. Greta drückte auf den Knopf für die Zentralverriegelung. Dann hangelte sie sich nach hinten und befreite die CDs aus der Jackentasche.

Die erste CD, die sie auswählte, enthielt klassische Klaviermusik. Fred, ein alter Schulfreund von ihrem Mann, war Pianist geworden. Greta hatte ihn vor Augen, wie er damals aussah: groß, schlaksig, schmalschulterig und mit wuscheligen Locken, die fast schon an den Mopp ihrer Mutter erinnerten. Er war der Schwarm ihrer damaligen zukünftigen Schwägerin. Er konnte grandios Klavier spielen. Alle begeisterten sich damals für seine musikalischen Kostproben. Er klimperte nicht nur, sondern konnte richtig gut spielen. Ende der sechziger Jahre, mit Beginn der Feten- und Partyzeit, wurde er bejubelt, wenn seine Finger über die Klaviertasten sausten. Er stellte jeden Plattenspieler, auf dem die aktuellen Vinylscheiben abgespielt wurden, in den Schatten. Er beherrschte damals aus dem großen Fundus der Rockmusik fast alles. Das Klavier, im Schlafzimmer von Max´ Mutter, zierte später eine Kerbe. Diese entstand, weil der Pianist seine "Roth-Händle", eine filterlose Zigarette, dort abgelegt hatte, während er an Max´ Geburtstagsfeier einen musikalischen Part übernahm. Alle Gäste klatschten frenetisch im Begeisterungstaumel in die Hände, feuerten ihn an und zuckten rhythmisch mit ihren Körpern. Die Glut der Kippe fraß sich währenddessen in die hochglänzende Fläche des Klaviers.
Er war also Musiker geworden, Pianist. Seine CD schob Greta in den Schlitz des Players. Diese CD war etwas Besonderes und sie beglückwünschte sich zu diesem Griff ins Regal. Er hatte die Scheibe Max gewidmet, als er von seinem Tod erfuhr. Diese Klavierstücke waren fantastisch. Sie beflügelten, machten traurig und begeisterten sie zugleich. Außerdem stellte ein Musikstück eine besondere Verbindung zu Edvard Grieg her. Diese Musik gehörte zu Max und damit auch zu ihr. Greta hatte im Grieg-Jahr mit Mann und Kindern einen Urlaub in Norwegen verbracht und auch eine Zeit in Bergen verweilt. So kamen sie in den Genuss, einem Griegkonzert auf dem Ulriken, dem Hausberg dieser tollen Stadt, zu lauschen. Griegs Musik vor dieser Kulisse, von der sie sich während des Konzerts inspirieren ließ und in die Ferne träumte, ist bis heute eine angenehme

und schöne Erinnerung. Ein Moment für immer, in diesem Sinne hatte sich dieses Erlebnis in ihre Erinnerungen wie die Kerbe der Zigarette ins Klavier eingebrannt. Sie hatte versucht, solche Momente in die Trauermesse für Max einzubeziehen. Es war ihr gelungen.

Soweit es in ihrem Auto möglich war, drehte sie die Lautstärke hoch. Die Musik erfüllte den kompletten Innenraum ihres kleinen Wagens. Über hundert Kilometer begleiteten sie die klassischen Musikstücke. Greta hatte das Gefühl, Max säße neben ihr. Sie bewegte sich, in ihren Erinnerungen, in den 1970er Jahren – und diese kreisten ausnahmslos um Max. Er war bereits beinahe sechs Jahre tot, aber jeder Gedanke an ihn wurde geprägt von Liebe und Zuneigung. Er war jederzeit präsent, wenn sie es zuließ. So langsam fing es an, dass sie die Erinnerungen nicht mehr traurig machten. Sie hatten so viele lustige, komische und irre Momente in ihrer gemeinsamen Zeit erlebt. Greta erinnerte sich gerne daran. Während sie Kilometer um Kilometer der Küste näherkam, dachte sie an ihn und seinen Freund Fred und immer wieder an Norwegen.

Sofort die nächste Scheibe einlegen, konnte sie nicht, als sich ihr die CD nach dem letzten Stück entgegenstreckte. Stille flutete den Innenraum des Autos. Diese Musik war es wert, sie nachklingen zu lassen. So schwiegen sie alle drei: Greta, der CD-Player und Susi.

Sie steuerte eine Raststätte an. In solchen Raststätten interessierten sie nur die Toiletten, der CD-Ständer, die Buchaufsteller mit den Bestsellern und der Kaffeeautomat. In dieser Reihenfolge ging sie vor. Den Toiletteneinlösecoupon in der Hand betrachtete sie eine Hör-CD, die sie sich gerne gekauft hätte, ein Hörbuch von Melanie Rabe. Diese Autorin hatte sie auf der Leipziger Buchmesse kennenlernen dürfen. Eine tolle Frau. Aber Greta verschob diesen Kauf auf die Rückfahrt. Sie wusste genau, hätte sie dieses Hörbuch erst einmal in ihrer Tasche, würde ihre Neugier siegen, und die CD würde im Schlitz ihres Players verschwunden sein, bevor sie den Blinker gesetzt und sich wieder in den spärlichen Verkehr Richtung Norden eingereiht hatte. Die verbleibende Zeit würde nur für einige Kapitel reichen, und die Fortsetzung würde bis zur Rückreise warten müssen, was ihr gar nicht gefallen würde. Eine so große zeitliche Unterbrechung wollte sie nicht ertragen.

Auch wenn die Wolken tief hingen und der feine Sprühregen ab und zu von den Scheibenwischern ihres Autos entfernt werden musste, empfand sie Urlaubsgefühl. Allein die riesigen Windkraftanlagen, die aus dieser diffusen Nebelwand herausragten, verquirlten stetig und bedächtig die ostfriesische Luft und suggerierten Urlaub. In Westerholt angekommen, regnete es in Strömen. Der Blick auf die Uhr ließ ein ausgiebiges Frühstück zu. Sie steuerte die kleine Bäckerei im Ort an, vor der sie bequem parken konnte und freute sich auf ein Frühstück mit Rührei. Hoffentlich haben sie die Frühstückskarte nicht geändert, dachte sie. Der Regen nahm zu. Greta quetschte sich im Auto in ihre Regenjacke, stülpte die Kapuze über, öffnete erst dann die Fahrertür und sprintete über den Parkplatz. Das Regenwasser spritzte beim Laufen aus den Pfützen hoch. Der Parkplatz schien aus einer großen Lache zu bestehen. Mit nassen Füßen erreichte sie die nach frischem Brot und Kaffee duftende Bäckerei.

Der Regen platschte kontinuierlich gegen die Scheiben. Auch in Neßmersiel angekommen hörte es nicht auf zu regnen. Zumindest war es nur mäßig windig. Greta wünschte sich nur, einigermaßen trocken ihr Gepäck im Container verstauen zu können, ihren Wagen abzugeben und den steilen Steg zur Fähre hochzugehen, ohne in ihrer ersten Urlaubsgarnitur völlig durchnässt auf der Insel anzukommen. Sie stellte ihren Wagen auf dem Parkplatz ab und betätigte zum letzten Mal den Scheibenwischer. Welch glückliche Fügung. Ihr Wunsch wurde erhört, es hatte aufgehört zu regnen.

Die Baltrum I war gerade eingelaufen und entließ die Urlauber der Insel auf das Festland. Kurze Zeit später eilte ein weiblicher Fahrgast aufgeregt wieder an Bord zurück. Sie hatte ihren riesigen

Laptop auf dem Schiff zurückgelassen. Erst als sie einer Trophäe gleich ihre schwarze Laptoptasche den wartenden Urlaubern entgegenstreckte, löste der Kapitän die Ketten, und die neuen Urlauber gingen an Bord. Greta war froh, ihren Laptop, eingekuschelt in ihren flauschigen Bademantel, in der Reisetasche zu wissen. Als sie die Gepäckcontainer an einem Kran durch die Luft schaukeln sah, hoffte sie allerdings einen kurzen Moment lang, sich richtig entschieden zu haben. Was ist, wenn der Container sich von dem Arm des Krans löst, warum auch immer und das Urlaubsgepäck im Wattenmeer verschwindet? Dieser Gedanke ergriff sie, weil sie beobachtete, wie die Container am Kran fixiert gefährliche Kreise beschrieben und hin- und herschaukelten, bevor sie sicher auf dem Schiff abgestellt wurden. Kurz flogen ihre Gedanken zurück in ihr Arbeitszimmer. Sie grübelte darüber nach, wann sie die letzte Sicherheitskopie angefertigt hatte. Das Malheur, wenn ein Gepäckcontainer im matschigen Watt verschwinden würde, wäre höhere Gewalt oder Fremdverschulden. Ersatz oder Entschädigung gäbe es aus einer Versicherung. Aber die Daten konnten nicht ersetzt werden. Aber seine Laptoptasche irgendwo stehen zu lassen, grenzt an Blödheit, dachte sie, das geht gar nicht. Dann lieber ein spektakulärer Absturz ins Wattenmeer.

Es war das erste Mal, dass sie ihr Fährticket auf dem Schiff lösen musste. Online hatte es nicht geklappt. Der kleine Ticketautomatenschalter am Hafen, untergebracht in einer winzigen grünen Bretterbude mit weißem Dach, etwas komfortabler als ein Bauwagen, hatte geschlossen.
Sie saß mit drei Gästen an einem Tisch. Gretas Platz lag direkt am Fahrkartenschalter. Sie brauchte sich nur erheben und stand vor der Ausgabe. Die Fahrgäste strömten an Bord und suchten sich ihre Plätze. Als dann die Fähre abgelegt hatte und aus dem Hafen Neßmersiel herausfuhr, ertönte aus dem Lautsprecher die Stimme des Kapitäns. Nach der Begrüßung kündigte er die Öffnung des

Fahrkartenschalters an. Greta erhob sich, brauchte ihre Füße nicht vom Fleck bewegen und stand vor dem Schalter. Das Geld hatte sie schon passend in der Hand. Aber sofort wurde sie ermahnt: „Hinten anstellen, hier ist nicht das Ende der Schlange."
„Wie bitte?", fragte sie und sah sich irritiert um. Drei Schlängelchen strebten mittlerweile auf den Schalter zu. Bei den meisten Gästen schien die Online-Buchung geklappt zu haben, und sie blieben sitzen. Einige Passagiere kamen von draußen, vom Sonnendeck, andere aus dem Treppenbereich und drei Personen von Gretas Tisch standen hinter ihr.
„Meinen Sie das ernst, was Sie da gerade gesagt haben?", fragte sie und lächelte den Mann freundlich an. „Schon mal was von Reißverschlussverfahren gehört?" Sie trat einen Schritt zurück, obwohl sie damit erst den Platz freimachte, dass dieser seltsame Herr vortreten und die erste Position vor dem Schalter einnehmen konnte. „Es wird niemand das Schiff verlassen, der keine gültige Fahrkarte in der Hand hält. Aber ich habe Urlaub, und Urlaub bedeutet für mich Zeithaben. Ich lasse Sie gerne vor."
Dieser Mann machte einen weiteren kleinen Schritt nach vorne, schubste Greta unwirsch zur Seite und präsentierte ihr seinen Rücken. Ein breites Grinsen spiegelte sich auf den Gesichtern der Wartenden.
„Manche können nicht aus ihrer Haut heraus!", rief jemand. „America first", rief ein anderer, „uns wird ja auch die Dreistigkeit vorgelebt."
Eine sympathische alte Dame sagte mit einer piepsigen Stimme: „Er ist der berühmte Haken im Reißverschluss, der blockiert, bis man den Zipp problemlos an der Jacke nach oben ziehen kann. Kaputte Reißverschlüsse gibt es leider heute so viele auf unserer Welt."
Der dreiste Fahrgast, der sich seine vorrangige Position verbal und auch mit Körpereinsatz erkämpft hatte, stand recht lange an dem Schalter. Hielt ein Pläuschchen mit dem Fahrkartenverkäufer und sah sogar dämlich grinsend über seine rechte Schulter auf die

Wartenden. „Immer schön langsam“, sagte er. „Sie haben ja alle Zeit der Welt. Sie haben ja Urlaub, oder?“
Armer Kerl, dachte Greta, gefangen in sich selbst, sogar in den Ferien.

Greta sah ihren Vermieter schon von Weitem. Sie brauchte nicht lange nach der Wippe zu suchen, mit der sie ihr Gepäck zum Häuschen "Baltrumer Balje“ ziehen würde, er stand direkt daneben. Sie begrüßten sich. Er sah sie fragend an. Sie hatte das Gefühl, er erkannte sie auch. In seinen Dateien hatte er sicher festgestellt, dass Greta bei ihm bisher nicht gewohnt hatte.
„Sie wissen, wo Sie hinmüssen?“, fragte er.
Greta nickte.
„Nehmen Sie die Wohnung 4. Die Türen sind alle auf.“
„Okay“, antwortete sie, übernahm die Wippe und zog sie zum Areal der Gepäckcontainer, die vom Fährkran gerade am Kai abgesetzt wurden. Leider hatte sie mal wieder nicht auf die Kennzeichnung des Containers geachtet, in den sie ihre Gepäckstücke gehievt hatte. Auch hier ließ sie großzügig den Eiligen den Vortritt. Stress sollte nicht eine ihrer ersten Empfindungen sein, die sie auf Baltrum begrüßen würde.
Ihren Vermieter sah sie später abseitsstehen, in eine Unterhaltung vertieft. Bei dem Gewusel am Hafen hatte sie ihn schließlich aus den Augen verloren.
Er erwartete sie im Ferienhaus. Irgendwo auf der Strecke musste er sie mit dem Rad überholt haben.
„Soll ich Ihnen etwas erklären?“, fragte er.
„Nicht nötig“, antwortete Greta.
„Ja, gut. Das meiste erklärt sich von selbst. Wenn etwas ist, Sie wissen ja, wo ich wohne. Entweder bin ich da oder nicht. Sie können auch anrufen. Entweder erreichen Sie mich oder auch nicht. Müll trennen nicht vergessen“, erinnerte er, als er auf der Treppe stand, die ins Erdgeschoss hinab führte. Unten angekommen drehte er

sich noch einmal um. „Wir kennen uns“, sagte er und schien zu grübeln.
Kurz erklärte Greta ihm woher, weil er nur eine wage Erinnerung zu haben schien: „Im Oktober, als ich auf der Insel war, haben Sie und Ihre Frau in der eiskalten Kirche bei der Sonntagsmesse neben mir gesessen.“
„Jaaaa, jetzt erinnere ich mich. Ihr Gesicht kam mir so bekannt vor.“
Dann drehte er sich um und war verschwunden.
Ob das ein echtes Ostfriesengespräch gewesen war? Knapp und kurz hatte er das Nötigste mitgeteilt. So knapp wie das Moin, das alle auf der Insel zur Begrüßung hauchten. Ein Moin, Moin galt hier bereits als geschwätzig.

Greta bezog eine perfekte Wohnung im ersten Obergeschoss. Zweckmäßig eingerichtet, liebevoll modern und bequem. Kein Schnickschnack, keine Deckchen, Döschen und Väschen. Zur Begrüßung standen eine Flasche Wein auf dem Tisch und ein kleines Tütchen mit Baltrum-Bonbons. Aber für sie war das Wichtigste, die Wohnung war sehr hell und hatte einen gescheiten Tisch zum Scheiben.

Ihre Sachen waren schnell im Schrank verstaut. Sie startete ihre erste Inselbegehung. Sie musste unbedingt nachsehen, ob das Meer noch da war.
Die Brandung war nur sehr schwach. Aber es war eindeutig da. Ihre Runde führte sie durchs Westdorf. Nach “Stadtlander“, dem Inselladen, zum “Inselcafé“ und vorbei am “Strandcafé“. In alle Schaufenster hatte sie kurz einen Blick geworfen. Um fünfzehn Uhr öffneten einige Geschäfte für ein paar Stunden. So konnten die Neuankömmlinge sich für den Sonntag mit Lebensmitteln für das erste Abendessen und das nächste Frühstück auf der Insel eindecken und bereits am Anreisetag nach Mitbringseln Ausschau halten. Greta kaufte sich Kleinigkeiten für das Frühstück. Gerne wäre sie überall

einmal kurz eingekehrt, aber sie musste dosieren, denn sie hatte ja schließlich eine Woche Zeit. "Capp&Ccino" war noch geschlossen und eröffnete erst, wenn Greta wieder zuhause sein würde. Schade, schade. Auf Facebook hatte sie gelesen, dass es die letzte Saison dieses Kaffee- und Eisspezialisten auf Baltrum sein würde. Danach würde der Inhaber Baltrum den Rücken kehren und mit einem Food-Truck das Festland bereisen, hatte sie gelesen. Aber ob das alles aktuell war? Keine Ahnung.
Ihre Einkäufe verschwanden im Kühlschrank. Die weichen Polster des Sessels nahmen sie auf. Sie nickte ein, bevor sie ihr erstes neues Urlaubsbuch aufgeschlagen hatte. Sie hielt es krampfhaft mit den Händen umschlossen und war eingeschlafen.
Auf Baltrum bekam sie seit fast einem Jahr mal wieder die Gelegenheit, die von ihr als überflüssig bezeichneten Fernsehsender einzuschalten. Sie war damals bei der Umstellung des Netzsystems zuhause nicht bereit, über die zweihundert Euro im Jahr für die öffentlich-rechtlichen Sendeanstalten hinaus auch für Fernsehprogramme zur Kasse gebeten zu werden, auf die sie gerne verzichtete. Zwanzig Minuten schaute sie zu, wie Deutschland einen Superstar suchte, dann reichte es ihr. Jeder Fernseher hatte eine Ausschalttaste. Die aktivierte sie dann auch. Es folgte ein interessanter Leseabend.

Ihr erster Eindruck bestätigte sich, sie schien die beste und perfekteste Wohnung auf Baltrum erwischt zu haben. Sie passte zu ihr, entsprach genau ihren Ansprüchen. In diesem Haus würde sie sicher einen weiteren Urlaub verbringen. Der Wohlfühleffekt war sehr hoch. Die Liebe lag im Detail und das spiegelt die Wohnung im "Baltrumer Balje".

Es war Sonntag. Ihr Plan für diesen Tag sah vor, um zehn Uhr in die Kirche zu gehen und um fünfzehn Uhr in der "Alten Liebe" das Fußballspiel Schalke gegen Dortmund, das Revierderby, anzuschauen.

Vielleicht aß sie später im Restaurant "Zum Seehund" eine Kleinigkeit. Aber zuerst musste sie auf ihrer Erkundungstour feststellen, ob der Laden überhaupt geöffnet hatte und vor allem wann und wie lange. Kochen würde an diesem Tag schwierig, sie hatte nichts im Kühlschrank, was diesen hausfraulichen Akt möglich machte.

Die Nebelschwaden zogen über den Deich und legten sich seicht auf die kleine Insel. Greta schaute aus dem Fenster. Weit konnte sie nicht sehen. Selbst die nächsten Häuser verschwanden hinter einer Nebelwand. Die Nebelschleier umspielten die Gebäude. Sie konnte sehen, wie sie vorbeizogen und sich bewegten. Es sah unheimlich aus. Wie Geister formierten sie sich und sie strebten über die Insel. Ob die Sonne heute die Wolkendecke durchbrechen wird? Sie wünschte es sich sehr, aber so richtig glauben konnte sie es nicht. Der Wetterbericht sagt: Jein. Aber an der Küste ist alles möglich, das hatte sie oft genug erlebt.

Als sie schließlich loswollte, Richtung St. Nikolaus Kirche, musste sie feststellen, dass der Nebel zwar verschwunden war, es aber stattdessen in Strömen regnete. Der Wunsch auf Sonne verflüchtigte sich in weite Ferne. Sie stülpte sich die Kapuze über, ärgerte sich, dass sie ihren langen Winterregenmantel nicht mitgenommen und den roten Schirm bewusst im Kofferraum ihres Autos zurückgelassen hatte, das am Festland auf einem sicheren, hochwassergeschützten Einstellplatz stand.
Gerade mal fünfzehn Personen belegten die Reihen der kleinen Kirche. Es war kalt. Greta erinnert sich immer an Kälte, wenn sie an diese Kirche denkt. In diesem Augenblick erhöhte sich ihr Ärger. Denn ihre normale Regenjacke war nicht lang genug. So musste sie sich ohne die wärmende Schicht einer Jacke auf die eiskalte Holzbank setzen. Ihre Jeans isolierte nur geringfügig. Zuerst ließ sie sich vorsichtig auf die äußerste Kante der Sitzfläche nieder, später setzte sie sich auf ihre Hände, bis diese zu kribbeln anfingen. Es

fehlten Sitzkissen, also die Bankauflagen. Ihr Schalke-Sitzkissen hatte sie diesmal gar nicht nach Baltrum mitgenommen. Sie sah sich einer Blasenentzündung entgegenstreben. Schließlich war sie stehengeblieben und widersetzte sich den Hinsetz- und Aufstehritualen der katholischen Kirche. Der Pfarrer, der die heilige Messe zelebrierte, stellte sich als Kurpfarrer vor. Bei einem Kurpfarrer handelt es sich um einen Geistlichen, der dort Urlaub machte und zwischendurch die liturgischen Aufgaben der Inselgemeinde ohne Pfarrer übernahm.
Greta fiel das Wort Kurpfuscher ein. Seltsam wohin die Gedanken manchmal abdriften, wenn man in einer kalten Kirche sitzt. Dieser Kurpfarrer hatte sicher die Qualifikation, die Messe zu feiern. Wobei man bei einem Kurpfuscher nicht davon ausgehen kann, dass er die nötigen Qualifikationen besitzt.
„Von der Enge in die Weite", sagte der Geistliche mindestens dreißig Mal während der Messe, hauptsächlich innerhalb der Predigt. Was immer die Botschaft oder die Wortaneinanderreihung zu bedeuten hatte, erschloss sich Greta nicht. Die gewählten Beispiele gingen alle an ihrer Realität vorbei. Auch wenn dieser Pfarrer sie einem Mantra gleich aussprach. Vielleicht hatte sie aber auch ein anderes Weltverständnis. Sie nutzte die Zeit und vertiefte sich in ihre eigenen Gedanken. Erwähnenswert war die Stimme des Pfarrers. Er versuchte verzweifelt, zu singen. Sein Stimmchen war alt und dünn. Selbst eine Tonfolge, die eine Melodie erkennen ließ, beherrschte er nicht. Aber er bemühte sich redlich. Darauf kann man nur mit dem Zitat „Singe, wem Gesang gegeben" frei nach Ludwig Uhland antworten. Greta beende das Zitat: „ ... und wem er nicht gegeben ist, der sollte es lieber lassen."
Aber egal, was in dieser kleinen Inselkirche passierte, Greta mochte diese riedgedeckte runde Kirche, die sich zwischen die Dünen duckte. Es würde sie immer wieder ihr Weg erneut dorthin führen. Ihr Besuch in der Inselkirche wurde zwar geprägt von den ständig wechselnden Geistlichen, die da auftauchten, aber die Gründe,

warum sie immer wieder diesen Ort der Stille aufsuchte, waren andere.

Ihre Wanderung verschob sie erst einmal. Sicherlich würde der Regen nach dem ungeschriebenen Gesetz der Küste später aufhören. Ihre Erwartungen auf der Wetterwunderskala von trocken auf sonnig gingen einen Schritt zurück. Inzwischen erwartete sie erst mal eine Veränderung von Regen auf trocken.
Sie saß wieder in ihrem schönen Appartement mit aufgedrehtem Heizkörper auf Stufe 5 und erhoffe, in der nächsten halben Stunde ihre normale Wohlfühltemperatur zu erreichen.
Sie konnte sich nicht daran erinnern, wann sie zum letzten Mal an einem Vormittag Wein getrunken hatte. Nach dem Kirchgang genehmigte sie sich ein Gläschen, sozusagen als sonntäglichen Frühschoppen mit der Aufgabe des Erwärmens von innen. Was sie dazu veranlasst hatte? Erstens stand ihr Auto am Festland und sie bekam garantiert nicht die Gelegenheit, sich hinters Steuer setzten zu müssen. Der zweite Grund war, dass sie den Wein am Abend vorher probiert und er verdammt gut geschmeckt hatte. Es war ein italienischer Wein, vegan und zudem ein Begrüßungsgeschenk ihres Vermieterehepaares. So langsam merkte sie, wie die innere und äußere Wärme Besitz von ihr nahmen. Sie musste sich entscheiden, im Sessel sitzen zu bleiben und direkt einzuschlafen, oder sich bis zum Bett zu schleppen und bequem, noch bevor der Tag halb vorbei war, ein Mittagsschläfchen zu machen. Sie entschied sich für die Horizontale. Die Dinge, die sie sich für regnerische Zeiten auf der Insel vorgenommen hatte, war sie nicht in der Lage auszuführen. Schreiben, Lesen, Lektorieren waren in dem Zustand der wohlig warmen Müdigkeit nicht zu leisten. Was für ein entschleunigter Tag, ein angenehmer Urlaubstag, der nur auf Baltrum, trotz Regen oder gerade deswegen, möglich war.

In der Nacht sind alle Katzen grau und früh am Morgen alle Socken schwarz. Als sie sich nach einem tiefen und traumlosen Schlaf wieder anziehen wollte, sah sie, dass ihre am frühen Morgen gewählten schwarzen Socken farblich als Paar nicht zusammenpassten. Egal, wer bemerkte das auf der Insel schon?
Es war ein lohnender Mittagsschlaf gewesen, denn als sie aus dem Fenster sah, hatte es aufgehört zu regnen und die Gehwege waren wieder trocknen. Hatte sie den Regen weggeschlafen?
Ihr Akku war wieder gefüllt. So startete sie ihren verschobenen Dünenspaziergang. Viele Menschen waren nicht unterwegs. Die Urlauber schienen noch abzuwarten. Alle diejenigen, die ihr begegneten, waren keine Touristen. Die meisten trugen schicke sonntägliche Kleidung. Die Frauen hatten sich in edle Kleider gehüllt. Die meisten Männer hatten ihre dunklen Anzüge reaktiviert. Es waren Gäste derjenigen, die an diesem Sonntag in der evangelischen Gemeinde der Insel ihre Konfirmation feierten. Auch die Kinder trugen keine Sachen zum Herumtoben. Sie waren feingemacht für ein besonderes Fest.
Greta lief durch die Dünen, probierte ihren neuen Fotoapparat aus, nutzte die verschiedenen Einstellungen. Ein stolzes Fasanenmännchen lief ihr über den Weg und plusterte sich auf. In dem Moment, in dem sie auf den Auslöser drückte, stieß er einen ohrenbetäubenden Schrei aus. Seine Lautstärke ließ sie zusammenzucken. Sie verriss den Fotoapparat, war froh, dass er an einem Bändchen an ihrem Handgelenk baumelte und nicht ungeschützt in den Sand gefallen war. Sie musste später feststellen, dass sie die Spitzen des Dünengrases vor wolkigem Himmel und einige Schwanzfedern des Dünenvogels fotografiert hatte. Schließlich gelang es ihr aber doch noch, und sie bannte ein anderes stolzes Federvieh auf ihre Speicherkarte.
Der schwarz-weiße Border Collie am "Strandcafé" begrüßte sie, als wären sie gute Freunde. Er begleitete sie ein Stück den Weg hinauf Richtung Strand. Die Anzahl der Strandkörbe war klein. Daran

konnte man feststellen, dass die Inselsaison noch nicht begonnen hatte. Die Körbe wurden von den meisten als Basislager für Sandspielsachen genutzt, niemand saß darin, las ein Buch oder ruhte sich aus. Über den Winter waren die Wege oberhalb der Strandkorbreihen ausgebessert worden. Die Holzlatten sahen aus wie frisch aus der Schreinerei und hatte noch keine Saison erlebt. Keine witterungsbedingten Spuren waren zu erkennen.
Diesmal blieb Greta in der Nähe des Westdorfs und kehrte in das "Inselcafé" ein. Die freundliche Bedienstete, ehemals im Hafencafé beschäftigt, stand hinter der Kuchentheke. Aber sie begrüßten sich nicht sofort. Sie hatte keine Zeit. Sie winkte einmal kurz. Eine Seniorengruppe des Deutschen Roten Kreuzes belegte im vorderen Raum alle Tische. Dadurch war viel zu tun. Zudem nahm der später zu erfolgende Abrechnungsmodus viel Zeit in Anspruch. Sie hörte, dass die Truppe auf Einladung des DRK unterwegs war und der gezahlte Preis von 7,50 Euro für diesen Ausflug eine Kuchenpauschale enthielt. Jeder, der mehr als diesen Betrag ausgab, musste zuzahlen. Aber wie sollte das über die Bühne gehen? Es wurde lautstark über nichts anderes diskutiert. Pfennigfuchser, dachte Greta. Diese Abrechnerei kostete eine Menge Arbeit – und das Trinkgeld würde gegen null tendieren.
Greta bestellte einen veganen Schokokuchen und einen Kaffee. Die Bestellung wurde an der Theke von einem jungen Mädchen entgegengenommen. An den Tischen wurde nicht mehr serviert, Personaleinsparungen. Greta balancierte ihr Tablett vor sich her und verzog sich damit in den Nebenraum. Während sie in ihre Kladde kritzelte, trafen sie plötzlich Sonnenstrahlen. Sie fielen zwar nicht direkt in das Café, sondern spiegelten sich in den gegenüberliegenden Fensterscheiben der Boutique "Mode Mövchen", wurden von dort umgeleitet und trafen sie auf Umwegen. Sie konnte es kaum glauben, ihre zweite Stufe der Wetterwunschskala war erreicht. Die Sonne war da.

Gestärkt mache sie sich wieder auf den Weg. Sie winkte kurz zur Verabschiedung. Das Personal war immer noch im Abrechnungsmodus gefangen. Greta trat durch den Nebenausgang auf den Weg. Ihren Tagesordnungspunkt zwei, das Schalkespiel in der "Alten Liebe" anzuschauen, fiel für sie aus. Sie blieb in der Sonne, weil sie diese mehr liebte als die Schalker. Die Spieler ihrer Heimatmannschaft würden es auch ohne sie regeln, da war sie sich sicher. Greta drückte ihnen auf ihrem weiteren Weg über die Insel die Daumen. Es war so verdammt schön in der Sonne. Was hatte das Licht für eine Kraft und Wirkung auf den Menschen. Die Temperaturen nahmen zu. Greta begann zu schwitzen. Es war April. Wenn die Sonne sich durch die Wolken drängte, dann gab sie auch Frühlingswärme ab. Regenjacke und Schal isolierten recht gut. Den Schal konnte sie abnehmen, aber sie hatte keine Lust, die Jacke geknubbelt mit sich herum zu schleppen. Sie würde sie stören und ihr die Freiheit nehmen, ungehindert Fotos zu machen. Für den Rucksack war sie zu voluminös. Am Morgen hatte sie den warmen Winterregenmantel vermisst, den sie sich extra im Herbst auf der Insel in "Juttas Mode-Treff" gekauft hatte. Außen gelb und weich, innen flauschig und warm. In der Kirche hatte sie sich nach ihm gesehnt. Als sie die Reisetasche vor ein paar Tagen gepackt hatte, stand sie vor dem Jackenschrank, speziell vor dieser langen gelben Jacke. Mitnehmen? Ja oder Nein? Anziehen, anprobieren, weghängen. Wieder herausnehmen. Lieber nicht mitnehmen. Eine zweite Reisetasche wäre nötig oder ein größerer Koffer. Sie hatte auf den Wetterbericht vertraut und entschieden: NEIN. Die Entscheidung schien richtig gewesen zu sein, denn es wurde Frühling auf der Insel. Den dritten Tagesordnungspunkt strich sie auch. Sie brachte es nicht fertig, in das Restaurant "Zum Seehund" zu gehen, wenn draußen die Sonne vom Himmel strahlte. Das Restaurant war sehr dunkel von innen. Das Abendessen zögerte sie hinaus, solange die Sonne sie mit Licht und Wärme versorgte. Dann staunte sie. Urlauber mit Einkaufsbeuteln des Lebensmittelmarktes flanierten an ihr vorbei. Hatte der

Markt echt für kurze Zeit geöffnet? Greta spähte durch die großen Fensterscheiben. Richtig, da saß eine junge Dame an der Kasse und das Licht brannte im Inneren des Ladens. Greta kaufte ein paar Kleinigkeiten und entschied sich dazu, sich daraus in ihrer Wohnung etwas zuzubereiten. So konnte sie sich draußen aufhalten, bis die Sonne um halb neun unterging. Pünktlich zur Tagesschau muss ich auch nicht zurück sein, beschloss sie. Sie hatte sich vorgenommen, auf den Fernseher zu verzichten.

Warum fing sie den Tag so oft mit dem Gedanken an das Wetter an? Greta erinnerte sich gut an die Anweisungen ihrer Lehrerinnen in der Grundschule, wenn nach den Ferien, egal ob Oster-, Sommer- oder Herbstferien und erst recht nach den Weihnachtsferien ein Bericht in Form eines Aufsatzes abgeliefert werden musste.
„Fangt mir nur nicht mit dem Wetter an. Lasst beiläufig das Wetter mit in den Text einfließen. Spannt einen Schirm auf, wenn es regnet, zieht die Badehose an, wenn die Sonne scheint, oder setzt wenigstens eine Sonnenbrille auf."
Bei Greta passte das nicht immer, eigentlich nie, aber Frau Albers, Frau Feldmann und auch später Frau Kreis, Gott hab sie alle selig, hatten da kein Einsehen.
Das Wetter auf einer Insel ist wichtig, denn es bestimmt fast jeden Urlaubstag von Anfang an. Wenn sie nicht vorher aus dem Fenster schaute, zog sie auch keine Regenjacke an. Da sie keine empfindlichen Augen hatte, steckte sie auch nur äußerst selten eine Sonnenbrille ein.

Wetter gut, Sonne scheint, kein Regen. Vielleicht könnte sie auch vorausschauend hinzufügen: Essen gut, alles gut. So oder ähnlich lasen sich auch die Texte, die sie viele Jahre auf Ansichtskarten geschrieben hatte. Sie unterschieden sich nur in der Unterschrift. Bei einigen fügte sie das verwandtschaftliche Verhältnis hinzu: *Gruß, deine Tochter*, oder: *Alles Liebe, deine Enkelin*. Deine

Freundin schrieb sie aber nie. Ihre Freundinnen mussten sich mit ihrem Vornamen begnügen. Es gibt immer wieder Menschen, die erhalten Ansichtskarten, die unterschrieben sind mit: Deine beste Freundin. Greta hatte keine beste Freundin. Sie hatte drei gute Freundinnen. Doch wer von denen die Beste war, konnte und wollte sie nicht entscheiden. Außerdem wollte sie nie die beste Freundin von jemandem sein. Sie hatte festgestellt, dass diese Steigerung oftmals ein hohes Konfliktpotenzial beinhalten konnte.

An diesem Tag kehrte Greta nach wenigen hundert Metern, oder vielleicht waren es nicht mal hundert, in den größten Verkaufsladen im Westdorf der Insel ein, bei "Stadtlander". Das Warenangebot hatte sich seit Oktober nicht grundlegend geändert. Es gab eine neue Dicke-Pulli-Jacken-Kollektion. Auch das neue Buch der Inselautorin „Baltrumer Krimitage" lag neben der Kasse. Greta kaufte es sich. Aber lesen würde sie es erst zuhause. Es komplettiert diese Baltrumer Krimi-Reihe in ihrem Bücherregal. Diese Krimis stimmten sie vor einem Baltrum-Urlaub auf die Insel ein, wie bei anderen Urlaubern vermutlich ein Reiseführer.
Wie gesagt: Sonne. Greta ging wieder um das Westend der Insel. Anderes Licht, andere Farben, neue Versuche, mit ihrem Fotoapparat umzugehen.
Im Hafen war einiges los. Die Baltrum I lag am Kai und die letzten Besucher zogen die Wippen, voll gestapelt mit ihrem Gepäck, dem Inselinneren entgegen. Kurz zuvor war die "Störtebeker" ausgelaufen, beladen mit Containern. Ein Mini-Container-Schiff. Die kleine Baltrum lag auch im Hafen und ein weiteres Schiff, das gerade entladen wurde. Fast nur Baumaterialien befanden sich an Bord. Dieses wurde mit einem Kran auf die Tieflader umgepackt, die später von jeweils zwei strammen Pferden zu den Baustellen gezogen würden. Baustellenteams in weißen Overalls liefen auf das Westdorf zu. Greta probierte den Zoom ihrer Kamera aus und holte die Pferde nah an die Bierzeltgarnitur heran, an der sie saß und einen

Milchkaffee vor sich stehen hatte. Die Preissteigerung war schon auffällig. Aber weil die Musik aus den Außenlautsprechern so schön nostalgisch und erträglich klang, hatte sie sich trotzdem dort hingesetzt.
„Haben Sie mich fotografiert?“, fragte sie ein Mann des Baustellenteams, das an Greta vorbeizog. Sie hatte ihn gar nicht in ihrem Fokus, sondern sich mit den Pferden beschäftigt. Das sagte sie aber nicht. „Keine Sorge“, antwortete sie. Das überall lauernde Thema Datenschutz streifte sie. „Ich poste nichts bei Facebook. Niemand bekommt es mit, sollten Sie ein weißgekleideter Schwarzarbeitertrupp sein.“ Alle Männer dieses Bautrupps grinsten und streckten ihr den hochgehaltenen Daumen entgegen.

Baltrum war so klein, dass Greta auch in diesem Urlaub viele Wege doppelt oder auch dreifach lief. Aber das war sie gewohnt. Sie kreuzte von rechts nach links und von links nach rechts, von Westen nach Osten oder umgekehrt. Es war immer die Frage des Blickwinkels. Sie entdeckte dennoch stets wieder Neues. Sie saß weit entfernt vom Hafen auf der Terrasse eines Restaurants, dessen Namen sie sich nicht merken würde. Vor ihr lagen die Salzwiesen, die Landebahn des kleinen Flughafens, dahinter das Wattenmeer und in einer leicht dunstigen Schicht verbarg sich das Festland.

Sie bestellte sich einen Flammkuchen mit Lachs und Spinat, dazu eine Rhabarberschorle. Zuvor hatte sie sich auf eine vegane rote Linsensuppe im “Strandcafé“ gefreut, aber dieses Lokal hatte Montag und Dienstag geschlossen. Im “Inselcafé“ wurden Renovierungsarbeiten vorgenommen. Dort hätte sie ihre Lieblingslinsensuppe zwar auch bestellen können, aber die Baustellengeräusche waren ihr etwas zu laut. Dann kam die Bedienung des von ihr als Alternative ausgewählten Restaurants und erzählte ihr, dass der Ofen kaputt sei und sie ihr keinen Flammkuchen servieren könnten.

Greta schielte zum Nachbartisch. Dort saß eine Dame, die sich gerade ein Stück Flammkuchen mit Lachs in den Mund schob und mit geschlossenen Augen genüsslich darauf herumkaute. Der Keller sah ihren Blick. „Der Ofen ist gerade erst kaputt gegangen."
Greta entschied sich für die Alternative Reibekuchen mit Schwarzbrot und Lachs. Die Ausrede mit dem defekten Ofen war schon seltsam. Diese Geschichte glaubte sie nicht. Als dann erneut der Keller vor ihr stand, mit den Händen rang und behauptete, der Lachs sei ausgegangen, fragte sie sich, ob sie überhaupt willkommen war. Als Ersatz bot die Bedienung ihr Apfelmus an. Was für eine ordinäre Alternative zu Lachs ... Ihre Reibekuchen schwammen im Fett. Aber sie waren trotzdem lecker – und mit Apfelmus schmeckten sie ebenfalls gut, fast wie zuhause.
Trotz des strahlend blauen Himmels war der Wind kalt, der über die Terrasse pfiff. Sie musste sich mit dem Essen beeilen, damit die Reibekuchen nicht so schnell abkühlten.

Ein Krabbenbrötchen bekam sie in diesem Baltrum-Urlaub auch nicht. "Feldmanns Fischecke" machte erst wieder auf, wenn Greta bereits wieder daheim wäre, genau wie das "Capp&Ccino". Den super Kuchen vom „Café Tan't Dora" gab es auch erst wieder zum Wochenende. Die Insel bewegte sich also auf Sparflamme.
Selbst eine schnelle Pizza am Abend, auch zum Mitnehmen, musste ebenfalls ausfallen. Das "Fellini" hatte geschlossen und würde auch geschlossen bleiben, bis ein neuer Pächter gefunden war.
Immerhin das „Knusperhuuske" hatte stundenweise geöffnet. Von dort nahm sich Greta einen Rüblikuchen mit. Kaffee konnte sie sich auch in ihrem Appartement kochen. Dabei in der Sonne sitzen und lesen, war im Garten rund um das Haus des "Baltrumer Balje" besonders schön. Liegen standen bereit. Der Rasen war saftig grün und überall blühten Frühlingsblumen.

Gretas Schreiberei, die sie sich vorgenommen hatte, machte Fortschritte und das Buch, das sie gerade las, hielt sie weiter gefangen. Diese beiden Projekte, Aufgabenbereiche oder auch Freizeitbeschäftigungen wechselten sich in atemberaubender Geschwindigkeit ab. Greta tauchte voll ab in die Welt des Romans und war anschließend wieder enorm kreativ. Wie es schien, wirkte sich die Insel wieder einmal sehr positiv auf sie aus. Auf das stupide Lektorat am Roman eines Freundes konnte sie sich im Moment nicht einlassen. Dazu brauchte sie Regenwetter.
Sobald sie den Wunsch nach Bewegung verspürte, lief sie los. Diesmal wanderte sie unter azurblauem Himmel über die Wege der Insel und fragte sich immer wieder, was sie an diesem winzigen Stück Land auf unserer großen Erde so faszinierte. Viele Besonderheiten rauschten durch ihre Gedanken, aber konkretisieren konnte sie ihre Gefühle und Empfindungen nicht.
Greta ging entlang der Salzwiesen zum Ostdorf. Die Sonne begleitete sie auf der rechten Seite. Durch ein Fluttor erreichte sie die Häuser und lief anschließend kreuz und quer durch das Ostdorf. "Sealords", "Dünenschlösschen", die Gärtnerei und "Nautilus" zählten zu ihren Zielen. Es wurde viel gebaut. Manch alte Kate stand leer. Ihr begegneten die Handwerker wieder, die sie am Tag zuvor an der Fähre gesehen hatte. Hier und da arbeitete ein Baltrumer Bürger in seinem Garten und machte eine Frühjahrsbepflanzung. Aber bis auf wenige Baustellengeräusche war es still im Ostdorf, fast mutete es unheimlich an. Ein Hauch von Vergangenheit lag in der Luft, trotz der Neubauten. Häuser waren verlassen, standen schmucklos und leer in der Landschaft. Die Natur bediente sich langsam aber unaufhörlich und griff gierig nach diesen Objekten, die sicher einst voller Leben waren. Was war der Grund für diesen Stillstand? Greta vermutete, es waren die Zeichen einer aussterbenden Generation. Wenn keine Kinder da sind, um diese Häuser fortzuführen, stirbt die friesische Tradition auf der Insel langsam aus. Sie verändert ihr Gesicht. Damit verliert sie schleichend ihren

Charme. Die Sonne strahlte sehr mild. Ohne Wind fühlte sich alles, was sie wahrnahm, so sanft an, so lieblich. Greta blickte über die riesigen Salzwiesen. Unmengen von Seevögeln kreisten durch die Luft und bildeten immer neue Formationen. Sie kreischten, schrien und bevölkerten die weiten Landstriche. Ihr Blick verlor sich im Panorama. Sie hatte das Gefühl, befreit und unbeschwert atmen zu können. Es ergriff sie ein Gefühl von Freiheit. Dadurch verdrängte sie den Gedanken an eine vergangene Zeit. Sie beschloss, zum "Café Kluntje" zu gehen, um dort einen Tee zu trinken. Mittwoch ist Ruhetag, das wusste sie. Also heute oder Donnerstag überlegte sie. Je näher sie dem Abzweig kam, umso größer bäumte sich ein Neubau hinter dem Deich auf. Der Weg zum Café war nicht mehr urig, nicht mehr geheimnisvoll. Die Inselrosensträucher und anderes Gebüsch, das den Gast immer aufgenommen und zum "Café Kluntje" geleitet hatte, gab es nicht mehr. Greta schlängelte sich an einer Baustelle vorbei, an einer großen Baustelle. Nichts war mehr so, wie sie es in Erinnerung hatte. Das Baustellenareal umfasste den kompletten Vorgarten. Selbst der kleine Spielplatz vor der Kate unter den Bäumen war zu einem Materiallager umfunktioniert worden. Kurz überlegte sie, ob es überhaupt erlaubt sei, da herzugehen, und erwartete eine Anweisung, das Baustellengelände zu verlassen. Vorsichtig ging sie weiter und stand vor der Tür zum "Café Kluntje". Direkt an der Hauswand der kleinen Kate standen Tische und Stühle, wie immer. Aber dort zu sitzen, war nicht sehr prickelnd. Verschwunden waren das Flair und die Romantik dieses Ortes. Sicher war dieser Hausbau dem Überleben der Insel geschuldet. Aber alle Urlauber, die zukünftig das "Café Kluntje" besuchten, würden es nie mehr so erleben, wie sie es in Erinnerung hatte, wie es einmal war. Sehr schade. Greta trat ein, unsicher, ob überhaupt geöffnet sei. Sie ging in einen hinteren Raum, weil ihr dort der Anblick der Baustelle erspart blieb, setzte sich an den kleinen Tisch links in die Ecke neben dem Fenster mit den vier kleinen Scheiben. Die Wiese reichte bis fast an die Fensterbank. Kuchenduft zog durch die

Räume, eine fantastische leise Jazzmusik klang aus den Lautsprechern. Angenehm, wehmütig, beruhigend lullte sie die Musik ein. Greta bestellte sich einen Inselrosentee mit Hibiskus und Rosenblättern, Hagebutten und Apfelstücken. Dazu ein Stück Marzipan-Apfelkuchen. Das Geräusch, wenn sie den zartrosa Tee auf das Kluntje in ihrer Tasse goss, hört sich jedes Mal gut an. Das Knistern und Knacken ist unverkennbar, ebenso der Duft des Tees erst. Das Potpourri verdrängte auch in diesem Moment die Gedanken an die Baustelle im Vorgarten.
Im Haus war alles wie früher. Ein kleines Detail der Unachtsamkeit stellte sie aber dennoch fest. Auf ihrem und auch auf allen anderen kleinen Tischen lagen Deckchen. Circa zwanzig mal zwanzig Zentimeter groß, handgesäumt, handumhäkelt mit den berühmten Mausezähnchen und mit Kreuzstich bestickt in vier verschiedenen Rosatönen. Wunderschön, kein bisschen kitschig. Die Deckchen waren frisch gestärkt und perfekt gebügelt, aber sie lagen falsch herum auf dem Tisch. Welch eine Nachlässigkeit.

Später führte sie ihr Weg am Dünengrab vorbei durch das Moor hindurch bis zum Strand. Riesig groß lag die helle sandige Fläche vor ihr. Nur Sand und blaues Meer unter blauem Himmel. Wunderschön, fast wie in der Karibik. Es war superwarm, T-Shirt-Wetter – und Greta schleppe sich mit ihrem Anorak ab. Den Schal hatte sie abgenommen und an ihren Rucksack geknüpft. Wieder ließ sie diese malerische Postkartenidylle dazu hinreißen, Fotos zu machen. Es schienen nur wenige Urlauber auf der Insel zu sein. Am Strand begegnete sie nur vereinzelt Spaziergänger. Also kein Wunder, dass viele Lokale nur auf Sparflamme geöffnet hatten. Auch auf der Wattseite ergriff sie das Gefühl von Begeisterung beim Anblick dieser außergewöhnlichen Natur. Diese Farben, grandios. So fühlte sich Urlaub an. Ihr Weg führte am Saum des Meeres bis zum Westdorf zurück. Dort, wo der Hundestrand anfing, ging sie auf die Dünen zu. In Erwartung der kleinen Imbissbude beschleunigte sie ihre

Schritte. Aber “Die letzte Raststätte vor Helgoland“ hatte geschlossen. Also gab es in diesem Urlaub auch keinen Milchreis mit Zucker und Zimt, ebenfalls keine Pommes mit Nutella, die als absolute Spezialität angekündigt wurde. Ihr fiel erneut ein, dass ja sogar der NDR in einem Inselbeitrag darüber berichtet hatte. Also suchte sie nur die Toiletten auf, die Gott sei Dank geöffnet hatten. Eine alte Dame kam ihr aus dem Gebäude verdattert entgegen.
„Gehen Sie auch auf die Toilette?“, fragte sie Greta.
Diese nickte.
„Kann ich mit Ihnen gehen? Mir ist das hier zu unheimlich.“
„Was ist denn hier unheimlich?“, fragte Greta.
Die Fragen verblüffte sie. „Haben Sie nicht in der Bildzeitung gelesen, dass es eine Vergewaltigung in einem Fan-Bus gegeben hat?“
„Hier hält kein Fan-Bus“, antwortete Greta. „Da können Sie sich sicher sein.“ Dann gab sie ihr mit auf den Weg, sich im „Stadtlander“ Insel-Krimis zu kaufen und diese zu lesen. „Dann werden sich Ihnen andere gruselige aber fiktive Inselperspektiven eröffnen“, garantierte sie ihr.
Diese Empfehlung kam aber bei der Dame nicht an. Sie blieb hartnäckig bei ihren Horrorversionen und der Schlechtigkeit der Welt, die auch Baltrum erreichen würde. Gemeinsam gingen sie auf die Damentoilette.
Von Kabine zu Kabine rief die Dame Greta zu: „Hier kann man nämlich schreien, so laut man will und niemand hört das. Und wenn ich eines nicht will, dann ist das auf Baltrum begraben zu werden.“
Greta musste lachen, denn sie dachte spontan an den holländischen Kapitän Hendrick Dirk de Boer, der diesen Wunsch auch kundgetan hatte.
Schulter an Schulter traten Greta und die ängstliche Dame wieder in die Sonne und gingen in entgegengesetzten Richtungen davon. Ein skurriler Gedanke streifte sie. Beim nächsten Mal gehe ich auf den Friedhof, sehe mir die Grabsteine genauer an. Mag sein, dass da dann in Stein gemeißelt steht: *Ihr Schrei blieb ungehört* oder

Sie schrie, aber niemand hörte sie oder etwas ähnliches in der Art.

Dieser Tag wurde ein Sommertag im April. Nahtlos schien der Frühling, der gerade kalendarisch mal knapp vier Wochen andauerte und sich bisher nicht von seiner besten Seite gezeigt hatte, in den Sommer überzugehen. Gut, dass sie kurze Shirts eingesteckt hatte. Diese Art von Kleinteilen konnte man schneller in einer Reisetasche verschwinden lassen, als einen ausgewachsenen Winterregenmantel. Inzwischen dachte sie, dass sie sich glücklich schätzen konnte, sich nicht mit ihm abgeschleppt zu haben.
Ihr Verhängnis am gestrigen Abend war, dass sie mit einem neuen Buch angefangen hatte, die Empfehlung einer Freundin. Ihre Lesetipps entsprachen meistens auch ihrem Lesegeschmack. Greta hatte die halbe Nacht gelesen. Auf dem Weg zum Strand gen Osten plante sie, auf welcher Bank sie eine Pause einlegen würde, um endlich weiterlesen zu können, um hinter das Geheimnis dieses historischen Krimis zu kommen.
Das Meer war ruhig, von Brandung keine Rede. Die Wellen erinnerten sie an den Ostseestrand. Das Farbspiel des Meeres war unbeschreiblich. Ob sie nur wegen ihrer neuen Leidenschaft, der Acrylmalerei, ein besonderes Augenmerk darauflegte? Sie wusste es nicht, aber war total fasziniert von der Farbvielfalt zwischen Grün und Blau. Der Strandabschnitt in Höhe des Westdorfes rüstete auf. Die Vorbereitungen auf die Saison liefen auf Hochtouren. Weitere Stege wurden verlegt, die Fertigboxen oder besser die Container der Strandkorbvermietung standen bereits in Position. Sogar die Rettungsstation war schon bereit. Die touristische Seite der Insel erwachte.
Am Ende des Hundestrandes begegnete sie dem Herrn, der ihr auf der Fähre geraten hatte, sich beim Fahrkartenkauf an Bord hintenanzustellen. Ihr erster Eindruck von mangelnder Sympathie bestätigte sich. Dort bekam Greta auch einen Blick auf seine Familie. Sie

belegten drei Strandkörbe und hatten sie zu einer Festung zusammengestellt. Schon von Weitem konnte man erkennen, dass alle drei Körbe bewimpelt waren. Hauptsächlich die Deutschlandfähnchen flattern im Wind. Greta hatte nichts gegen Nationalbewusstsein. Warum auch? Aber sie betrachtete die Festung sehr skeptisch. Er grüßte sie mit einem zaghaften Kopfnicken und gaffte hinter ihr her. Diese kurze Unaufmerksamkeit führte dazu, dass sich die Leinen verheddern, die zu seinem dritten Drachen gehörten, den er ebenfalls am Firmament zu positionieren gedachte. Fluchend lief er im Feinripp-Achselhemd hinter seinem Piratendrachen her, der sich selbstständig gemacht hat. Es würde also etwas Zeit in Anspruch nehmen, bevor dieser fliegende Drachen sich zu den Totenkopfdrachen gesellen durfte. Hoffentlich gibt er mir nicht die Schuld an seinen verknoteten Leinen, dachte sie und marschierte in riesigen Schritten weiter.

Im Dorf war an diesem Tag *Gelbe Tonne*, wie es im Ruhrgebiet hieß, wenn der Plastikverpackungsmüll abgeholt wurde. Auf der Insel war der Wohlstandsmüll in gelbe Säcke verpackt. Diese wurden auf Wippen und Bollerwagen geladen und abgedeckt. Kein gelber Sack stand lose an eine Hauswand oder an eine Laterne angelehnt. Er hatte keine Chance, von einer Windbö erfasst, durch die Gegend geweht zu werden. Diese Karren standen an Weg- und Straßenrändern und warteten darauf, geleert zu werden. Einige Baltrumer Bürger hatten Wolldecken darüber gelegt, andere gelb-blau oder blau-weiß gestreifte Planen oder ausrangierte Spannbetttücher benutzt. Greta fand, diese Tarnung sah viel schöner aus, als auf die schnöden Müllsäcke zu schauen. Doch der wahre Grund waren die Krähen, Dohlen und Möwen. Sie hatten somit keine Chance, die Säcke aufzureißen und sich der Reste zu bedienen, die an den Verpackungen hafteten. Der Plastikmüll wurde später mit Fuhrwerken abgeholt. Hinter dem Flugplatz war die inseleigene Mülldeponie.

Alles Angesammelte wurde von dort mit der Fähre ans Festland zur weiteren Entsorgung oder zum Recyceln gebracht.

Gretas Lieblingsbank zum Lesen kam in Sicht, aber sie ging ein Stück weiter. Die wenigen hundert Meter, die sie zurückgelegt hatte, rechtfertigten nicht die Bezeichnung Spaziergang.
Sie wanderte einige Bänke weiter und ließ sich dann endlich auf einer nieder. Der Drang zu lesen war zu groß. Sie vertiefte sich schnell wieder in das Thema des Buches, das an Spannung nicht zu überbieten war.
Erschrocken fuhr sie hoch, als sie auf die Uhr sah. Sollte sie etwas Essbares im "Strandcafé" ergattern wollen, musste sie sich auf den Weg machen.
Der Übergang vom Inhalt des Buches in die Realität fiel ihr schwer. Langsam normalisierte sich ihr Befinden und sie kam im Hier und Jetzt wieder an. Durchatmen, Abspannen und auf die letzten Leseeinheiten hin fiebern, die sie bis zum Abend bewältigen wollte.
Sie suchte sich eine Speise auf der Menükarte aus, die zudem in Plakatform an der Wand hing, bezahlte an der Kasse und antwortete auf die Frage, wo sie Platz nehmen wollte spontan: „In der vorderen Veranda."
„Ich bringe Ihnen die Speise gleich an den Tisch", sagte die junge Dame.
In dem Moment konnte Greta nicht sagen, warum sie sich für die Veranda entschieden hatte. Die Spontanität ihrer Antwort ordnete sie später ihrem unterbewussten Erfahrungsschatz zu.
Sie schnitt ein Stück von ihrem Schnitzel ab, kaute genüsslich und sah verträumt durch die Scheiben in den wolkenlosen Himmel. Ein flatternder Schatten bewegte sich über die Terrasse. Eine riesige Silbermöwe landete auf der Haube eines Strandkorbes direkt ihr gegenüber. Das Schauspiel, das sich dann bot, ließ sie schmunzeln. Ihre spontane Entscheidung, nicht draußen zu speisen, war genau die Richtige gewesen. Direkt gegenüber im Außenbereich des

“Strandcafé“ nahm ein Ehepaar Platz. Die Dame bereitete den Strandkorb vor, polsterte die rot-weiß gestreifte Sitzfläche mit ihrer Steppweste ab, schob den Tisch etwas vor, prüfte die Beinfreiheit. Dann kam der Göttergatte mit einem voll beladenen Kuchentablett, Latte macchiato und einem Pilschen zurück. Die Möwe korrigierte ihre Position, hüpfte einen Strandkorb näher an das Möwenbuffet heran. Sie drehte ihren Kopf, hielt ihn leicht schräg und eines ihrer Augen nahm eine direkte Verbindung mit der Sahnehaube des Apfelkuchens auf. Wie im Zeitraffer sah Greta, was sich vor ihren Augen abspiele würde. Die Möwe hüpfte auf den Tisch einer Bierzeltgarnitur, dann auf den nächsten. Von dort trennte sie nur ein Fußmarsch von zwei oder drei Hüpfern vom Sahnehäubchen. Das zaghafte „Sch-sch-sch“, mit dem man in unseren Breitengraden gerade mal ein Spätzchen oder eine Meise verscheucht hätte, verpuffte im Nichts. Die Möwe wagte sich noch etwas näher heran. Abgebrüht, furchtlos und touristenerfahren, dachte Greta und fragte sich, ob es die gleiche Möwe sei, die schon im letzten Jahr die Pommes frites der Gäste von den Tellern geklaut hatte.
Silbermöwen sind Zugvögel und kehren an ihre Brutstellen zurück, dachte sie. Aber wie es schien, kehrten sie auch an ihre äußerst lukrativen opulent gedeckten Futterstellen zurück. Als sich schließlich der Mann in voller Körpergröße erhob und über seinem stattlichen Bauch kräftig in die Hände klatschte, breitete die Möwe, die durchaus die Größe eines ausgewachsenen Rauhaardackels hatte, ihre Flügel aus. Wie selbstverständlich nahm sie einen Schnabel voll Sahne und hüpfte auf den Boden. Greta sah aus dem Augenwinkel eine Kinderhand verschwinden, die ein Eishörnchen vor Schreck unfreiwillig auf den Pflastersteinen deponiert hatte. Mit zwei Schnabelbissen waren die Waffel und das Eis ebenfalls verschwunden. Die Möwe schien sich auch für den Apfelkuchen zu interessieren und bewegte sich furchtlos darauf zu.

Gretas Schutzmechanismus hatte also funktioniert. Mit Erschaudern dachte ich an die Situation zurück, als ihr mitten im Westdorf, im Fischrestaurant "Mittendrin" eine Silbermöwe ihre leckere Scholle vom Teller geholt hatte, noch bevor sie diesen auf ihrem Tisch abgestellt hatte. Der Schrei der Möwe, vielleicht auch ihr eigener, der Luftzug des Flügelschlags, das Scheppern von Besteck, Porzellan und Glas. Eine schreckliche Situation.
In diesem Moment erklang eines ihrer persönlichen Familienurlaubslieder aus der Musikanlage des Restaurants, "City Lights" von Sade. Geschützt hinter Glas speiste Greta weiter, erfreute sich an der Musik, die sie spontan an viele schöne Orte der Welt katapultierte, an denen sie mit ihren Lieben Urlaub gemacht hatte. Dass das Schnitzel nichts mit vegetarisch zu tun hatte, verdrängte sie. Es schmeckte köstlich.

Die letzten Kapitel des Buches geschafft, machte sie sich gegen acht Uhr wieder auf den Weg. Der Sonnenuntergang, der zu erwarten war, durfte nicht ohne sie stattfinden.

Ist die Wetterlage stabil, muss auch kein Text mit dem Wetter anfangen. Wegen des anstrengenden Lesetages hatte Greta es versäumt, einzukaufen. Aber das sollte wirklich kein Problem sein. Der Weg führte sie zum Bäcker. Sie freute sich auf das Frühstück von fremder Hand zubereitet. Aber leider hatte sie ihre Schreiberei im Bademantel etwas zu lange festgehalten. Sie war zu spät daran.
„Ach, weil Sie es sind und weil das Wetter heute so schön ist", sagte die Dame hinter der Theke. „Nehmen Sie Platz, ich mach Ihnen ein Frühstück komplett."
Greta kannte die Frau hinter der Theke gar nicht, war aber hocherfreut über ihr Entgegenkommen.
Ihren selbstauferlegten Anspruch an die täglich zu absolvierenden Kilometer warf sie für den Tag über den Haufen. Sie ging zum Strand, mietete sich einen Strandkorb und ließ es sich an diesem

sommerlichen Frühlingstag gut gehen. Nichts tun, nichts denken, nur sein. Es wurde ein völlig entschleunigter Tag, ein perfekter Urlaubstag, von dem sie im Urlaub aber nur wenige vertragen konnte. Greta saß im Strandkorb, ließ sich vom Rauschen der Wellen langsam in den Schlaf geleiten. Selbst nach dem Erwachen griff eine angenehme Trägheit nach ihr, ohne das Gefühl, etwas verpasst zu haben oder jederzeit aktiv sein zu müssen. Sie döste weiter vor sich hin. Denn als sie begriff, dass ihr diese Momente guttaten, schaffte sie es auch, sie lange festzuhalten.

Die Abendsonne genießend saß sie vor dem "Baltrumer Balje". Je weiter sich die Sonne dem Horizont näherte, desto stärker traten die Farben hervor. Die kleine verschlafene Welt Baltrums wurde mit einem Bronzeton überzogen. Stille legte sich sachte wie ein leichtes Tuch über die Insel. Vereinzelt kreischten Vögel, doch schließlich verstummte auch das Gekrächze der Dohlen und Raben. Hier und da kam eine Katze aus dem Gebüsch und schlich in geduckter Haltung neugierig an ihr vorbei. Gerne hätte sie sich länger dieser Abendstimmung hingegeben, aber sie konnte sich nicht dagegen wehren: Ihre Gedanken beschäftigten sich mit dem nächsten Tag, denn ihre schöne Zeit auf Baltrum ging dem Ende entgegen. Morgen um Viertel nach zwölf hießt es Abschied nehmen. Es fiel ihr schwer, daran zu denken, der Insel den Rücken kehren zu müssen, besonders weil das Wetter so schön war und sie mit solch sommerlichen Tagen gar nicht gerechnet hatte. Es war die zweite Sommerwoche in diesem Jahr, die sie genießen durfte – dabei war es erst April. Während die Tage in Dubai, Abu Dhabi und Muskat ihr Sommerwetter vom Feinsten präsentiert und sie dieses als selbstverständlich betrachtet hatte, waren diese sommerlichen Tage auf Baltrum ein Geschenk.
An diesem Morgen war sie im "Achtern Diek", bei ihrem Vermieter. Sie musste den Kurbeitrag bezahlen. Online von zuhause dieses zu erledigen, hatte leider ebenso wenig geklappt wie die Buchung

eines Fährtickets. Das Ferienhaus gefielt ihr auch. Es lag in zweiter Reihe mit Blick auf das Wattenmeer. Sofort konnte sie sich vorstellen, dort auch einmal zu wohnen. Es ist größer und duckte sich direkt hinter den Deich. Mal sehen, was das Jahr so bringt, überlegte sie. Vielleicht fahre ich wieder nach Baltrum. Der September wäre gut.
Ihr Schrittzähler, den sie seit über einem Jahr regelmäßig trug, lieferte ihr ein grandioses Ergebnis. Sie war halt ein Kontrollfreak, ein Statistiker. Statistik war damals während des Studiums ihr Lieblingsfach gewesen. Auf dieser Insel läuft und läuft man ohne lange Strecke vor Augen zu haben, ohne ein konkretes großes Ziel anzuvisieren. Immer wieder hatte sie ihre Wege unterbrochen und gelesen. Aber ihr Schrittzähler notierte jeden ihrer Schritte und addierte sie. Greta wunderte sich, wie man auf einer solch kleinen Insel in einer Woche so viele Kilometer ansammeln konnte.
Viele Geschäfte hatte sie in dieser Woche nicht von innen gesehen. Sie plante vor der Abreise einen kleinen Einkaufsbummel im Westdorf. Für eine Freundin kaufte sie ein Fläschchen Eierlikör, selbstverständlich nach friesischem Rezept. Es gab so viele tolle Sachen auf der Insel. Greta war echt begeistert, wie in jedem Jahr, aber sie wusste, es wären alles nur Lustkäufe und ihre Wohnung daheim kam an die Kapazitätsgrenzen. Eine winzige Kleinigkeit nahm sie als Erinnerung an die schöne Urlaubswoche dennoch mit. Diesmal war es ein kleiner grauer Rucksack mit einem weißen Stern. Dann entdeckte sie ein Paar Ohrringe, die ihr gefielen, und kaufte auch diese. Max bekam auch einen neuen Stein. Es war für sie jedes Mal ein winziges Zeichen, ihn an ihren Urlauben teilhaben zu lassen.
Die Ruhe, das Licht und die Schönheit der Insel ließen sie melancholisch werden. Klar drängt sich oft der Gedanke auf, wie schön es wäre, mit ihm zusammen dort Urlaub machen zu dürfen. Aber das war und blieb ein flüchtiger Gedanke. Greta war alleine und erkunde die Welt für sie beide zusammen. Bevor die Stimmung in eine negative umschlagen konnte, ging sie in eine neue Planung

über. Es wurde ihr bewusst, dass die Woche zu kurz war. Manchmal kamen ihr zwei Wochen zu lange vor. Aber diesmal wäre sie gerne etwas länger geblieben. Sie hätte gerne weitere kleine Touren gemacht. Zum Beispiel die Bootstour rund um die Insel mit der kleinen Baltrum-Fähre hätte sie gerne noch einmal gemacht. Diese fand im Moment immer nur dienstags statt. Am Urlaubsanfang hatte Greta sie leider verpasst. Die Woche hat nun mal nur einen Dienstag. Auch eine Wattwanderung hatte sie immer noch nicht gemacht. Dieses Event stellte sie wieder hinten an wie sonst auch. Sie konnte sich nicht vorstellen, dass es Spaß machen konnte durch diese gigantische Fläche Matsch zu laufen, auch wenn es zum Weltnaturerbe gezählt wurde. Beim nächsten Mal, dachte sie und merke, dass sie sich erneut Gründe lieferte, wieder zurückzukehren zu müssen.

Es fiel schwer, sich von dieser kleinen liebenswerten Insel zu verabschieden. Wehmut schwang mit. Sie trat durch das Deichschart im Westdorf. Das Meer lag in voller Schönheit vor ihr. Es war Ebbe. Unter blauem wolkenlosem Himmel erstreckte es sich bis zum Horizont. Die Wellen liefen in stoischer Gelassenheit immer wieder auf den Strand. Einige Sandbänke lagen frei. Greta prägte sich das Bild ein. Die Treppen von der Promenade hinab zum Strand waren mit Sand bedeckt. Der Wind reichte nicht aus, um die Stufen frei zu pusten. Das Knirschen und Knacken der Muscheln unter ihren Turnschuhen bereitete ihr ein leichtes Schaudern. Jeder Schritt kam ihr so zerstörerisch vor. Schließlich zertrat sie perfekte kleine Muschelschalen und Schneckenhäuser, die sich über so eine lange Zeit gebildet hatten. Sie lief lieber durch den Sand, da war der Prozess der Zerstörung nicht mehr so offensichtlich. Ihre Fersen drückten sich tief in den feuchten Sand. Die Kuhlen, die sie hinterließ, füllten sich mit Wasser. Es war schön, barfuß entlang des Meeressaumes zu laufen, aber diesmal wollte sie die Turnschuhe nicht ausziehen, denn in weniger als zwei Stunden musste sie auf der Fähre sein. Da war das ordentliche Säubern der Füße nicht mehr

gut möglich. Sie lief so weit, bis das Strandkorbareal aufhörte. Im Sommer war es der Strandabschnitt D, das Ende des Hundestrandes. Dort ging sie wieder hoch zu den Dünen. Die einzelne Bank am Ende der Strandkorbfläche war nicht besetzt. So ließ sie sich dort nieder und machte wieder ein Foto. Ähnliche hatte sie hundertfach in ihren Dateien. Ja, nur ähnliche. Selbst wenn man mit einem Schnellauslöser mehrere Fotos hintereinander machte, keines war hundertprozentig gleich. Jedes Bild ist schließlich ein Unikat.
Über dem Gras der Dünen waren drei bunten Wimpel zu sehnen, ein Zeichen, dass "Die letzte Raststätte vor Helgoland" geöffnet hatte. In den Genuss einer Portion Milchreis mit Zucker und Zimt in dieser Woche zu kommen, schien näher zu rücken. Dort eine Pause zu machen und den letzten Cappuccino auf der Insel an dieser Haltestelle zu trinken, trieb Greta voran. Auf einmal ging ihr ein Licht auf. Sie dachte an die Begegnung mit der alten Dame. Hatte sie wirklich geglaubt, dort sei eine Rast- beziehungsweise eine Haltestelle, an der ein Bus halten, der sie nach Helgoland bringen würde? Greta musste unwillkürlich lachen. Welch seltsame Assoziation auf einer autofreien Insel.
Sie balancierte ihre Tasse nach draußen in die Sonne und setzte sich auf eine Bank. Milchreis gab es nicht. Schließlich wurde dort kein Milchreis aus dem Tetra-Pack in der Mikrowelle erwärmt serviert. In dieser Imbissbude wurde alles frisch zubereitet. Es dauerte nicht lange und sie kam ins Gespräch mit den beiden Urlaubern, die dort ebenfalls genussvoll ihre Gesichter der Sonne entgegenstreckten. Der Mann kam aus Berlin. Er war auch auf seiner Baltrumer Abschiedsrunde. Die Frau war gar keine Touristin. Sie arbeitete während der Saison von März bis Oktober auf der Insel. An diesem Tag hatte sie frei und wanderte durch die Dünen und über den Strand. Sie hatte eine Anstellung auf der Insel bekommen. Die Dame lobte das Arbeitsklima und ihren Chef. Familiär, sozial, lustig, drei Begriffe, die ihren Job, der ihr sehr viel Spaß machte, beschrieben. Es ergab sich, dass Greta ihr von ihren Aufenthalten auf der Insel

erzählte und auch von dem Zufall berichtete, der sie nach Baltrum geführt hatte. Auch sie gab Greta Einblick in Stationen ihres Lebens. Eine gegenseitige Sympathie schien zwischen ihnen zu existieren. Greta bedauerte, dass sie diese Dame nicht eher kennengelernt hatte. Diese Frau hatte ein bewegtes Leben hinter sich und schien recht entschlussfreudig zu sein. Ihre Erzählungen faszinierten Greta. Geboren in Hamburg, fünfzehn Jahre in Eckernförde bei der Bundesmarine stationiert. Dann der Liebe wegen nach Dänemark. Selbst die dänische Sprache hatte sie sich angeeignet. Leider hielt die Beziehung nicht. Sie kam zurück nach Deutschland. Als ihre Tochter eine größere Wohnung suchte, überließ sie ihr die ihre. Sie verkaufte alles, was die Tochter nicht haben wollte, behielt nur wenige Erinnerungsstücke. Mit einer gepackten Reisetasche kam sie nach Baltrum. Dann lernte sie ihren jetzigen Mann kennen. Er ist selbstständiger Erlebnispädagoge und hat über die Sommermonate sehr viel Arbeit, erzählte sie. Den Begriff *Erlebnispädagogik* hatte Greta bis dahin nie gehört.
Sie erzählte, dass sie sich arrangierten. Sie verbrachte diese arbeitsreichen Wochen auf Baltrum mit einem Job, der ihr Spaß machte, und er hielt sich in Wäldern mit seinem Traumjob auf. Den Winter über verbrachten sie dann zusammen in Deutschland. „Wir führen eine Halbjahresehe", sagte sie.
Schließlich musste sich Greta auf den Weg machen, am "Baltrumer Balje" ihre Reisetaschen auf die Wippe laden und dem Hafen entgegenstreben. Sie war gut in der Zeit, stellte ihr Gepäck in den Container und merkte sich diesmal sogar die Nummer. Die leere Wippe stellte sie im Bereich der passenden Hausnummern ab und konnte sofort an Bord gehen. Früher hatte sie stets einen Abschiedsmilchkaffee im Hafencafé getrunken. Aber da die neuen Servicekräfte zwar nett waren, aber nicht mehr so herzlich und sie nur eine No-Name-Touristin war, zog es sie dort nicht mehr so oft hin.
Die Fähre lief in den Hafen von Neßmersiel ein. Greta stand an der Reling und entdeckte ihren Wagen in der ersten Parkreihe im

Hafenbereich. Es gab zwar viele silberne Autos, aber sie erkannte das Nummernschild. Das Auschecken ging problemlos über die Bühne. Keine Zeitverzögerung, kein Stress.
So war sie schnell auf der Fahrt nach Hause. Die CD von Melanie Raabe kaufte sie sich später auf der anderen Seite der Autobahn Richtung Ruhrgebiet. Da hatte sie Zeit, das neue Hörbuch zu genießen.

Vom Zeithaben und vom Ostfriesenrecht, von *Baltrum for Future!*, von Becherwanderungen und vom Platz des himmlischen Friesen, vom Flugverkehr und vom Wechsel der Jahreszeiten

Endlich wieder auf Baltrum. Es war Gretas zehnter Urlaub auf dieser kleinen Insel in den letzten sieben Jahren. Die Faszination hatte wieder zugeschlagen. Baltrum begrüßte sie mit Kaiserwetter. Leichter Wind, Sonne, Wärme und das im September, aber erwartet hatte sie den Herbst.

Ihr Vermieter stand am Hafen. Wie beim letzten Mal fiel die Begrüßung sehr wortkarg aus. Ein schlichtes, aber freundliches „Moin" wurde gewechselt und damit war erst einmal alles gesagt.

Diesmal hatte sie die Nummer des Gepäckcontainers sofort parat, in den sie in Neßmersiel ihren Koffer gestellt hatte. So zwingend nötig war es allerdings nicht. Erstens kamen im Herbst keine Touristenströme auf die kleine Insel, die für Chaos hätten sorgen können und zweitens hatte Greta Zeit. Ein großes Glück auf der Insel war, *Zeithaben*, von der Ankunft bis zur Abreise.

Der Koffer war schwer. Aus dem Container heraus bekam sie ihn schon, aber ihn so weit anzuheben, um ihn auf die Transportwippe zu stellen, gestaltete sich da schon etwas schwieriger. Es war nicht nötig, sich hilfesuchend umzublicken. Ein junger Mann des Hafenpersonals war umsichtig genug und stellte das schwere Gepäckstück mit einem Handgriff auf ihre Wippe. Hilfe von Mitreisenden war da eher nicht zu erwarten. Sie nahm sich vor, beim nächsten Mal wieder zwei Reisetaschen zu packen. Oh Gott, dachte sie, da ich habe gerade knapp dreißig Schritte auf Baltrum absolviert und denke schon ans Wiederkommen.

Nach nur wenigen Meter auf dem Weg vom Hafen Richtung Westdorf begleitete sie der unvergleichliche Duft der Inselrosen. Er

nebelte sie ein. Greta schloss die Augen, atmete tief. Sie taumelte leicht. Der Duft und das Wandeln mit geschlossenen Augen waren wechselseitig oder auch Hand in Hand dafür verantwortlich, warum Greta sich wie auf Wolken fühlte und dahinschwebte.
Schnell wechselte der betörende Geruch zu den strengen Ausdünstungen der Pferdeäpfel. Aber diese gehörten zu Baltrum dazu wie die Inselrosen.
Greta lief entlang der Salzwiesen und bog durch das Fluttor in Höhe des "Hotel Fresena" ins Westdorf ein. Sie blickte die Straße entlang und sah auf der linken Seite die große Fahne des Bundesligisten Hannover 96, ein Zeichen, dass "Capp&Ccino" geöffnet war. Eine Portion Softeistraum rückte in erreichbare Nähe. Nach einem Linksschwenker stand sie nach wenigen Metern vor ihrem Urlaubsdomizil, dem "Baltrumer Balje".
Das Auspacken ging schnell. Dann war Greta wieder unterwegs. Ihr Ziel: das Meer. Der erste Blick auf das Meer war immer der schönste. Die Flut hatte ihren Höchststand erreicht, die Brandung war relativ stark. Bei 16° Wassertemperatur tummelten sich einige Urlauber in den Wellen. Die Wassersoberfläche war nicht glatt, sie sah kabbelig aus. Kleine weiße Gischtkronen dekorierten die blaue Fläche. Selbst der Horizont war uneben, so als hätte jemand mit zitternder freier Hand die Grenze zwischen Himmel und Nordsee gezeichnet.
Ihr Spaziergang führte oberhalb des Strandkorbareals durch die Dünen in den Osten der Insel. Als sie in die Nähe der Kajak-Station kam, zog es sie an den Strand. Musik war dafür verantwortlich, dass sie den Weg verließ und durch den weichen Sand stapfte. Untypische Musik für die deutsche Nordseeküste. Dudelsackmusik. Auf der Fähre war ihr ein junger Mann im Schottenrock aufgefallen. Genau dieser Bursche stand vor den Strandkörben, mit dem Rücken zum Meer, und pustete mit bis zum Platzen aufgeblähten Wangen Luft in das Musikinstrument. Sein grünkarierter Faltenrock wehte im Wind. Die schottischen Melodien lockten einige Urlauber, die die

warmen Sonnenstrahlen genossen, aus ihren Strandkörben. Fotoapparate wurden gezückt. Eine eigenwillige Szene. Greta ließ sich in einem freien Strandkorb nieder und lauschte dem unverhofften Ständchen. Sie nickte tatsächlich ein.

Ein Kaffee und zwei Flaschen Mineralwasser hatten gereicht, um auf die Insel zu kommen, aber inzwischen meldete sich Gretas Magen. Im "Strandcafé" war nicht viel los. Draußen in einem Strandkorb hätte sie sitzen können, Doch sie erblickte die dicke Möwe. Diese hatte ihre Saison bisher nicht beendet. Sie hockte auf dem neugedeckten Reetdach des "Strandcafés" und schaute gierig, was da so Leckeres auf den Touristentellern lag.
Im Innenraum hatte sich etwas geändert. Die Speisekarten waren zwei große Monitore, die fast unter der Decke hingen. Darauf konnte man digital lesen, was serviert wurde. Irgendwie nicht sehr originell und schon gar nicht gemütlich. Auch bestellen konnte man nur noch an der Kasse, bezahlte und bekam so ein blödes Gerät mit an den Tisch, das ein hässliches Geräusch abgab, wenn die Küchenhilfe die Speise aus der Mikrowelle zog. Greta bestellte sich einen vegetarischen Bulgur-Auflauf mit Gemüse und Balkankäse. Kein typisches ostfriesisches Gericht, aber es war die einzige Speise, die sie als vegetarisch akzeptieren konnte. Die türkische vegane rote Linsensuppe war von der Speisekarte verschwunden. Einen Berg Pommes betrachtete sie nicht als ein vegetarisches Gericht. Klar lachte Greta auch eine Currywurst mit Pommes frites an, aber die Zeit war lange vorbei, dass sie sich mit diesem fettigen Zeug vollstopfte.

Es zogen einige Wolken auf. Gesunde Trägheit und Müdigkeit setzten ein, die Greta in ihre Ferienwohnung drängten. Ein kleines Nickerchen und dann das erste Buch, war ihr Plan.
Am Abend raffte sie sich auf und ging zum Meer. Der Sonnenuntergang an diesem ersten Abend auf der Insel war spektakulär.

Sonnenuntergänge sind seltsame Erscheinungen, egal, an welchen Ort der Erde man gebannt auf sie starrt. Sie lösen immer Emotionen aus und tragen dazu bei, gedanklich in Regionen abzutauchen, die sonst verborgen bleiben. Die Sonnenuntergangshütte am "Strandhotel Wietjes" war geschlossen. Aber die Sonne strebte an diesem Abend auch ohne ein Gläschen Sekt in der Hand dem Horizont entgegen.
Zu ihrem Erstaunen stellte Greta fest, dass nur wenige Menschen sich dieses Naturschauspiel ansahen. Warum die Mehrzahl der Touristen auf der Insel an diesem Tag keinen Blick für diese Schönheit übrig hatte, blieb eine unbeantwortete Frage.

Wieder war es die Musik, die Greta aufhorchen ließ. Die Klänge eines Schifferklaviers zogen ihre Aufmerksamkeit auf sich. Sie lief die Deichanlage Richtung Norderney entlang und sah dann eine Gruppe Menschen, die sich um den Musiker mit der Quetschkommode gruppierten. Die letzten Strahlen der Sonne auf den Gesichtern sangen sie zu musikalischer Begleitung. Es waren altbekannte Melodien, aber Greta konnte nicht mitsingen, denn die Texte zählten nicht zu ihrem Repertoire. Irgendwie hörten sie sich wie Protestsongs an.
Sie entfernte sich schließlich wieder und kehrte in die Stille der Insel zurück. Das letzte rote Fetzchen der Sonne tauchte in die Nordsee ein.

***

Es war beinahe halb elf vormittags. Greta saß in einem rot-weißgestreiften Strandkorb am Ende des Hundestrands. Kein Hund war weit und breit zu sehen. Nur wenige Menschen liefen am Meeressaum entlang. Na ja, es war bewölkt, da blieben viele Urlauber, wie es aussah, länger in ihren Ferienbetten liegen.

Es war mäßig windig, nicht kalt und Ebbe. Die Wellen brachen mit Getöse an der weit draußenliegenden Sandbank. Diese unendliche Weite war auch bei bedecktem Himmel beeindruckend. Die Luft roch salzig und nach Meer. Ob die Algen diesen typischen Geruch verbreiteten? In der Ferne sah sie eine Gruppe Menschen, die sich an der Strandgymnastik beteiligen. Greta beobachtete die Sportler, überwiegend Frauen. Aber sie bewegten sich sehr langsam – fast wie in Zeitlupe. Dann erkannte sie Figuren und Körperhaltungen aus asiatischen Bewegungsritualen. Sie machten keine richtige Strandgymnastik, es war eine Mischung aus Tai Chi und Qigong. Die Teilnehmer standen auf der Stelle und demonstrierten Konzentration und Kampfkunst. Aber sie schienen auch zu meditieren. Tja, was ist richtige Strandgymnastik?, überlegte sie. Eigentlich ist es doch egal, wie und wo man sich bewegt, Hauptsache man bewegt sich, und es wirkt sich positiv auf Körper und Seele aus.
Greta machte sie sich wieder auf den Weg. Ihr Bewegungsdrang wurde vom Laufen kompensiert. Auf der Seehund-Sandbank war mächtig was los. Warum laufen da so viele Menschen herum? Können sie die Tiere nicht in Ruhe lassen? Reicht es nicht aus, dass man sie von der Fähre aus sehen kann? Müssen die Ausflugsboote so nahe heranfahren und müssen die Touristen aussteigen? Greta war froh, nie an so einer Tour teilgenommen zu haben. Warum mussten die Menschen so nahe an die Seehunde heran? Sie verstand es nicht. Das ultimative Foto, das die Gäste dort schossen, verschwand in den Tiefen ihrer Dateien und würde von den meisten Fotografierwütigen nie wieder angesehen. Das war so sicher wie das Amen in der Kirche. Warum ließ man den Tieren nicht den geschützten Raum des Wattenmeeres? Es konnte nur dem Tourismus geschuldet sein und der Auslastung des Bootes. Aber Gretas Herz schlug da eher für die Robben als für die Bootseigner.
Es fiel ihr ein, dass sie in Vorfreude auf Baltrum in einer Facebook-Gruppe gelesen hatte, dass darum gebeten wurde, das am Strand aufgefundene tote Robbenbaby nicht anzufassen und vor allem die

Hunde zurückzuhalten. Die Steigerung war dann die Bitte, den toten Heuler nicht zu berühren, und sich nicht damit fotografieren zu lassen. Wie krank ist das denn?, hatte sie sich damals gefragt. Das Bild von dem toten Heuler auf dem Arm eines grinsenden Touristen blitzte auf. Schrecklich.

Zügig machte sich Greta auf den Weg zur evangelischen Kirche. Dort fand um zwölf Uhr eine Andacht statt. Es war die Auftaktveranstaltung zum Klimastreik, zu dem an diesem Tag weltweit aufgerufen wurde. Sie war gespannt, was die kleine Insel Baltrum dazu beitragen würde.
Die Kirche war so gut wie leer, als sich Greta in eine der mittleren Reihen setzte. Aber es waren noch einige Minuten bis zwölf Uhr. Dann läuteten auf Baltrum, wie fast überall in Deutschland, alle Glocken, das verabredete Zeichen, das den Klimastreik an diesem Tag im wahrsten Sinne des Wortes einläuten sollte. Die Kirche füllte sich. Schließlich waren mehr als fünfzig Personen anwesend. Greta war sich sicher, eine stattliche Anzahl Baltrumer Bürger wenigstens von Ansehen zu kennen. Aber von den anderen Personen, die sich wie bunte Pixel in der Kirche verteilt hatten, glaubte sie, niemanden jemals gesehen zu haben. Wenn man die typische Touristenbekleidung an einem Tag mit wolkenverhangenem Himmel berücksichtigte, waren auch nicht viele Urlauber unter den streikenden Personen.
Das Thema des Wortgottesdienstes war die Schöpfungsgeschichte. In Etappen wurde sie vorgetragen. Nach jedem Tag der Schöpfung folgte eine Erklärung oder besser ein Vergleich mit Baltrum, dem Wattenmeer und der Nordsee in konkretem Sinn. Die Aufgabe der Menschen ist die Bewahrung der Schöpfung, war die eindeutige Schlussfolgerung.
Greta staunte immer wieder, weil sie Informationen erhielt, die sie sich nicht vorstellen konnte und sie nie damit gerechnet hatte, dass diese traurige Realität so nah war. Klar hatte sie Bilder in den

Medien gesehen, die die extremste Form der Meeresverschmutzung zeigten. Diese Plastikinsel-Bilder hatten sie vor Wochen total geschockt. Sie gestand sich ein, dass sie daran gedacht hatte, dass diese Bilder ein Fake seien, wie vieles in der Presse, das ihre Vorstellungskraft überstieg.
Aber in der Kirche erfuhr sie, dass es unweit der Insel einen Strand gab, da bestand der Sand zu achtzig Prozent aus Kunststoffgranulat. Man läuft darüber und merkt es nicht einmal. Sie beschloss, als weitere kleine, wenn nicht gar winzige Maßnahme zum Klimaschutz, im Sinne ihrer eigenen Ökobilanz auf Fleece-Kleidung zu verzichten, die die Hauptverursacher dafür ist.
Die Pastorin bat nach der Andacht in das Gemeindehaus zur Begegnung und zum Gespräch. Sie lud alle zu einem Tee ein, oder besser zu zwei oder drei Tassen Tee.
„Drei Tassen Tee sind Ostfriesenrecht", sagte sie.
Der Tee schmeckte wirklich grandios. Ins Gespräch mit einem Touristen kam Greta schließlich auch. Dieser war neben einem Kurzurlaub zu einer Tagung auf der Insel. Es ging um Ökostrom, Solar- und Windenergie. Dann erkannte sie auch die Sängergruppe vom Deich wieder. Die Verbindung zu den Protestsongs wurde ihr klar.
In vielen Teilen der Welt wurde gestreikt. "Fridays for Future" hatte die Jugend auf die Straßen getrieben, und viele Erwachsene schlossen sich dieser Aktion der jungen Menschen an. Auf der Insel stand auf den Plakaten *Baltrum for Future!*
Die Kundgebung, die später mitten im Westdorf, umzingelt vom Rathaus, dem "Sturm-Eck" und dem "Stadtlander", stattfand, lockte Baltrumer wie Touristen aus den Löchern. Als Greta darüber nachdachte, warum der Versammlungsplatz auf den Plakaten als *Platz des himmlischen Friedens* bezeichnet wurde, musste sie lachen. Die Redewendung: *Wer lesen kann, ist klar im Vorteil*, bekam für sie eine Bedeutung. Es stand dort nämlich *Platz des himmlischen Friesen.*

Mehr als zweihundert Menschen drängten sich dort. Plakate wurden in die Höhe gehalten. Redner traten an das Mikrofon. Greta stellte fest, dass einige Touristen schon etwas merkwürdig aus ihren Kapuzen herausschauten. Da hatte sie das Thema Klimaschutz tatsächlich in ihrem wohlverdienten Urlaub eingeholt. Zudem erkannte Greta auch Menschen, die sie im Laufe der Zeit kennengelernt hatte.

Wünsche wurden laut, Veränderungen angekündigt. Zusicherungen erteilt – alles im Sinne von Umweltschutz.

Zum Beispiel soll demnächst ein Kaffee am Hafen ausgeschenkt werden, und an jeder anderen Kaffeestation auf der Insel kann später der leere Becher wieder abgegeben werden. Coffee to go im Pappbecher wird es bald nicht mehr geben. Baltrum soll eine pappbecherfrei Zone im Wattenmeer werden. Die neuen Mehrweg-Kaffeebecher begeben sich auf eine Wanderung über die Insel.

Greta dachte an ihre Überfahrt nach Baltrum. Ihr schräg gegenüber hatte eine Großfamilie gesessen. Sie hatten mehrere Bänke belegt. Zur Einstimmung auf einen schönen Urlaub hatte das Oberhaupt der Familie eine Stange Plastikbecher heraus geholt und allen ein Getränk eingeschenkt. So weit so gut, aber als sie aufgestanden waren, waren die Becher, unter den Bänken zurückgelassen, ein Spiel des Windes geworden. Ein anderer Fahrgast hatte auf die bunten Becher hingewiesen. Aber niemand hatte den Müll aufgehoben. Kopfschüttelnd hatte der Gast „Banausen“ geraunt und die Becher, die ihm direkt vor die Füße gerollt waren aufgehoben und zum Mülleimer getragen.

Greta hatte sich diese selbstgefälligen Gesichter gut gemerkt. Sie suchte diese Urlauber unter den Streikenden. Sie waren definitiv nicht da.

Dann ergriff ein Mann das Wort, der sich als studierter Dozent in Sachen Solarenergie vorstellte. Er war der Vorsitzende eines Fördervereins von Solartechniken. Er forderte von der Bundesregierung, die Deckelung der Solarenergieförderung aufzuheben, und

erklärte dieses Ausbremsen als absolutes No Go. Interessiert hörte Greta zu. Sie hatte nie von der Solarenergiedeckelung gehört. So, wie der Herr es darstellte, machte aber Sinn, was er erzählte.
Ein Mitglied der Gemeindeverwaltung versprach, dass Baltrum keine E-Roller-Erlaubnisse erteilen würde und das große Ziel ein CO2-freies Baltrum sei. Baltrum soll die erste komplett CO2-freie ostfriesische Insel werden.
„Wir arbeiten daran", sagte er.
Greta war eine junge Dame aufgefallen, die ein Schild in die Höhe hielt und forderte, keine Flieger mehr auf Baltrum landen zu lassen, ausgenommen Rettungsflieger.
Dann traten drei Mitglieder der Inselrockgruppe "Die Eiländer" auf. Dieser Gig mutierte zum Highlight der Veranstaltung. Die Begeisterung spiegelte sich auf allen Gesichtern. Der Klimaprotest rückte in den Hintergrund.
Erst als der Gitarrist sagte: „Wir spielen heute vegan, ohne Strom, also Verstärker und Mikrofon. Auch die Trommeln sind nicht mit Tierhaut bezogen und die Saiten der Gitarre sind keine Tiersehnen", traten Ökogedanke und Tierschutz wieder in den Vordergrund.
Greta entfernte sich von der Versammlung, machte einen langen Spaziergang über den Strand. Sie musste nachdenken, über Baltrum, den Klimaschutz, ihr Urlaubsverhalten und über ihre eigene Ökobilanz.
Mit einem Mal hörte sie die Frage des Tages aus dem Mund eines kleinen Mädchens. Die Kleine im Kindergartenalter hüpfte an der Hand ihres Vaters vergnügt neben ihm her. Mit den bunten Gummistiefeln und dem getupften Regenmantel sah sie echt niedlich aus. Der Wind fuhr ihr durch die blonden Locken.
Sie blieb stehen, sah zu ihrem Vater hoch stemmte ihre recht Hand in die Seite und sagte: „Papa, das hast du mir aber gerade toll erklärt, das mit dem Meer. Aber jetzt musst du mir erklären, wie die ersten Menschen geboren wurden und auf die Welt kamen."

Verblüfft blieb Greta stehen. Es beeindruckte sie, diese Frage aus dem Mund eines so kleinen Dötzchens zu hören. Sie überlegte, was der Vater antworten könnte? Ob er seiner Tochter erklären wird, dass alles Leben aus dem Meer kommt. Bedient er sich der Evolutionsgeschichte? Oder erzählt er ihr die Schöpfungsgeschichte? Greta drehte sich um, wollte in Kontakt zu den beiden treten. Aber sie waren verschwunden. Schade, jetzt würde sie nie erfahren, was der Vater seiner Tochter erzählt hatte.

Noch zwei Tage bis Herbstanfang. Der vorletzte Tag des kalendarischen Sommers wurde ein echter Sommertag. Der Himmel war blau, wie er blauer nicht sein konnte, und die Sonne steigerte die gute Laune aller Baltrumer Urlauber. Leicht bekleidet flanierten sie am frühen Morgen zu den Bäckern der Insel. Greta hatte auch ein T-Shirt eingepackt und sich mit drei dicken Pullis im Koffer abgeschleppt. Auch der dicke, weiche, flauschige, regenfeste Wettermantel hing in ihrem Baltrumer Kleiderschrank. Immer nahm sie die falschen Sachen mit in den Urlaub. Immer.

An diesem Tag war Laufen und Lesen angesagt, genau in dieser Reihenfolge. Das beste Fortkommen bot stets der feuchte Sand am Strand, wenn man Kilometer sammeln wollte. Dort konnte man zügig gehen, wurde nicht ausgebremst von langsamen Spaziergängern und musste auch nicht damit rechnen, von Kindern auf Laufrädchen oder Tretrollern erwischt zu werden. Nicht, dass das häufig auf der Insel vorkam, aber da am Strand auf dem Weg gen Osten wurde gar keine Aufmerksamkeit irgendjemandem gegenüber gefordert. Greta lief drauf los. Schnell nahm das Thema vom Vortag wieder Besitz von ihr. Was konnte sie glauben, von dem, was sie gestern alles auf der Versammlung gehört hatte? Was wollte sie glauben? Mit wem identifizierte sie sich? Wie sah ihre Ökobilanz aus? Wie konnte sie selbst dazu beitragen, das Klima zu schützen? Gut, sie hatte bereits einiges in ihrem Leben verändert. Diese

Veränderungen trugen nur dazu bei, dass sie sich besser fühlte und sich auf der Seite der Guten glaubte. Sie musste lachen über ihr eigenes Verhalten, wenn sie darüber nachdachte. Wenn sie Gäste hatte, benutzte sie keine Papierservietten mehr. Auch Wattestäbchen hatte sie aus ihrem Badezimmerschrank verdammt. Statt Plastiktrinkhalmen hatte sie sich welche aus Glas gekauft und musste diese Dinger fortan spülen. Sie hatte die Bequemlichkeit abgelegt und erledigte alles, was nur eben möglich war, zu Fuß und ließ das Auto auf dem Parkplatz stehen. Zudem hielt sie konsequent daran fest, den Müll zu trennen, auch wenn sie wusste, dass nur wenig von ihrem Plastikmüll den Weg in den Wiederverwertungsprozess zurückfand. Plastiktüten nutzte sie zum Transport ihrer Einkäufe schon jahrelang nicht mehr. Und wenn sie eine Flugreise buchte, kaufte sie sich frei, indem sie den freiwilligen Ökoaufschlag bezahlte. Pappbecher und Einweggeschirr nahm sie nicht mehr in die Hand. Einen Diesel fuhr sie auch nicht. Welche Peanuts im Vergleich zu den echten Dreckschleudern dieser Welt ...
Sie kam sich mit einem Mal so lächerlich vor, so klein, so machtlos. Nur ein Blick auf das Meer ließ diese Gedanken wieder in den Hintergrund rücken. Eine Schönheit, die beeindruckte. Was für eine Weite, Freiheit, Unendlichkeit! Ein Fischerboot fuhr parallel zur Küste. Der rote Rumpf hob sich klar vom blauen Meer ab. Die weißen Decksaufbauten reckten sich in den azurblauen Himmel.
Als sie oben auf der Düne stand, hatte sie einen gigantischeren Blick. Ein malerisches Panorama lag vor ihr. Sie fühlte sich demütig gegenüber der Natur. Dieses Schöne zu schützen, war nötig! Das wurde ihr schlagartig klar. Schon war er wieder da, der Gedanke an den Klimaschutz, an den Umgang mit der Natur und an der Umwelt. Sie würde sich dieser Gedankenwelt nur entziehen können, wenn sie sich ihr Buch vornahm und in andere Welten eintauchte. Zumindest war es ein Versuch.
Die erste Bank, die am Dünenweg lag, war besetzt. Ein sonnenhungriger Urlauber hatte es sich dort gemütlich gemacht. Sie hätte sich

neben ihn setzen können. Platz war da. Aber Greta wollte ihn nicht bedrängen und schon gar kein Gespräch führen. Sie wollte lesen.
Die nächste Bank lag total im Schatten. Der Morgentau war nicht abgetrocknet, obwohl die Sonne ihre wärmenden Strahlen auf der Insel verteilt hatte. Greta hatte nichts im Rucksack, um die Bank zu trocknen. Schließlich fand sie eine Ruhezone zum Lesen. Direkt neben einer kleinen Gewitterschutzhütte breitete sie sich aus. Die Jacke verschwand im Rucksack, das Tuch knotete sie an die Trageriemen. Ihr einziges T-Shirt kam zur Geltung. Greta nahm sich das ungewöhnliche Buch vor und war schnell in die Welt der Beduinen eingetaucht.
Schlürfende Geräusch näherten sich. Es hörte sich etwas unheimlich an. Dann war es wieder still. Nicht, dass Greta Angst hatte, aber sie senkte ihr Buch und konzentrierte sich auf ihre Umgebung. Diese schabenden Laute der Fortbewegung setzten wieder ein. Ein Pärchen tauchte zwischen den Inselrosenbüschen auf und blieb unschlüssig vor ihrer Bank stehen. Sie hielten sich an den Händen und sahen sie fragend an. Diese kurze Distanz zu ihr und das schweigende Anglotzen wirkte auf Greta merkwürdig.
„Moin“, versuchte sie, die Stille zu unterbrechen.
Aber die beiden grüßten nicht zurück. Noch nicht einmal die vier Buchstaben der ostfriesischen Höflichkeit kamen über ihre Lippen. Es sah aus, als hätten sie sich genau diese Bank ausgesucht, auf der Greta im Moment verweilte. Bitte, geht weiter, dachte sie. Setzt euch nicht neben mich. Ich will eure Geschichten nicht hören – und ich will euch auch keine von mir erzählen. Ich will nur meine Ruhe haben und lesen. Los, verschwindet! Heute ist kein Recherchetag.
Greta nahm das Buch wieder hoch und ihre Augen huschten über die Zeilen. Sie versuchte an den Buchseiten vorbeizuschielen und erhaschte einen Blick auf die Füße der beiden Dünenwanderer. Sie trugen Schlappen, die unzweifelhaft für das schabende Geräusch verantwortlich gewesen waren. Da machte sie die Erfahrung, dass es nicht unbedingt nötig war, neben Menschen auf einer Bank zu

sitzen, um ohne Gnade an deren Gesprächen beteiligt zu werden. Die beiden blieben vor ihr stehen und unterhielten sich, laut und emotional und beachteten Greta nicht. Was sie an verbalen Informationen preisgaben, passte nicht in die Welt ihres Buches , in die Greta gerne wieder eintreten wollte.
Jetzt geht schon weiter, dachte sie. Merkt ihr nicht, dass ihr mich stört?
Nein, sie merkten es nicht, denn sie setzten ihre Gespräche fort. Ihr Verhalten betrachtete Greta als unverschämt. Sie legte das Lesezeichen zwischen die Buchseiten und holte ihre Wasserflasche heraus. Mach ich halt eine Lesepause, dachte sie. Sie lehnte sich entspannt zurück, schloss die Augen, und tankte Sonne. Dem Pärchen schien der Gesprächsstoff nicht auszugehen. Wie in einer Blase gefangen waren da nur: Dünen, Sonne, Bank, Greta und die beiden Schlappenwanderer. Die Zeit schien stillzustehen. Mehrfach blinzelte Greta durch ihre Augenwimpern.
Schließlich schulterte sie ihren Rucksack und lief weiter. Als sie hinter den nächsten Büschen verschwunden war, hörte sie, wie der Mann zu der Frau sagte: „Hast du jetzt kapiert, was ich mit Freiquatschen meine? Komm, setz´ dich zu mir."

Greta machte Fotos von prallen roten Hagebutten, seltsamen Blüten und Krähen, die sie auf ihrem Weg begleiteten. Dann hörte sie wieder die schlürfende Geräusche hinter sich. Sie beschleunigte ihre Schritte, wollte sich von dem seltsamen Pärchen schnell weiter entfernen. Das Geräusch ließ sich nicht abschütteln. An einer Gabelung blieb sie stehen und wartete. Die beiden kamen, gingen schweigsam ohne Gruß an ihr vorbei. Sie wählten den rechten Weg. Diese Schlappen traten wieder in ihren Fokus. Für den Mann war es kein Komfort, in diesem Schuhwerk zu laufen. Immer wieder rutsche er aus den Tretern heraus und stolperte. An den Fersen waren sie stark abgeschabt. Warum trugen sie diese Birkenstockalternative zu Turnschuhen oder Wanderschuhen? Glaubt nur nicht, wenn ihr in diesem unebenen Gelände in ein Karnickelloch tretet, euch den Knöchel verstaucht oder ein Bein brechen solltet, dass ich euch dann weiterhelfen werde! Greta entschied sich für den linken sandigen Pfad. Leider dauerte es nicht lange und die beiden Wege trafen wieder aufeinander. Erst an der Aussichtsdüne trennten sie sich endgültig von dieser ätzenden Wanderbegleitung.

Greta schenkte einem kleinen gastronomischen Laden am Fuße der Aussichtsdüne ihre Aufmerksamkeit. In früheren Jahren war dort ein kleiner kioskartiger Lebensmittelladen untergebracht gewesen. Der erste Eindruck des Cafés war klasse. Leider stand sie vor verschlossener Tür. Montag Ruhetag und über Mittag war immer geschlossen. Greta merkte sich die Öffnungszeiten und beschloss, auf einer der nächsten Wanderungen da einzukehren.
Ein älteres Ehepaar stand ebenfalls vor der Tür. Wie es aussah, wären sie dort gerne eingekehrt. Aber sie nahmen die geschlossene Tür gleich zum Anlass, um zu nörgeln. Manche Menschen sind nicht zufrieden, wenn sie nichts finden, um kritisieren zu können.
„Wenn man nicht öffnet, kann man auch nichts verdienen“, sagte die Frau und schüttelte den Kopf. „Baltrum richtete sich mit seinen unterschiedlichen Öffnungszeiten zugrunde.“
„Sind Sie zum ersten Mal hier?“, fragte Greta, der das Gemecker auf den Geist ging.
„Ja“, antwortete der Mann.
„Na, dann merken Sie sich doch die Öffnungszeiten und kommen wieder, wenn geöffnet ist.“
Dieser Anspruch, immer und überall lautstark kritisieren zu müssen, ohne nach Gründen zu fragen, ging Greta gehörig auf die Nerven.
Sie bog um die Ecke. Zu ihrer großen Freude hatte “Feldmanns Fischecke“ geöffnet. Die wenigen Plätze waren alle belegt. Es gab sogar eine kleine Schlange vor dem Verkaufstresen. Greta entschied sie sich für ein Krabbenbrötchen to go. Selbst an diesem

abgelegenen Ort hatten die Anglizismen Einzug in die Werbung gehalten. Eher hätte sie erwartet, auf der schräg am Zaun angelehnten Tafel zu lesen: *Zum Mitnehmen*. Beides bedeutete: das Brötchen in eine Serviette eingebettet überreicht zu bekommen, um es unterwegs zu essen. Greta bat um eine kleine Pergamenttüte, weil sie nicht sofort in diese Köstlichkeit hineinbeißen, sondern sich erst eine geeignete Bank aussuchen wollte. Wenn ich keine freie finde, esse ich es halt in meinem Inselzuhause, überlegte sie.
An den Salzwiesen entlang lief sie der Sonne entgegen. Zufällig wurde ein Strandkorb neben einem Deichschart frei. So schaffte es das Krabbenbrötchen leider nicht bis zum "Baltrumer Balje". Der erste Hunger war gestillt.
Von Weitem sah sie, dass das "Capp&Ccino" geöffnet hatte. Dort genehmigte sie sich ein leckeres Softeis aus Schoko und Vanille, dazu einen Cappuccino vom Feinsten. Damit hatte sie einen Teil der wichtigsten Baltrumer Köstlichkeiten verspeist. Ohne störende Unterhaltungen, schabenden Schlappen und meckernden Gästen legte sie sich am "Baltrumer Balje" unter die lichten Bäume auf eine Gartenliege. Der Wind spielte mit den Birkenblätter und erzeugte ein leises Säuseln. Zarte Sonnenstrahlen suchten sich einen Weg durch die Baumkronen und erzeugten ein Spiel mit Licht und Schatten. Greta griff wieder zum Buch und vertiefte sich in die Zeilen.

Nur schwer konnte sie sich aus der spannenden Handlung des Buches befreien, aber ihr Körper rief wieder mal nach Bewegung. Das Buch im Rucksack stand sie auf dem Deich. Oh Gott, dachte sie, was für ein gigantischer Anblick. Es war mittlerweile wieder Flut. Die am Vormittag entdeckten Windkraftanlagen weit draußen auf dem Meer waren nicht mehr zu sehen. Sicher war dieser Windpark da, wo er vorher auch war, aber die Krümmung der Erdoberfläche und der gestiegene Meeresspiegel verhinderten die Sicht darauf.
Kitesurfer bewegten sich parallel zur Küste, auch Segelboote kreuzten über die Nordsee. Die rot-weiß-gestreiften Stangen, die den

überwachten Schwimmbereich abgrenzten, standen komplett im Wasser. Viele mutige Badegäste stürzten sich in die Wellen. Die Sonne war auf dem eindeutigen Kurs Richtung Horizont. Der Sonnenuntergang würde erneut ein sehr spektakulärer werden.
Ob Greta es schaffen würde, sich später am Abend dieses Naturschauspiel anzusehen? Das hing davon ab, welch kulturelles Angebot sie am Abend wahrnehmen würde. Aus dem Spektrum der Möglichkeiten entschied sie sich für das Buch.

Greta saß auf der Terrasse der "Teestube". Sie liebte es, dort zu verweilen. Da drängten sich die Urlauber nicht so wie im "Strandcafé", und sie musste auch nicht auf einer harten Bierzeltbank sitzen. Einen Strandkorb im "Strandcafé" zu ergattern war am Sonntagmittag eher unwahrscheinlich. Es waren auch sehr viele Tagesgäste auf der Insel. Die meisten davon steuerten dieses Speiselokal an. Die Strandnähe bei so einem Superwetter war sicher dafür verantwortlich. Das "Inselcafé" wäre in Sachen Speisen eine gute Alternative gewesen, aber das Sommerwetter war so gigantisch, dass es schade gewesen wäre, nicht im Freien sitzen zu können.
Den Blick in die Ferne gerichtet träumte Greta vor sich hin. Das Wattenmeer und die Hellerwiesen erstreckten sich in riesiger Fläche bis zum Festland. Zugvögel in Formationen zogen über den Himmel. Ein gigantisches Schauspiel.
Im Watt entdeckte Greta zwei dunkle Flecken, die sich bewegten. Es konnten nur Wattwanderer sein. Ohne ein Fernglas zu nutzen, sah es schon etwas merkwürdig aus, als die einzelnen Gruppen sich auflösten und kleine schwarze Pünktchen sich wie eine Karawane nach Westen bewegten. Es hätten auch geschäftige Ameisen sein können.
Auf der rechten Seite Richtung Hafen lag der kleine Baltrumer Flugplatz. Ein leises Surren erfüllte die Luft. Eine Propellermaschine erreichte von Westen her die Landebahn. Kurze Zeit später hoppelte eine weitere Maschine über die mit Gras bewachsene Landefläche.

Ein kleiner Flieger startete. Es wurden mittlerweile auch Rundflüge über die Insel angeboten. Dann erhob sich ein Ultralight-Trike in die Lüfte. Es erzeugte einen ohrenbetäubenden Lärm. Es hörte sich an, als würde ein Benzin-Rasenmäher am Himmel für einen ordentlichen Rasenschnitt sorgen. Kurze Zeit später startete der nächste Krachmacher. Greta versuchte, die Flugzeuge zu zählen. Mindestens zehn standen direkt unterhalb des kleinen Towers. So langsam schlich sich bei ihr das Gefühl von Rücksichtslosigkeit und Dekadenz ein. Wie war das Starten und Landen mit der CO2-Reduzierung zu vereinbaren, die am Freitag als das oberste Ziel für Baltrum verkündet worden war? Zudem waren alle stolz, dass Baltrum autofrei war. Das hohe Flugaufkommen war nicht zu akzeptieren. Irgendwie passte das nicht zum angestrebten Klimaschutz. Auch das Wort "Dornröschen" passte nicht mehr so ganz.

Die Messe an diesem Vormittag, die Greta in der St. Nikolauskirche besuchte, war eine besondere. Sie hatte in dieser Form bisher keine Messe erlebt. Es war eine ohne Priester. Theologiestudenten aus Münster übernahmen die Inselseelsorge. Es waren nette, sympathische junge Menschen, engagiert und kreativ. Die Kirche war erstaunlicherweise voll. Ein seltsames Phänomen in der heutigen Zeit. Die Türen zur Sommerkirche waren wegen des schönen Wetters weit geöffnet. Immer mehr Menschen kamen. Die heilige Messe konnte nicht pünktlich anfangen, denn zweimal wurden neue Klappstühle aufgestellt, die Sitzreihen erweitert, um allen Kirchenbesuchern einen Sitzplatz anbieten zu können. Die Studierenden waren auf der Insel, weil sie dort mit einem Priester eine Art Seminar abgehalten hatten. Der Geistliche war am Donnerstag wieder abgereist und hatte geweihte Hostien für die Sonntagsmesse, sozusagen vorbereitet, hinterlegt. Die vier jungen Menschen hatten alles im Griff. Sie spielten sogar die Orgel selbst. Es war ein herzliches, selbstverständliches und unkompliziertes Miteinander. Interessant war auch die Art der Fürbitten. Jeder durfte sein Anliegen laut in den Raum rufen. Es konnte auch nur ein Wort sein. Nach anfänglicher Zurückhaltung trauten sich die Menschen. Es funktionierte gut. Zum Abschied bekam jeder einen kleinen, aus buntem Papier gefalteten Kranich und wurde persönlich an der Kirchentür verabschiedet.

Es hatte Greta gefallen, im Garten des "Baltrumer Balje" zu liegen und ungestört lesen zu können. Ihr Buch neigte sich fast dem Ende zu und war äußerst interessant und spannend. So beschloss sie, sich nach einem großen köstlichen Salat auf der Terrasse der "Teestube", in den Garten ihres Feriendomizils zurückzuziehen. Ein kleiner Schlenker und ihr Heimweg führte sie bei "Capp&Ccino" vorbei. Sie hätte sich dort auch ein weiteres Softeis gekauft, wenn es in Strömen geregnet hätte, aber an diesem Tag rechtfertigte das Sommerwetter mal wieder den Eisgenuss.
Ihr kurzes Nickerchen im Halbschatten auf der weich gepolsterten Liege im Garten wurde unterbrochen. Ein Rettungshubschrauber landete und kurze Zeit später wieder einer. Der Hubschrauber flog mit ohrenbetäubendem Lärm über das Westdorf. Rettung muss sein, keine Frage. Aber im Laufe des Nachmittags bekam das Protestschild von "Baltrum for Future" einen Sinn, auf dem gefordert wurde, Baltrum nicht nur autofrei, sondern auch flugzeugfrei zu halten. Die Lesestunde wurde überschattet von Flugzeuglärm. Gretas Großzügigkeit vom Vormittag gegenüber den Flugbegeisterten schmolz dahin. Sie zählte in dieser Zeit im Garten mehr als dreißig Starts und Landungen. Es grenzte an Lärmbelästigung. Mal eben schnell zu Kaffee und Kuchen nach Baltrum fliegen, weil gerade das Wetter so schön ist, hört sich verlockend an. Aber, alles was kann, muss nicht unbedingt sein. Die Forderung nach CO2-Freiheit mutierte zu einer Farce.
Auf dem letzten Spaziergang des Tages rund um das Westkap, am Hafen und auch am Flugfeld vorbei, entdeckte Greta, dass nur ein Flieger dort stand und die übrigen Inselhopper alle wieder auf dem

Festland gelandet sein mussten. Stille legte sich wieder über die Insel, und der malerische Sonnenuntergang erhielt die perfekte Geräuschkulisse.

In der Nacht hatte Greta das Buch beendet. Der Blick aus dem Fenster zeigte, dass auch das Sommerwetter auf Baltrum sich verflüchtigt hatte. Dunkle Wolken lagen über der Ostfriesischen Insel.
Greta griff zum nächsten Buch. Sie las, bis es endlich angefangen hatte zu regnen. Wie schön, so hatte sie wenigstens den Regenmantel nicht umsonst mitgenommen. Goethe hatte bereits verkündet: „Es ist nichts schwerer zu ertragen, als eine Reihe von guten Tagen."
Wenn sie recht überlegte, hatte sie Herbstwetter auf der Insel erwartet. Mehr Sommer wollte sie gar nicht. Es reichte. Außerdem hatte sie auch nur ein T-Shirt dabei. Ein weiterer positiver Aspekt des feuchten Wetters war, dass keine Flieger auf der Insel landeten. Es wurde ein fantastischer Regenspaziergang. Sicher kann nicht jeder verstehen, dass es auch Spaß machen kann, sich die Natur unter diesen veränderten Bedingungen anzusehen, und auch Gefallen daran zu finden. Ob sie da eine Ausnahme war? Sie machte Fotos von Blüten und Pflanzen, deren Charme erst durch die Regentropfen zur Geltung kam.
Ihr Weg führte sie durch den kleinen Kiefernwald zum Rosengarten. Niemand begegnete ihr. Das einzige Geräusch, das sie wahrnahm, war das Platschen der Regentropfen. Vorsichtig öffnete sie das Tor zum Kurpark. Viele Rosensträucher trugen noch Blüten. Wie kleine Juwelen stachen sie aus dem nassen Grün hervor. Die Fotos wurden erstklassig. Die Blüten suggerierten ein letztes Aufbäumen, bevor der Herbst sie ihrer Schönheit beraubte. Ein Hauch von Vergänglichkeit legte sich über den Garten. Der Fotoapparat verschwand wieder vor dem Regen geschützt in ihrer Jackentasche. Greta ging weiter, auf der Suche nach dem nächsten Motiv.

Abrupt blieb sie stehen. Auf der hinteren Bank im Rosengarten saß jemand. Es war ein Mann. Er sah nicht gerade wie ein Rosenliebhaber aus. Er saß nur da und starrte sie an. Eigentlich schaute er stur geradeaus. Sein Blick verlor sich im Nirgendwo. Er zeigte keine Regung. Sein feister Gesichtsausdruck irritierte Greta. Sie behauptete immer, keine Angst zu haben, außer in der Dunkelheit, aber so langsam krabbelte ein komisches Gefühl ihren Rücken herauf. Greta ging langsam weiter, direkt auf den Mann zu. Sie holte wieder die Kamera hervor und simulierte, weiter Fotos zu machen. Aber sie schielte immer an ihrer Kapuze vorbei und beobachtete den Mann. Seltsam war, dass er Schlappen trug und keine Socken, dazu einen Kapuzenpulli und kurze Hosen. Er machte den Eindruck dort schon länger ohne Regenbekleidung zu sitzen, denn er war nass wie eine Katze, und der Regen lief ihm über seine Glatze ins Gesicht. Warum bewegt er sich nicht? Greta nahm ihren ganzen Mut zusammen und ging direkt auf ihn zu.
„Moin, Scheetwetter heute“, sagte sie.
Aber sie erhielt keine Antwort. Der Mann sah nicht zu ihr hoch. Am liebsten wäre sie weggerannt, aber sie zwang sich, langsam weiterzugehen bis zum Tor und lauschte auf jedes Geräusch hinter sich. Erst dort drehte sie sich wieder um. Der Mann saß unverändert da. Ob er überhaupt noch lebte? Seiner Gesichtsfarbe nach zu urteilen, konnte sie auch gerade an einer Leiche vorbeigegangen sein. Da ging ihre Krimifantasie mit ihr durch. Hatte sie gerade an einem Tatort gestanden?
Sie hatte in einer eigenen Krimigeschichte auch einmal eine Leiche auf einer Parkbank deponiert. Vielleicht hat ihn jemand umgebracht und dort abgesetzt. Doch wenn er noch leben sollte, braucht er meine Hilfe, dachte sie und ging wieder ein paar Schritte auf ihn zu. Nichts passierte. Wenn er schon das Zeitliche gesegnet hat, dann kann ich ihm auch nicht mehr helfen, dachte sie und verließ zügig den Rosengarten. Sie entfernte sich mit schnellen großen Schritten. Zwischendurch blieb sie stehen und lauschte. Wurde sie verfolgt?

Nichts. Dann kam ihr ein Radfahrer entgegen. Greta hielt ihn an, erzählte kurz von dem Mann und von ihrer Unsicherheit, ob er überhaupt noch lebte. Von ihrer Angst sprach sie nicht. Brauchte sie auch nicht, denn sie stand ihr sicher auf der Stirn geschrieben.
„Was sagen Sie? Im Rosengarten. Liegt an meinem Weg. Ich schau da mal rein", sagte der Radler. „Wünsch Ihnen einen schönen Tag. Und trinken Sie mal `nen schönen heißen Ostfriesentee oder zwei oder auch drei. Grog schmeckt bei diesem Wetter auch gut."
Greta hatte das Gefühl, als husche ein leichtes Schmunzeln über sein Gesicht. Er schwang sich auf sein Rad und verschwand im Kiefernwäldchen. Ob er mich nicht ernst genommen hat, fragte sich Greta. Egal. Sie brach die Tour in den Osten der Insel ab. Dort gab es unheimlichere Orte als den Rosengarten. Gänsehaut hatte sie auch schon genug gespürt. Sie würde sich ein Glas Rotwein eingießen und wieder in die fiktive Baltrumer Krimiwelt eintauchen.
Es regnete immer noch oder vielleicht auch schon wieder. Greta hatte sich in das neue Buch vertieft und nicht mitbekommen, was um sie herum so passierte. Sie zog wieder ihre Regenkluft an, denn der Hunger beziehungsweise der Lockruf der roten veganen türkischen Linsensuppe rief sie wieder aus dem Haus.
Es war nur mäßig voll im "Inselcafé". Die interessante Bedienung war da. Ihre helle markante Stimme und ihr herzliches Lachen übertönte immer wieder das Geschnatter der Gäste. Herrlich, ein Stück Baltrum, das Greta in ihren Erinnerungen verankert hatte und immer abrufbar war, wenn sie an Baltrum dachte. Als sie gesättigt wieder vor der Tür stand und überlegte in welche Richtung sie gehen sollte, überlegte sie kurz, im Rosengarten nachzusehen, ob der seltsame Mann dort noch auf der Bank saß. Ihr Mut reichte jedoch nur für die halbe Strecke.

Der Krimi war gut, aber er fesselte sie nicht so sehr wie das Sinai-Buch. Greta hatte nachts vom Sinai geträumt und war froh, als sie

morgens aufwachte und nicht in einem Beduinenzelt lag, sondern in einem bequemen Bett, das auf Baltrum stand.
Ziemlich aufgewühlt begab sie sich auf ihre erste Runde des Tages. Vielleicht war es der autobiografische Hintergrund, der sie beschäftige. Auf jeden Fall hatte das Buch ihre Gedanken und Gefühle durcheinandergebracht. Sie würde einige Zeit brauchen, bis sie die Höhen und Tiefen ihrer Gefühlswelt wieder in die Waage gebracht hatte. Auf Baltrum sollte sie besser sagen, bis sie wieder eingenordet war. Es war gut, dass Buch dort gelesen zu haben, so konnte sie sich zum einen der Geschichte ohne längere Pausen widmen und hatte zum anderen die Zeit, darüber nachzudenken und sich viele Situationen noch einmal vor Augen zu führen. Zeithaben ist auf Baltrum nämlich Gold wert.

***

Greta setzte sich auf eine Bank auf dem Deich unterhalb der großen Barke. Vor ihr lag die Meerenge, die Baltrum von Norderney trennte. Mit geschlossenen Augen genoss sie die Sonne. Sie hatte gar nicht gehört und auch nicht gesehen, dass sich zwei ältere Damen genähert und sich leise neben sie gesetzt hatten. Sie nahm eine leichte Unruhe wahr und öffnete die Augen.
„Tach auch“, sagte eine Dame und verriet mit dem Gruß, dass sie keine Ostfriesin war. Es war eindeutig lockeres Ruhrdeutsch.
Ihre Gedanken flogen um die halbe Erde von Ägypten aus in einem hohen Bogen direkt ins Ruhrgebiet und dann gleich weiter nach Baltrum auf den Deich. Greta hätte auch „Tach“ sagen können, aber sie blieb bei dem schlichten „Moin“, das auf der Insel nicht unbedingt die Zugehörigkeit zu Ostfriesland spiegelte.
„Weißt du, dass sich alle das Maul über Elfi zerreißen?“, fragte eine Banknachbarin die andere.
„War doch klar, so wie die in der letzten Zeit herumgelaufen ist, edel gestylt und extravagant“, war die Antwort.

Greta schaute zur Seite, sah die Profile der beiden Damen. Faltig, leicht vergrämt und eine Spur unzufrieden. Ihre Rollatoren standen jeweils vor ihnen und sie hielten sie krampfhaft fest.
„Jetzt hat sie schon den Zweiten beerbt", sagt die eine. „Muss sich ja gelohnt haben, sie hat als Erstes eine Kreuzfahrt in der Karibik gemacht."
„Weißt du, Lore, was ich nicht verstehe, warum macht sie jetzt Urlaub auf Baltrum und läuft uns ständig über den Weg?"
„Komm! Lass uns weitergehen. Dahinten kommt sie. Sie hat heute wieder diese rote Teenie-Weste an. Ich will ihr nicht begegnen."
Die beiden Damen erhoben sich, lösten die Bremsen an ihren Gehhilfen und standen startklar vor der Bank.
„Schönen Tach noch", gab Greta ihnen mit auf den Weg.
Die beiden schoben von dannen, auf der Flucht vor der schwerreichen Erbin aus ihrem Heimatort im Pott.

Den Besuch im "Café Kluntje" hatte Greta bisher hinausgezögert. Sie wusste, es gab dort im Umfeld noch immer große bauliche Veränderungen. Deshalb trat sie den Weg in den Osten der Insel nicht so erwartungsvoll an wie an den vorherigen Baltrum-Aufenthalten.
Sie passierte den Spielteich, lief am Sportplatz vorbei, ließ das "Dünenschlösschen" links liegen und näherte sich so langsam dem Weg, in den sie links einbiegen musste, um zum "Café Kluntje" zu kommen.
Die Giebel zweier neuer Häuser lugten über den Deich. Diese Baustelle war beendet, die modernen Häuser warteten auf Gäste. Die Gebäude sahen sehr modern aus und hätten gut in ein neu erschlossenes Wohngebiet gepasst. Aber so direkt hintern Deich, gegenüber dem "Café Kluntje", gefielen sie Greta nicht. Der Weg hatte jeglichen Charme verloren.
Aber was für den einen Gast eine Enttäuschung war, hatte für den anderen gar keine Bedeutung. Das zeigte die überaus große Gästeschar, die das "Café Kluntje" belagerte.

Draußen bekam Greta gar keinen Platz. Im Haus gesellte sie sich zu zwei Damen, die nicht sehr glücklich aussahen, als sie fragte, ob der einzelne Stuhl an ihrem Tisch frei sei.
Im Inneren war alles wie immer. Allerdings übertönte ein hoher Geräuschpegel der vielen Gäste die fantastische Jazz-Musik. Greta bestellte sich ihren geliebten Inselrosentee und dazu eine Kluntje-Schnitte mit Pfirsich und Vanille. Aber die innere Ruhe stellte sich nicht ein. Dort länger zu bleiben war keine Option.
Zurück ging Greta durch die Dünen, auf nichtbefestigten Wegen. Aber sie betrat nie die gesperrten Zwischenzonen, sondern wanderte von einem grün markierten Pfahl zum nächsten und kam am Ende der Dünentour an der Aussichtsdüne wieder heraus. Das neue Café hatte geöffnet. "*Düneneck Ladencafé*" stand über dem Eingang.
Die Portion Kuchen vom "Café Kluntje" hatte sie sicher kalorientechnisch nicht abgelaufen, aber der Drang, in diesem neuen Café eine Kostprobe zu verzehren, war groß. Greta ging mit sich einen Kompromiss ein und nahm sich vor, das Abendessen ausfallen zu lassen. So kam sie in den Genuss von einem Rhabarber-Himbeer-Crumble in gemütlicher Umgebung zum Relaxen und Genießen.

Sacht hatte sich über Nacht ein feines Netz von Feuchtigkeit über die Insel gelegt. Es war nicht nebelig und es regnete auch nicht so richtig. Dennoch waren alle Wege und Straßen nass. Auf den Blättern sammelte sich der zarte Niederschlag und bildete Tropfen. Die überreifen, dicken roten Hagebutten glänzten, als wären sie mit einer Glasur überzogen. Sie erinnerten Greta an die kleinen roten Äpfel, die sie gerne in die Astgabelungen ihres Weihnachtsbaums steckte. Irgendwie roch es diesmal auf der Insel anders. Es duftete eindeutig nach Herbst.
Sie war nach Baltrum gefahren und hatte gehofft, den Herbst zu erleben. Nicht, dass sie sonnige Tage nicht liebte. Aber der Sommer schien es in diesem Jahr mit seiner Hitze übertrieben zu haben.

Greta zog ihren Regenmantel an und machte einen schönen ersten Herbstspaziergang nach ihrem Geschmack. Sie krönte diese kleine Wanderung mit einem Bratapfeltee im "Inselcafé".

***

Der letzte Tag auf Baltrum begann für Greta einen Tag eher als geplant. Sie hatte sich vorgenommen, den Inseltag noch zu genießen. Mit der Abendfähre wollte sie wieder nach Neßmersiel übersetzen. Ihr war schon bewusst, dass es nachts spät werden würde, aber sie fuhr freiwillig einen Tag eher ab. Den Termin am nächsten Tag musste sie unbedingt wahrnehmen. Ihr Sohn erwartete nicht von ihr, ihn zu begleiten. Aber sie wollte auf jeden Fall bei diesem beruflichen Schritt in seinem Leben dabei sein.
Sie ließ es langsam angehen, wollte noch einmal Zeit haben für alles, was sich so ergab, nichts planen und in den Tag hinein leben. Sie verabschiedete sich vom rauen herbstlichen Meer, schaute kurz ins "Inselcafé" hinein und machte einen Kurzbesuch bei ihrem Vermieter, der erstaunlicher Weise zu einem Plausch aufgelegt war. "Capp&Ccino" hatte seit zwei Tagen geschlossen. Die Fahne von Hannover 96 flatterte nicht mehr im Wind. Auf die Freundlichkeit und das leckere Eis würde Greta warten müssen, bis sie ein anderes Mal wieder auf die Insel kam. Und weil es so gemütlich herbstlich war, aß sie eine Kürbissuppe.

Die Entscheidung, die Neunzehn-Uhr-Fähre zu nehmen, war keine gute gewesen. Denn als sie abends auf das Schiff ging, fing es an zu regnen. Es regnete und regnete und regnete bis sie Stunden später endlich wieder im Ruhrgebiet ankam. Die Beleuchtungen der großen Windkraftanlagen am Festland sahen bei solch schwarzer Nacht gespenstisch aus. Sie musste zwischendurch am Straßenrand anhalten, weil ihre Scheibenwischer die Wassermassen nicht bewältigen konnten. Es war mit Abstand die unangenehmste

Rückfahrt von Baltrum, die sie je erlebt hatte. Man sollte Baltrum einfach nie früher verlassen, als unbedingt nötig. Die Insel verzeiht so etwas wohl nicht ... Beim nächsten Besuch würde sie sich dafür entschuldigen!

ENDE

Über die Autorin

Brigitte Vollenberg wurde 1953 in Dorsten geboren und ist Dipl. Betriebswirtin. Ihr Lebensmittelpunkt ist seit vielen Jahren Gladbeck. Mit ihrem Mann zusammen beschäftigte sie sich mehr als vier Jahrzehnte mit der Architektur und arbeitete nebenberuflich parallel dazu zwölf Jahre als Lernzeithilfe an einer katholischen Grundschule.

Latent hat sie sich in ihrem Leben immer mit Schreiben und Lesen befasst, aber erst 2009 drängte sich das Schreiben in den Vordergrund.

Reisen ist ihre Leidenschaft. Sie berichtet gerne über Urlaube und bindet die Erlebnisse in ihre Texte ein. Das zweite Genre, das sie fasziniert, ist der Krimi.

Es sind bereits mehrere Bücher von ihr erschienen, und ungefähr 150 Kurzgeschichten wurden in Anthologien und Literaturzeitschriften veröffentlicht.

2013 erhielt sie den Publikumspreis der Vestischen Literatureule in Recklinghausen. In drei aufeinanderfolgenden Jahren war sie erfolgreich mit ihren Texten bei den Ruhrfestspielen Recklinghausen und gewann 2016 den ersten Raesfelder Kurz-Krimipreis.

Brigitte Vollenberg ist Mitglied bei den "Mörderischen Schwestern e.V." sowie im "Bundesverband junger Autoren".

Wer mehr über Brigitte Vollenberg erfahren möchte, findet Informationen auf ihrer Webseite: https://www.brigittevollenberg.de

Aktuell informieren können Sie sich ebenfalls auf Facebook und Instagram.

Lust auf mehr?